高等学校交通运输专业规划教材

铁路运输设备

（第2版）

主　编　李海军
主　审　吴　芳

西南交通大学出版社
·成　都·

图书在版编目（ＣＩＰ）数据

铁路运输设备 / 李海军主编. —2 版. —成都：
西南交通大学出版社，2017.9（2021.8 重印）
ISBN 978-7-5643-5800-6

Ⅰ . ①铁… Ⅱ . ①李… Ⅲ . ①铁路运输 – 设备 – 高等
学校 – 教材 Ⅳ . ①U2

中国版本图书馆 CIP 数据核字（2017）第 236882 号

铁路运输设备
（第 2 版）

主　　编 / 李海军

责任编辑 / 王　旻
封面设计 / 本格设计

西南交通大学出版社出版发行

（四川省成都市二环路北一段 111 号西南交通大学创新大厦 21 楼　610031）
发行部电话：028-87600564　028-87600533
网址：http://www.xnjdcbs.com
印刷：成都中永印务有限责任公司

成品尺寸　185 mm×260 mm
印张　15　字数　375 千
版次　2017 年 9 月第 2 版　印次　2021 年 8 月第 10 次

书号　ISBN 978-7-5643-5800-6
定价　38.00 元

第 2 版前言

"铁路运输设备"课程是铁路运输专业"铁路行车组织""铁路货运组织""铁路站场枢纽设计"等主干专业课程的先修课程，也是物流管理、信息管理等其他相关专业了解铁路基本知识的入门课程。该课程比较全面、系统、概要地介绍了铁路运输业、铁路主要技术设备基本知识与基本原理。读者通过对本课程的学习，对铁路运输事业有概况地了解和认识、树立全局观念、了解铁路各专业之间的关系，为后续课程学习奠定基础。

为更好发挥铁路骨干优势作用，推进综合交通运输体系建设，国家发改委等部门于 2016 年 7 月修编了《中长期铁路网规划》，规划期为 2016—2025 年，远期展望到 2030 年。路网方案实现后远期铁路网规模将达到 20 万 km 左右，其中高速铁路 4.5 万 km 左右。同时也将会有一大批先进的技术装备投入运用。针对当前铁路各项技术的全面进步、管理水平的全面提升以及新设备的采用和今后铁路发展趋势，我们组织骨干力量重新修订了《铁路运输设备》。本次修订基本保持原书的结构和深度，从铁路生产实际需要出发，通俗易懂地阐述铁路的基本知识和原理，紧扣铁路运输生产的最新规章制度和最新技术成果，适时更新了相关内容，适用于高等院校、高职高专类学校铁路相关专业教学使用，也可作为铁路系统广大干部、职工学习铁路相关知识的基础性参考书。

本教材由兰州交通大学李海军主编，兰州交通大学吴芳教授主审。全书分为九章，其内容分别为铁路线路、车辆、机车、通信信号与调度指挥自动化、车站、高速铁路与重载运输、铁路运输管理信息化与列车运行安全、城市轨道交通设备。各章节分工如下：兰州交通大学李海军编写第一章、第二章、第三章的第一至三节、第六章、第九章；徐永胜、咎淑静、曾俊伟编写第四章；王蓓、焦红、张春民编写第五章；宋琦编写第七章；钱名军编写第八章；冉虎珍编写第三章第四节。研究生刘国亮、周宏昌、冯健容进行了部分图表的绘制和校核工作。

本教材在编写过程中，参考了大量的文献和资料，在此一并向所有文献和资料的作者致以衷心地感谢！

由于编者水平所限，书中难免存在疏漏及不妥之处，恳请读者批评指正。

编　者
2017 年 6 月

第 1 版前言

铁路作为国民经济的大动脉、国家重要的基础设施和大众化的交通工具，在我国经济社会发展中的地位和作用至关重要。改革开放以来，我国铁路改革取得了突破性进展，通过全面深入推进和谐铁路建设，在运输管理体制、重载、提速、调图等方面取得了令人鼓舞的可喜成绩，铁路运输在国民经济中的地位更加突出，使人们享受到更加舒适、更为快捷的铁路运输服务。

"十二五"是铁路发展的又一个重要战略机遇期，铁路建设将继续保持快速发展的良好势头。到 2015 年，我国铁路运营的总里程要从现在的 9.1 万 km 增长到 12 万 km 左右。其中快速铁路能够达到 4.5 万 km，西部地区的铁路可以达到 5 万 km，同时也将会有一大批先进的技术装备投入运用。针对当前铁路各项技术的全面进步、管理水平的全面提升以及新设备的采用和今后铁路发展趋势，我们组织骨干力量编写了《铁路运输设备》一书。

"铁路运输设备"课程是铁路运输专业"铁路行车组织""铁路货运组织""铁路站场枢纽设计"等主干专业课程的先修课程，也是物流管理、信息管理等其他相关专业了解铁路基本知识的入门课程。希望通过对本书的学习，不仅能使读者学习到有关铁路运输设备和运输组织的基本知识、基本概念、基本原理，还能开阔眼界和思路，了解铁路和谐发展的现状与未来。

本书从铁路生产实际需要出发，突出先进性、应用性和实践性，适合高等院校、高职高专类学校铁路专业教学使用，也可作为铁路系统广大干部、职工学习铁路相关知识的参考书。

本书由兰州交通大学李海军、张玉召、杨菊花主编，由兰州交通大学吴芳教授主审。全书分为 10 章，其内容分别为铁路运输概述、铁路线路、车辆、机车、动车组、通信信号与调度指挥自动化、车站、高速铁路与重载运输、城市轨道交通设备、铁路运输管理信息化与列车运行安全。各章节编写分工如下：兰州交通大学李海军、朱昌锋、宋琦、曾俊伟，呼和浩特职业学院侯立新编写第一章、第七章、第九章；张玉召编写第二章、第三章；杨菊花编写第四章、第六章、第八章；钱名军编写第十章，呼和浩特职业学院魏玉晓、王建强编写第五章。

本书在编写过程中，参考了大量的文献和资料，在此一并向所有文献和资料的作者致以衷心地感谢！

由于编者水平有限，其内容或表达难免存在不妥之处，恳请读者批评指正。

编　者

2012 年 4 月

目　录

第一章　绪　论

一、我国现代交通运输业概述

所谓现代交通运输业，是指现代社会从事旅客和货物运输业的总称。可以说交通运输业是人类生活的要素，是连接生产与消费的桥梁，是沟通工农业、城乡、地区、企业之间经济活动的纽带，同时交通运输业也是合理配置生产要素的重要决定性因素之一。交通运输业又是面向社会为公众服务的公用事业，是对国民经济和社会发展具有全局性、先行性影响的基础行业。国民经济发展的规模和速度在很大程度上是以交通运输业的发展为前提条件的。

现代化的交通运输方式主要有公路运输、铁路运输、水路运输、航空运输和管道运输。5 种运输方式在技术经济上各有长短，都有适宜的使用范围。

1. 公路运输

公路运输是在公路上运送旅客和货物的运输方式，是交通运输系统的组成部分之一，主要承担短途客货运输。公路运输所用运输工具主要是汽车，因此，公路运输一般指汽车运输。在地势崎岖、人烟稀少、铁路和水运不发达的边远和经济落后地区，公路运输为主要运输方式，起着运输干线作用。截至 2016 年年底，全国公路总里程 469.63 万 km，公路密度 48.92 km/百 km^2。公路养护里程 459.00 万 km，占公路总里程 97.7%。全国四级及以上等级公路里程 422.65 万 km，占公路总里程的 90.0%。高速公路里程 13.10 万 km，全国通公路的乡（镇）占全国乡（镇）总数的 99.99%。全国拥有公路营运汽车 1 435.77 万辆，拥有载客汽车 84.00万辆，载货汽车 1 351.77 万辆。

2. 铁路运输

铁路运输，乃一种陆上运输方式，以两条平行的铁轨引导。铁路运输是已知陆上交通方式中最有效的一种。铁路既是社会经济发展的重要载体之一，同时又为社会经济发展创造了前提条件。现在我国铁路运输网络已经相当完善，各省、自治区都为铁路所连通。同时，随着高铁的诞生，标志着我国铁路运输一个新的里程碑。截至 2016 年年底，全国铁路营业里程已达 12.4 万 km，其中高速铁路 2.2 万 km，高速铁路运营里程高居世界第一。全国铁路路网密度 129.2 km/万 km^2；电气化铁路里程达到 8.0 万 km，铁路复线里程 6.8 万 km。

3. 水路运输

水路运输是以船舶为主要运输工具，以港口或港站为运输基地，以水域（包括海洋、河流和湖泊）为运输活动范围的一种运输方式。水运至今仍是世界上许多国家最重要的运输方式之一。截至 2016 年底，全国内河航道通航里程 12.71 万 km，等级航道 6.64 万 km，占总里程的 52.3%；全国港口拥有生产用码头泊位 30 388 个，万吨级及以上泊位 2 317 个，其中，沿海港口万吨级及以上泊位 1 894 个，内河港口万吨级及以上泊位 423 个。全国拥有水上运输船舶 16.01 万艘，集装箱箱位 191.04 万标准箱。

4. 航空运输

航空运输是使用飞机、直升机及其他航空器运送人员、货物、邮件的一种运输方式，具有快速、机动的特点，是现代旅客运输，尤其是远程旅客运输的重要方式，也是国际贸易中的贵重物品、鲜活货物和精密仪器运输所不可缺的运输方式。机场作为航空运输的起讫点，是航空运输系统的重要基础设施。截至 2016 年底，共有颁证民用航空机场 218 个，其中定期航班通航机场 216 个，定期航班通航城市 214 个。年旅客吞吐量达到 100 万人次以上的通航机场有 77 个，年旅客吞吐量达到 1 000 万人次以上的有 28 个，年货邮吞吐量达到 10 000 t 以上的有 50 个。

5. 管道运输

管道运输是用管道作为运输工具的一种长距离专门由生产地向市场输送石油、煤和化学产品的运输方式。管道运输系统的基本设施包括管道、储存库、压力站（泵站）和控制中心。管道是管道运输系统中最重要的部分，由于管道运输的过程是连续进行的，因此管道两端必须建造足够容纳其所承载货物的储存槽。截止到 2015 年底，管线总里程达到 12 万 km，其中原油管道约 2.3 万 km，成品油管道约 2.1 万 km，天然气管道约 7.6 万 km，管道货运量 7.1 万 t。对于具有易燃特性的石油运输来说，管道运输有着安全、密闭等特点。管道运输具有建设周期短，投资少，占地少；运输损耗少，无"三废"排放，有利于环境生态保护；可全天候连续运输，安全性高，事故少；运输自动化，成本和能耗低等明显优势。

二、铁路运输业的发展史

（一）世界铁路的发展

自 1825 年英国出现世界上第一条从斯托克顿至达林顿的铁路以来，铁路至今已有 180 多年的历史。16 世纪中叶，英国兴起了采矿业，为提高运输效率，在道路上铺了两根平行的木材作为轨道。17 世纪时，将木轨换成了角铁形状的钢轨，角铁的一边起导向作用，马车则在另一条边上行驶。后经多年的改进，才逐渐形成今天的钢轨，因此，各国至今都沿用"铁路"这一名称。

铁路运输一出现就显示出多方面的优越性，很快在世界上得到迅速发展。目前，世界铁路运营里程总长达到 113 万 km 以上，美国铁路运营里程居世界第一位，现有铁路 26 万 km，中国和俄罗斯分别为 12.4 万 km 和 8.5 万 km，居第二、第三位。

继英国 1846 年采用了臂板信号机、1868 年采用了自动车钩和空气制动系统后，铁路的行车速度和可靠性大大增加，铁路运输得到很大发展。此后，特别是第二次世界大战以后，在第三次工业革命浪潮的推动下，世界交通领域发生了革命性变化，传统的陆路运输格局被彻底改变，公路、航空、管道等现代交通运输方式迅速兴起，对铁路形成了强大的替代性竞争，综合交通运输体系逐步形成，再加上铁路自身管理体制的不适应和经营管理不善等原因，使得铁路在这一时期发展相对迟缓，有的国家和地区甚至出现停滞局面，造成世界铁路网规模缩小，客货运量比重下降，经营亏损严重，铁路发展进入低谷，一度被视为"夕阳产业"。

1973 年，世界能源危机，使公路和航空运输发展受到限制，而铁路运输受此影响相对较小，加上运输过程中排放的废气及产生的噪声对生态环境的污染和其他交通运输工具相比最低，特别是高速、重载铁路运输的出现，更使人们认识到铁路在国民经济发展和人民物质文化生活提高中，具有不可忽视的地位和作用。世界各国铁路正在步入一个新的发展时期，铁路网结构进一步优化，客货运量有了较大回升。

世界主要国家铁路相继修通的年份如表 1.1 所示。19 世纪末，世界铁路总长已达 65 万km，第一次世界大战前夕达到 110 万 km，20 世纪 20 年代达到 127 万 km。其后由于公路、航空运输的迅速发展，世界铁路修筑速度逐渐缓慢下来，目前世界铁路总长稳定在 110 万km 左右。

表 1.1 世界主要国家铁路修通年份

国 名	修通年份	国 名	修通年份	国 名	修通年份	国 名	修通年份
英 国	1825	加拿大	1836	瑞 士	1844	埃 及	1855
美 国	1830	俄 国	1837	西班牙	1848	日 本	1872
法 国	1832	奥地利	1838	巴 西	1851	中 国	1876
比利时	1835	荷 兰	1839	印 度	1853		
德 国	1835	意大利	1839	澳大利亚	1854		

（二）我国铁路的发展

1. 旧中国铁路概况

1876 年，英国用欺骗的手段修筑了中国第一条上海至吴淞的 14.5 km 的窄轨铁路，这条铁路在经营了 1 年多以后，被清政府以 28.5 万两白银收回并拆除。时隔 5 年即 1881 年，清政府为了运煤的需要，由中国人自己出资、自己设计、自己修了唐山至胥各庄间 11 km 的标准轨距铁路，从而揭开了中国自主修建铁路的序幕。此后又在我国台湾修筑了台北到基隆港和新竹的铁路。但由于清政府的昏庸愚昧和闭关锁国政策，早期修建铁路的阻力很大，到1894 年中日甲午战争前夕，近 20 年的时间里仅修建了约 400 km 多的铁路。从 1876 年至1949 年的 70 多年间，旧中国共修筑了 2.1 万 km 多的铁路。这些铁路既不成网，布局也极不合理，更没有统一的管理。每条铁路各自为政，互相排挤，设备陈旧，运输效率低。旧中国铁路设备繁杂，一切铁路设备、零件全靠外国进口，成为各国陈旧技术设备的高价倾销地，机车多达 120 种，钢轨 130 多种，故有"万国博览会"之称。

1905—1909 年，在我国杰出的铁路工程师詹天佑的领导下，修筑了由我国自主设计、自行施工的京张铁路，全长 206 km。并在青龙桥车站设计了"人字形"展线方案。京张铁路的成就显示了中国人民的智慧和力量，在中国铁路史上写下了光辉的一页。

2. 新中国铁路运输业的发展

（1）路网建设。

铁路路网是铁路运输的重要基础设施。铁路路网的规模、结构和质量，不仅直接反映出一个国家铁路的发展水平，也深刻地影响着一个国家铁路甚至整个国民经济的发展速度。国家历来高度重视铁路发展，2004年，国务院批准实施《中长期铁路网规划》（以下简称《规划》）以来，我国铁路发展成效显著，基础网络初步形成，服务水平明显提升，创新能力显著增强，铁路在增强我国综合实力和国际影响力方面发挥了重要作用。截至2016年底，全国铁路营业里程已达12.4万km，其中高速铁路2.2万km，提前实现原规划目标。

为更好发挥铁路骨干优势作用，推进综合交通运输体系建设，国家发改委等部门于2016年7月修编了《规划》，规划期为2016—2025年，远期展望到2030年。《规划》目标是在原规划"四纵四横"主骨架基础上，增加客流支撑、标准适宜、发展需要的高速铁路，同时充分利用既有铁路，形成以"八纵八横"主通道为骨架、区域连接线衔接、城际铁路补充的高速铁路网。重点围绕扩大中西部路网覆盖，完善东部网络布局，提升既有路网质量，推进周边互联互通。其中"八纵"通道为：沿海通道、京沪通道、京港（台）通道、京哈—京港澳通道、呼南通道、京昆通道、包（银）海通道、兰（西）广通道；"八横"通道为：绥满通道、京兰通道、青银通道、陆桥通道、沿江通道、沪昆通道、厦渝通道、广昆通道。

普速铁路网方面，重点围绕扩大中西部路网覆盖，完善东部网络布局，提升既有路网质量，推进周边互联互通。一是形成区际快捷大能力通道。包含12条跨区域、多径路、便捷化的大能力区际通道。二是面向"一带一路"国际通道。从西北、西南、东北3个方向推进我国与周边互联互通，完善口岸配套设施，强化沿海港口后方通道。三是促进脱贫攻坚和国土开发铁路。四是强化铁路集疏运系统。规划建设地区开发性铁路以及疏港型、园区型等支线铁路，完善集疏运系统。

综合交通枢纽方面，枢纽是铁路网的重要节点，为更好发挥铁路网整体效能，配套点线能力，按照"客内货外"的原则，进一步优化铁路客、货运枢纽布局，形成系统配套、一体便捷、站城融合的现代化综合交通枢纽，实现客运换乘"零距离"、物流衔接"无缝化"、运输服务"一体化"。

上述路网方案实现后，远期铁路网规模将达到20万km左右，其中高速铁路4.5万km左右。全国铁路网全面连接20万人口以上城市，高速铁路网基本连接省会城市和其他50万人口以上大中城市，实现相邻大中城市间1~4 h交通圈，城市群内0.5~2 h交通圈。

（2）其他发展。

中华人民共和国成立以来，在路网优化和发展的同时，我国机车、车辆、信号、通信及组织管理方式也发生了翻天覆地的变化。表1.2反映了近年来铁路主要运输设备数量变化情况。尤其是近十多年，铁路部门在关注铁路基础设施不断增加以适应国民经济需要的同时，更注重技术的改革与创新。如在工程建造、高速列车、列车控制、客站建设、系统集成、运营管理、调度指挥等领域形成了一批具有自主知识产权的高铁技术。在上海虹桥站成功应用太阳能光伏发电系统与建筑一体化技术；在机车车辆装备技术方面，车体头型优化、转向架、牵引传动、制动系统、弓网关系、智能化、气密性、减振、降噪、舒适性等十大技术创新成果已在高速列车上应用。成功研制大修列车等大型养路机械。此外，自动化、现代化的大型编组站、客运站和货运站相继建成；计算机技术及先进的数据通信技术在铁路运输生产、经营管理中的广泛采用，进一步推进了铁路运营管理向综合化、自动化发展。

表 1.2　1985—2016 年铁路主要运输设备数量

项　目	年　份						
	1985	1990	1995	2000	2005	2010	2016
线路/万 km	5.50	5.78	6.26	6.87	7.54	9.10	12.2
机车/台	12 140	13 970	15 554	15 253	17 473	19 431	21 000
客车/辆	21 106	27 526	32 663	37 249	40 328	52 130	71 000
货车/辆	304 613	368 561	436414	443 902	541 824	622 284	764 000

三、我国铁路运输分类

（1）按铁路管理权限的不同，可将铁路分为国家铁路、地方铁路、合资铁路、专用铁路、铁路专用线等。

① 国家铁路。国家铁路是指由国家出资修建的中国铁路总公司（以下简称铁路总公司）管理的铁路，它在国民经济中具有重要的地位和作用。

② 地方铁路。地方铁路主要是地方自行投资修建或者与其他几种铁路联合投资修建，由地方人民政府管理，担负地方公共客货短途运输任务的铁路。

③ 合资铁路。合资铁路分为国内合资铁路和中外合资铁路。国内合资铁路是指由两个或两个以上企业或其他单位合资修建的铁路。中外合资铁路是指由中方具有法人资格的企业或者其他单位与外商投资者联合修建的铁路。

④ 专用铁路。专用铁路是指由企业或其他单位管理，并配有机车动力、车辆、站段等铁路设备，专为本企业或本单位内部提供运输服务的铁路。专用铁路主要用于非营业性运输，但经省、自治区、直辖市人民政府批准，也可用于公共旅客、货物营业性运输。

⑤ 铁路专用线。铁路专用线是指由企业或其他单位管理的与国家铁路或其他铁路线路接轨的专为企业使用的铁路岔线，铁路专用线一般不配备机车，大型企业也可配置自己的专用机车及专用自备车辆。

（2）按运输方式多少，铁路运输分为单一方式运输和铁路多式联运。

铁路多式联运一般有国内铁路与国内公路、航空、水路联运；同时，也应包括国内铁路与国际海上相互间的联运。《中华人民共和国铁路法》规定：国家铁路、地方铁路参加国际联运，必须经国务院批准。

（3）按是否以营利为目的，可将铁路运输分为营业性运输和非营业性运输。

① 营业性运输。营业性运输是指为社会服务、发生各种方式运输费用结算的运输。目前我国铁路的客、货运输都是营业性运输。

② 非营业性运输。非营业性运输是指为本单位服务、不发生各种方式运输费用结算的运输。

四、我国铁路运输的特点

1. 铁路运输是高度集中、统一指挥的大企业

铁路是国家重要的基础设施、国民经济的大动脉，关系到国计民生；而铁路运输又是在

点多、线长、流动分散的情况下，夜以继日、连续不断地在高速运输中进行生产活动。这就决定了铁路必须强调高度集中、统一指挥，只有这样，才能保证重点物资运输，才能保证铁路运输任务的完成，也才能获得最好的经济效益和社会效益。

2. 铁路运输是一部大联动机

铁路的运输生产是由车务、机务、工务、电务、车辆等很多部门和很多工作环节紧密联系而共同完成的。各部门、各单位、各工种、各个工作环节必须紧密配合、协调动作，如同钟表一样准确而有节奏地工作，才能安全、有序地完成繁重的运输任务。铁路运输生产中，如果一个局部或一个单位或一个关键岗位出现疏忽或差错，就可能造成事故，影响整条线路的畅通。所以，要求每一个铁路职工必须有高度认真负责和互相协作的精神。

3. 铁路是半军事化的大企业

铁路实行半军事化管理，有严格的组织性、纪律性。要求铁路职工战时全力以赴服从战争需要，日常应严格遵章守纪、服从上级命令。铁路的各项规章制度具有科学性，其中有些条文是用血的代价换来的，因而带有权威性、强制性，是铁的纪律。每个铁路职工必须接受纪律的约束，增强纪律观念，培养执行规章制度和严守纪律的自觉性，做到有令则行，有禁则止。

由于铁路具有上述特点，因此，要求铁路的企业管理、组织运输生产和各项改革都必须适应这些特点。只有这样，铁路运输生产才能做到安全正点、畅通无阻。

五、铁路运输的基本设备

铁路运输设备是铁路完成运输任务的物质基础。为完成客货运输任务，必需的基本设备有以下几类：

（1）线路：是机车、车辆和列车的运行基础。

（2）车辆：是装载货物和运送旅客的工具。

（3）机车：是牵引列车和调车的基本动力。

（4）车站：是办理旅客和货物运输的生产基地。

（5）信号及通信设备：完备先进的信号通信设备是确保行车安全和提高运输效率的必要手段。人们通常把它们比作铁路运输的"耳目"。

（6）铁路信息技术设施及安全保障设施：现代化的信息技术和相关设施，是提高铁路基础设施利用率和更加有效地组织运输生产的保障；而安全保障设施是我国铁路行车安全的基本保证。

当然，为了确保运输工作安全、顺利、有序、不间断地进行，铁路各种基础运输设施必须经常保持良好的状态，这就需要对各种运输设备进行各项保养、维护和检修工作，铁路部门为此专门设置了不同种类的修理工厂、业务段、检修所和信息所等。

复习与思考题

1. 简述铁路运输业的特点。
2. 简述我国铁路运输设备的发展趋势。
3. 简述世界铁路运输设备的发展趋势。

第二章　铁路线路

　　铁路线路是由路基、桥隧建筑物和轨道组成的一个整体结构，它直接承受机车车辆轮对传来的压力，是列车和机车车辆运行的基础。铁路线路应当经常保持状态完好，使列车能按规定的最高速度安全、平稳和不间断地运行，并保证铁路运输部门能够优质地完成客货运输任务。

第一节　路基及桥隧建筑物

一、路　基

　　路基是指经开挖或填筑而形成的直接支承轨道结构的土工结构物，它是铺设轨道的基础，并直接承受轨道自身的重量及其传递来的列车荷载压力。因此，路基状态的好坏，直接关系到线路的质量并影响行车速度及行车安全。

（一）路基横断面形式

　　垂直于线路中心线的路基断面，称为路基横断面。铁道路基按其横断面形式分为以下6种：

　　（1）路堤式路基。在原地面上用土、石填筑的路基称为路堤，如图2.1（a）所示。

　　（2）路堑式路基。自原地面向下开挖所形成的路基称为路堑，如图2.1（b）所示。

　　（3）不填不挖式路基。指线路标高与天然地面相同，无需填方和挖方的路基，如图2.1（c）所示。

　　（4）半堤式路基。路基的一侧需在天然地面上填方修筑而成的路基，如图2.1（d）所示。

　　（5）半堑式路基。路基的一侧需在天然地面上挖方修筑而成的路基，如图2.1（e）所示。

　　（6）半堤半堑式路基。路基的一侧需在天然地面上填方修筑，而另一侧则需在天然地面上挖方修筑而成的路基，如图2.1（f）所示。

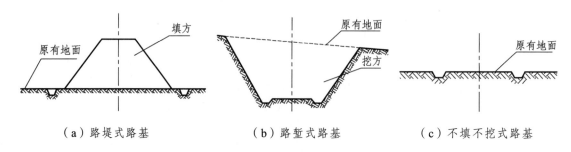

（a）路堤式路基　　　　　　　　（b）路堑式路基　　　　　　　　（c）不填不挖式路基

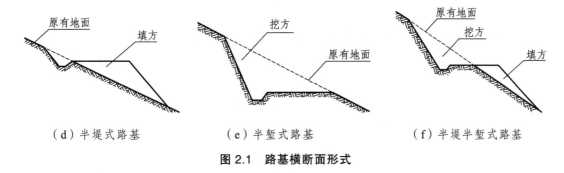

（d）半堤式路基　　　　　（e）半堑式路基　　　　　（f）半堤半堑式路基

图 2.1　路基横断面形式

以上 6 种路基断面形式中，路堤和路堑是最基本和最为常见的两种。下面以路堤和路堑为例，说明路基的组成。

（二）路基组成

路基由路基本体和确保路基本体能正常工作而修建的路基防护建筑物及排水建筑物组成。

1. 路　堤

路堤由路基顶面、边坡、护道和取土坑（或纵向排水沟）等组成，如图 2.2 所示。

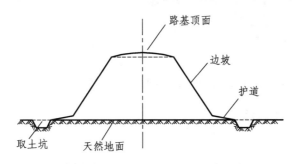

图 2.2　直线地段一般黏性土路堤

（1）路基顶面，是铺设轨道的工作面，其宽度为两侧路肩边缘之间的距离。所谓路肩是指路基顶面两侧无道砟覆盖的部分，用于增强路基的稳定性，防止道砟滚落至路基面外，设置线路标志和信号标志，便于人员避车和暂放维修材料和机具。路基面形状应设计成三角形路拱，由路基中心线向两侧设 4% 的人字排水坡。

（2）路基边坡，指路肩边缘两侧的斜坡，其作用是增强路基的稳定性。边坡的坡度是以边坡上任意两点间的垂直高度与水平距离之比来表示的，一般为 1：1.5 或 1：1.75。

（3）路基护道，指路堤坡脚与取土坑（或排水沟）之间的斜坡，其宽度一般不小于 2 m，并向外做成 2%～4% 的排水坡。其作用是保持路基边坡的稳定，防止雨水冲刷坡脚造成边坡塌方。

（4）取土坑（兼作排水沟），位于路堤护道外侧，用以排除路堤范围内的地面水。地形平坦地段宜设在路堤一侧；当地面横坡陡于 1：10 时，宜设在路堤上侧。兼作排水沟的取土坑，应确保水流畅通排出。

2. 路　　堑

直线地段一般黏性土路堑由路基顶面、侧沟、边坡、隔带、弃土堆、天沟等组成，如图 2.3 所示。

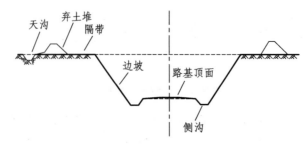

图 2.3　直线地段一般黏性土路堑

（1）路堑的路基顶面形状与路堤路基顶面形状相同。

（2）侧沟。位于路基顶面两侧，用以排泄路堑边坡和路基顶面上流下来的地面水，其断面呈梯形，沟深一般不小于 0.6 m，沟底宽度不小于 0.4 m，两侧边坡为 1∶1～1∶1.5。

（3）边坡。即侧沟底至路堑开挖侧面的斜坡，其坡度一般为 1∶1～1∶1.5，边坡高度不宜超过 30 m。

（4）隔带。指堑顶边缘至弃土堆坡脚的地带，其宽度一般为 2.5 m。设置隔带可减少弃土堆对边坡的压力，有利于边坡的稳定。

（5）弃土堆。指开挖路堑时堆放在隔带外的弃土，设于迎水一侧，可以阻挡地面水流入路堑。

（6）天沟。位于路堑顶弃土堆的外侧，用以截排路堑上方流向路堑的地面水。

（三）路基面宽度和高程

1. 路基面宽度

区间路基面宽度应根据旅客列车设计行车速度、远期采用的轨道类型、正线数目、线间距、路基面两侧沉降加宽、路肩宽度、养路形式等通过计算确定，必要时还应考虑光、电缆槽及声屏障基础的位置。区间单线路基面宽度由铺设轨道部分和路肩组成，区间双线路肩面宽度由线间距加左、右两侧线路中心以外轨道的铺设宽度和路肩宽度取得。路堤的路肩宽度不应小于 0.8 m，路堑的路肩宽度不应小于 0.6 m，高速铁路路肩宽度为 1.2～1.4 m。区间单双线地段的路基面宽度，应在曲线外侧按相应的规范加宽，加宽值应在缓和曲线范围内线性递减。

2. 路基面高程

路肩边缘处的标高为路基标高。路基面的高程应使轨面标高和线路纵断面设计要求相一致。当路基面的高程因路基面以下土体压密出现变化时，应先做好加大路基面宽度等的预处理工作，以便用加厚道床的措施，保持轨面标高不变。

（四）路基排水及防护加固

1. 路基排水

为保持路基经常处于干燥、坚固和稳定的状态，路基上应设置一套完整的排水设施，包括排地面水设施和排地下水设施。

（1）地面水：在路堤天然护道外，可设置单侧或双侧排水沟，也可用取土坑排水；路堑应于路肩两侧设置侧沟；堑顶外可设置单侧或双侧天沟。地面横坡明显地段的排水沟天沟可在横坡上方一侧设置，不明显时宜在路基两侧设置。天沟不应向路堑侧沟排水，路堑侧沟的水不得流经隧道流出。地面排水系统如图2.4所示。

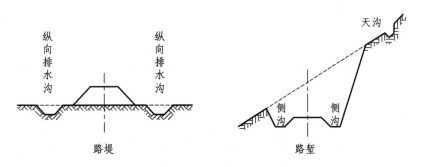

图2.4　地面排水系统

（2）地下水：当地下水埋藏浅或无固定含水层时，可采用明沟，排水槽，渗水暗沟，边坡渗沟，支撑渗沟；当地下水埋藏深或为固定含水层时，可采用渗水隧洞，渗井，渗管或仰斜式钻孔。渗水暗沟和渗水隧洞的纵坡不应小于5‰，条件困难时亦不应小于2‰。地下排水系统如图2.5所示。

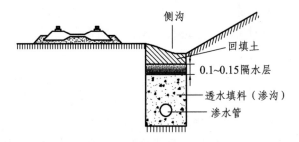

图2.5　地下排水系统

2. 路基防护加固

路基坡面长期裸露在自然中，受自然风化及雨水冲刷的破坏作用，会出现边坡剥落、局部凹陷、表土溜滑、坡脚被掏空崩塌等不同的坡面变形。为保证路基的坚固和稳定，路基坡面常用种草、铺草皮、砌石、抹面、喷浆、修建挡土墙（见图2.6）等方式加以防护加固。

图2.6　挡土墙

（五）路基病害及整治

路基在列车荷载的作用和自然条件的影响下，不可避免地会引起路基土壤力学性质发生变化，形成路基病害。常见的路基病害有翻浆冒泥、路基冻胀、滑坡和边坡塌方等。

1. 翻浆冒泥

翻浆冒泥是指土质路基顶面因道床污染及排水不良，在列车反复振动作用下形成的泥浆向上翻冒现象。此病害不仅会使轨道下沉和变形，还会由于道床的空隙被泥浆填充，降低路基的承载力，从而导致列车运行的不平稳，甚至会危及行车安全。翻浆冒泥的整治办法是排除地表水，降低地下水位，彻底清筛道床或更换路基顶面土壤等。

2. 路基冻胀

路基冻胀是严寒地区铁路线路上，由于路基排水不良和地下水侵蚀，在严寒季节发生的路基顶面不均匀隆起的现象。它的整治办法是排除地表水和降低地下水位，更换土质，改良土质或将炉渣覆盖在路基基床表层作保温材料。

3. 滑　坡

滑坡指在一定的地形地质条件下，由于地表水的大量浸入或地下水的作用，土体或岩体在重力的作用下，沿某一层面或软弱带作整体缓慢或急速滑动的变形现象。滑坡的综合防治办法为拦截地下水、排除地表水和修建支挡建筑。

4. 边坡塌方

山区铁路的路基多为深堑高堤，地质构造复杂。在雨季，由于雨水侵蚀，洪水冲刷，土质路基变软、石质路基岩石发生风化，在列车荷载作用下，路基边坡发生坍塌的现象叫边坡塌方。在北方地区裂隙中的水冻结后，体积膨胀，也会导致边坡塌方。为防止边坡塌方，可在坡面种草或铺片石，必要时可在边坡坡脚处砌挡土墙。

（六）站场路基

站场路基面一般不设路拱，而应设有横向坡度以利排水。其坡度根据土质种类、道砟种类、降雨量及同一坡面上的线路数目确定，一般为 2% 左右。路基面的形状，可根据车站路基宽度、排水要求及路基填挖情况确定。在线路数目较少的中间站可设单面坡或双面坡横断面；而在线路数目较多的区段站、编组站、客运站及大型货场等则多设锯齿形横断面。站场路基排水系统主要由横向、纵向排水设备组成。

二、桥隧建筑物

铁道线路在跨越江河、深谷、公路或其他铁道线时都需修建桥隧建筑物，其中包括桥梁、涵洞、隧道、明渠等。在修筑铁路时，桥隧建筑物投资占整个工程投资相当大的比重，大型桥隧的工期也是影响整个工程工期的关键。

（一）桥　梁

1. 桥梁的组成

桥梁是由桥跨结构、支座系统、桥墩、桥台和桥梁基础组成（见图2.7）。

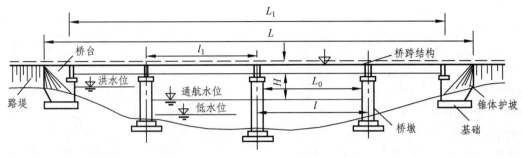

图 2.7 桥梁的基本组成

（1）桥跨结构。

桥跨结构是承担线路荷载、跨越障碍物的结构物，也称桥孔结构、上部结构，由桥面系和主要承重结构组成。桥面系一般由桥面、纵梁和横梁组成。桥跨结构是主要承重结构，承担上部结构所承受的全部荷载并传给支座，如桁架梁桥的主桁、实腹梁桥的主梁、拱桥的拱肋。

（2）桥梁支座。

支座设置在桥梁的上部结构与墩台之间。它的作用是：① 传递上部结构的支撑反力，包括恒载和活载引起的竖向力和水平力；② 保证结构在活载、温度变化、混凝土收缩和徐变等因素作用下能自由变形，以使上、下部结构的实际受力情况符合结构的静力图式。

按材料分为简易支座、钢支座、钢筋混凝土支座、橡胶支座、特种支座等。

（3）桥墩。

桥梁的支撑结构为桥台与桥墩，桥台是桥梁两端桥头的支撑结构，是道路与桥梁的连接点；桥墩是多跨桥的中间支撑结构，桥台和桥墩都由台帽、台身和基础组成。桥墩的作用是支撑在它左右两跨的上部结构通过支座传来的竖向力和水平力。

（4）桥台。

桥台是两端桥头的支撑结构物，也是连接两岸道路的路桥衔接构造物。既要承受支座传递来的竖直力和水平力，还要挡土护岸，承受后台填土的荷载产生的土压力。因此桥台必须有足够的强度，以免发生荷载作用下的发生位移过大、沉降等。

（5）桥梁基础。

桥梁的基础承载着桥墩、桥跨结构（桥身）的全部重量以及桥上的可变荷载，往往修建于江河的流水之中，遭受水流的冲刷。所以桥梁基础一般比房屋基础的规模大，需要考虑的问题多，施工条件也困难。

2. 桥梁的分类

（1）按工程规模分：特大桥、大桥、中桥、小桥等。

（2）按用途分：铁路桥（见图 2.8）、公路桥（见图 2.9）、公铁两用桥（见图 2.10）、人行及自行车桥、农桥等。

（3）按建筑材料分：钢桥、钢筋混凝土桥、预应力混凝土桥、结合桥、圬工桥、木桥等。

（4）按结构体系分：梁桥（见图 2.11）、拱桥（见图 2.12）、悬索桥（见图 2.13）、组合体桥等。

图 2.8 铁路桥

图 2.9 公路桥

图 2.10 公铁两用桥

图 2.11 梁桥

图 2.12 拱桥

图 2.13 悬索桥

（5）按桥跨结构与桥面的相对位置分：上承式、下承式、中承式。

（6）按桥梁的平面形状分：直桥、斜桥、弯桥。

（7）按预计使用时间分：永久性桥，临时性桥。

3. 桥梁荷载

一座桥梁所承受的荷载主要包括恒载和活载两部分。恒载指桥梁结构本身的自重，活载指列车重量及冲击力。建桥时桥梁各部分结构要根据线路等级、桥跨材料及跨度，适应列车重量、密度、速度发展的需要，按总公司制定的标准活载设计。

（二）隧道

隧道是修建在地下或水下并铺设铁路供机车车辆通行的建筑物，大多建筑在山中，用以避免开挖很深的路堑，或修筑很长的迂回线，以改善线路条件、提高运输效率、节省运营费用。也有为穿越河流或海峡而从河下或海底通过的水下隧道，以及为适应铁路通过大城市的需要而在城市地下穿越的城市隧道。

1. 隧道的组成

隧道一般由洞身、衬砌、洞门和避车洞、避人洞几部分组成。图 2.14 所示为隧道洞口及洞身。

图 2.14　隧道洞口及洞身

洞身是隧道的主体部分，是列车通过的通道，应具有一定的净空，以保证行车安全；衬砌指沿隧道周边用石料、混凝土等砌筑的支撑结构，主要作用是用来承受地层压力，阻止坑道周围地层的变形，防止岩石的风化、坍塌；洞门指隧道进出口的建筑装饰结构，它的作用是用来保持洞口上方及两侧坡面的稳定，并将洞口上方流下的水通过洞门处的排水沟引离隧道；避车洞与避人洞指设于隧道内两侧边墙上交错排列的附属建筑物，它是为列车通过时便于工作人员、行人及运料小车躲避而修建的。避车洞每隔 300 m 设一个，避人洞在相邻避车洞之间每隔 60 m 设一个。

2. 铁道隧道的种类

（1）按隧道长度分：

① 特长隧道：全长 10 000 m 以上。

② 长隧道：全长 3 000 m 以上至 10 000 m，含 10 000 m。

③ 中隧道：全长 500 m 以上至 3 000 m，含 3 000 m。

④ 短隧道：全长 500 m 及以下。

（2）按所在位置和埋藏条件分为傍山隧道、越岭隧道、地下铁道。

（3）按洞内行车线路的多少分为单线隧道、双线隧道及多线隧道等。

3. 具有典型代表的铁路隧道

（1）太行山隧道。

石太客运专线太行山隧道全长 27.848 km，最大埋深 445 m，设计为双洞单线隧道，两线距离 35 m，是目前我国最长的高速铁路山岭隧道，如图 2.15 所示。

（2）大瑶山隧道。

京广高速铁路大瑶山隧道群由大瑶山 1、2、3 号隧道组成，长度分别为 10.081 km、6.024 km、8.373 km，其中 1、2 号之间距离 167 m，2、3 号之间距离 47 m，3 座隧道均为双线隧道，如图 2.16 所示。

图 2.15　太行山隧道

图 2.16　大瑶山隧道

（3）浏阳河隧道。

京广高速铁路浏阳河隧道全长 10.1 km，下穿京珠高速公路、星沙开发区、浏阳河、长沙市机场高速公路等困难地段，不良地质较多，设计、施工困难，如图 2.17 所示。

（4）狮子洋隧道。

广深港客运专线狮子洋隧道全长 10.49 km，其中盾构段长 9.34 km，盾构内径 9.8 m，穿越珠江口狮子洋河段，水流急、难度大。建设中采用洋底"地中对接，洞内解体"的盾构方法为国内首创，如图 2.18 所示。

图 2.17　浏阳河隧道

图 2.18　狮子洋隧道

（5）函谷关隧道。

郑西线函谷关隧道，全长 7.85 km，是我国最长、断面最大的黄土隧道，开挖断面面积达 164 m²，如图 2.19 所示。

图 2.19　函谷关隧道

（三）涵　洞

1. 涵洞的结构

涵洞是埋设在路堤下部填土中，用以通过水流或行人的建筑物。涵洞主要由洞身、基础、端墙、翼墙和出入口等部分组成（见图 2.20），其孔径一般为 0.75 ~ 6 m。洞身埋在路基中，从进口向出口有一定的纵向坡度，以利排水。两端进出口处，可砌端墙和翼墙，便于水流进出涵洞，还可以保护路堤边坡免受水流冲刷。

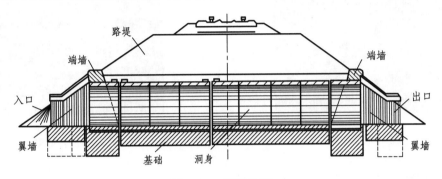

图 2.20　涵洞构造

2. 涵洞的类型

涵洞按其使用的建筑材料的不同，分为石涵混凝土、钢筋混凝土及铁涵等；按其结构形式不同，分为管涵、箱涵及拱涵等。涵洞的类型应根据水流情况、排水量、地质条件、材料来源及施工期限等因素综合考虑确定。

第二节　轨　道

路基、桥隧建筑物修成之后，即可在上面铺设轨道。轨道是一个整体性工程结构，主要由钢轨、轨枕、联结零件、道床、防爬设备以及道岔等组成（见图 2.21），主要起到引导列车和机车车辆运行，直接承受车轮传来的巨大压力，并把它传给路基及桥隧建筑物的作用。因此，应使轨道的各部分均有足够的强度和稳定性，以保证列车按规定的速度安全、平稳、不间断地运行，适应旅客列车高速及货物列车重载的发展需要。

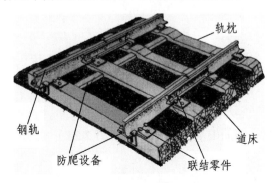

图 2.21　轨道的基本组成部分

高速铁路轨道结构分为有砟和无砟轨道两类，以无砟轨道为主。有砟轨道就是传统的铺轨枕和碎石的轨道；无砟轨道就是没有碎石的轨道，由钢筋混凝土浇筑而成。与有砟轨道相比，无砟轨道可以长久地保持钢轨的形状和位置。图 2.22 所示为无砟轨道，图 2.23 所示为有砟轨道。

图 2.22　无砟轨道

图 2.23　有砟轨道

一、轨道的组成

（一）钢　轨

钢轨直接承受并传递机车车辆传来的压力、冲击和振动，引导车轮运行方向，在电气化铁道或自动闭塞区段，钢轨还兼作轨道电路。

钢轨的断面形状为"工"字形，由轨头、轨腰和轨底组成（见图 2.24）。钢轨头部呈弧形以适合轮轨的接触，同时，应具有足够的面积和厚度。轨腰应有足够的高度，以提高钢轨抵抗挠曲的能力。轨底应有足够的厚度和宽度，以保证其稳定性。

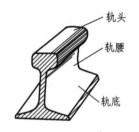

图 2.24　钢轨横断面

在我国，钢轨的类型（或强度）以每米长度的质量（kg）表示，主要有 75 kg/m、70 kg/m、60 kg/m、50 kg/m 等几种。我国钢轨的标准长度为 12.5 m 和 25 m 两种，此外，还有专供曲线地段使用的标准缩短轨若干种。

（二）轨　枕

1. 轨枕的作用

轨枕是钢轨的支座，主要承受从钢轨传来的压力并传给道床；同时，轨枕还起到保持钢轨位置和轨距的作用。

2. 轨枕的类型

轨枕按材料分为木枕和钢筋混凝土枕两种（见图 2.25）；按用途分主要有普通轨枕、岔枕和桥枕。

（a）木枕　　　　　　　　　　　（b）钢筋混凝土枕

图 2.25　轨枕

　　木枕具有弹性好、易加工、铺设和养护维修方便、绝缘性能好等优点，但使用寿命短，耗费木材多，强度、弹性和耐久性不完全一致，在机车车辆荷载作用下易出现轨道不平顺。钢筋混凝土轨枕既不受气候、腐朽、虫蛀及火灾的影响，又能保证尺寸一致，使轨道的弹性均匀，且稳定性好、坚固耐用，并可节省大量木材。但和木枕相比较，也有重量大、弹性较差等缺点，因而要求道床质量高，铺设厚度大，并在钢轨底部要增设缓冲垫层。

　　钢筋混凝土轨枕有普通轨枕和宽轨枕两类。宽轨枕也叫混凝土轨枕板，外形和普通混凝土轨枕相似，但宽且稍薄。它在线路上是连续铺设的，这样可以增大钢轨与轨枕、轨枕与道床的接触面积，有效降低道砟应力，防止线路不均匀下降，使轨道平顺性好，提高了线路的稳定性，适于重载和高速行车的要求。宽轨枕以前主要在隧道内、大桥桥头和大型客、货运站站场内铺设，现已在主要干线上逐步扩大了其使用范围。

（三）联结零件

　　联结零件分为接头联结零件和中间联结零件两类。

1. 接头联结零件

　　接头联结零件包括夹板、螺栓、螺帽和弹性垫圈等，用于把钢轨联结成一个整体。联结时，先用两块鱼尾板夹住钢轨，然后用螺栓拧紧（见图 2.26）。普通线路上两节钢轨之间一般要预留适当的轨缝，以保证钢轨可自由地伸缩。

　　目前，广泛采用的钢轨接头形式是悬接而又对接，如图 2.27 所示。悬接是指钢轨的接头正好处在两根轨枕之间，这种形式弹性较好。对接是指轨道上两股钢轨的接头恰好彼此相对在同一坐标点，从而避免错接时机车车辆通过时的左右摇摆。

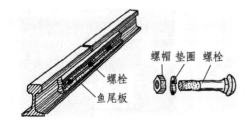　　　　　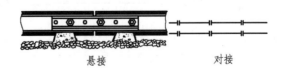

图 2.26　钢轨接头联结零件　　　　　　图 2.27　钢轨接头形式

2. 中间联结零件

　　中间联结零件的作用是把钢轨与轨枕牢固地联结起来，以确保钢轨位置稳定，如图 2.28

所示。根据轨枕的性质，中间联结零件可分为木枕联结扣件和混凝土枕联结扣件。

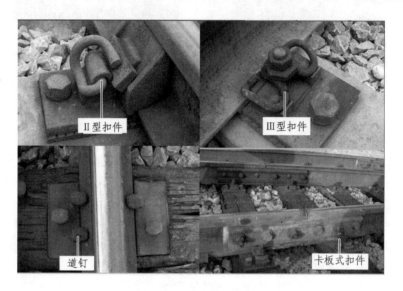

图 2.28   中间联结零件

（四）道 床

道床（见图 2.29）是铺设在路基面上的石砟（道砟）垫层，主要作用是支承轨枕，保持轨枕位置，阻止轨枕纵向或横向移动；把轨枕上部的压力均匀地传给路基；排除地面雨水；使轨道具有足够的弹性，缓和机车车辆轮对对钢轨的冲击作用。

我国道床常用的材料主要是碎石和筛选的卵石等。道床断面包括道床厚度、顶面宽度及边坡坡度 3 个主要特征，如图 2.29 所示。

如果将碎石道床灌注水泥浆，使它成为一个整体来支承钢轨，或者用混凝土、钢筋混凝土直接在路基面上筑成基础来支持钢轨，就形成整体道床。整体道床的强度高、维修工作量少，适合于列车高速运行。目前我国在隧道内及高速铁路上均铺设了整体道床，图 2.30 所示为铺设整体道床的高速铁路。

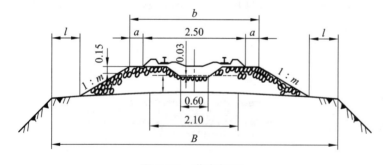

图 2.29   道床断面

图 2.30   整体道床

（五）防爬设备

列车运行时，常常产生纵向力带动钢轨作纵向移动，有时甚至带动轨枕一起移动，这种纵向移动叫作爬行。轨道爬行后，会造成轨枕歪斜，或一端轨缝被顶严实而另一端轨缝被拉大的轨缝不匀等现象。为了阻止线路爬行造成的行车危险，必须采取有效措施防止爬行。除加强轨道其他有关组成部件外，通常还采用防爬器和防爬撑来防止线路爬行。

穿销式防爬器（见图 2.31）是由带挡板的轨卡和穿销组成。安装时，将轨卡的一边紧紧地卡住轨底，另一边楔进穿销，使整个防爬器牢固地卡住轨底。另外，为了充分发挥防爬器的抗爬能力，通常在轨枕间还安装防爬撑，即把 3～5 根轨枕联结起来组成一组防爬设备，共同抵抗钢轨的爬行（见图 2.32）。

图 2.31 穿销式防爬器

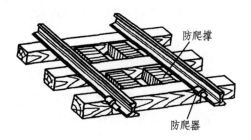

图 2.32 防爬器的安装

（六）道 岔

道岔是铁路线路相连接或交叉设备的总称，它可以使机车车辆由一条线路转往另一条线路，通常设于车站上，是铁路轨道的一个重要组成部分。道岔种类很多，常见的有普通单开道岔、双开道岔、三开道岔、交分道岔、交叉设备等。

1. 普通单开道岔

单开道岔是最常用、最简单的线路连接设备，主要由转辙器、辙叉及护轨、连接部分组成。对于普通单开道岔，若直线向左分岔，称为左开道岔；向右分岔，称为右开道岔（见图 2.33）。

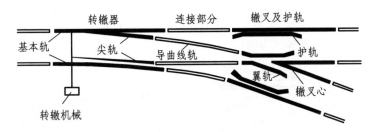

图 2.33 普通单开道岔

（1）转辙器：包括 2 根尖轨和 2 根基本轨，是引导机车车辆转线的部分。

2 根尖轨是整个道岔中可以活动的部分，用连杆相连。处于 2 根基本轨的内侧，并且总是 1 根尖轨同 1 根基本轨密贴，而另一根尖轨与另一根基本轨分离。如仍以图 2.33 为例，机车车辆通过直线线路时，要求上边的尖轨离开基本轨的同时，下边的尖轨和基本轨密贴，以便使机车车辆轮缘顺利地通过该部位。

（2）辙叉及护轨：包括辙叉心、2 根翼轨和 2 根护轮轨。其作用是保证车轮安全通过互相交叉的两根钢轨。

辙叉心轨两工作边所夹的角 α 称为辙叉角，其交点称为辙岔尖端；两翼轨间的最小距离处，称为辙叉咽喉。从辙叉咽喉至辙岔尖端之间有一段轨线中断地带，车轮有失去引导误入异线而发生脱轨事故的可能，因此此处被称为有害空间。为保证车轮在有害空间处进入正确的轮缘槽，防止进入异线，通常在辙岔两侧相对应位置的基本轨内设置护轨。

道岔上有害空间的存在，是限制过岔速度的一个重要因素，为了消灭有害空间，适应高速行车的要求，许多国家都设计制造了各种活动心轨道岔，以活动心轨辙叉代替原来的固定辙叉。活动心轨辙叉主要包括翼轨、长短心轨拼装的活动心轨、叉跟基本轨、帮轨等几部分，如图 2.34 所示。

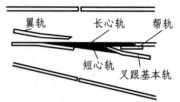

图 2.34　活动心轨辙叉

（3）连接部分：包括 2 根直轨和 2 根导曲线轨，是将转辙器和辙叉连接起来的部分。在导曲线上一般不设缓和曲线和超高，所以列车在侧向过岔时，速度要受到限制。

此外，还有操纵尖轨位置的转辙机械及岔枕等。

2. 其他类型道岔与交叉设备

（1）双开道岔。也叫对称道岔，如图 2.35（b）所示，由主线向两侧分为两条线路。在构造上，道岔对称于线路的中线，道岔连接部分有 4 条导曲线轨而无直轨，所以无直向及侧向之分。

（2）三开道岔。如图 2.35（c）所示，衔接 3 条线路；有 2 对尖轨，每对由一组转辙机控制，决定尖轨的位置；连接部分有 2 根直轨，2 对导曲线轨，辙叉及护轨部分有 3 副辙叉、4 根护轨。

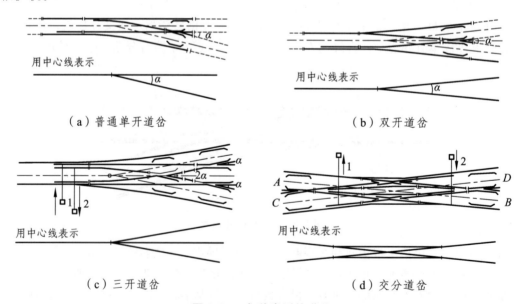

（a）普通单开道岔　　　　　　　　　　（b）双开道岔

（c）三开道岔　　　　　　　　　　　（d）交分道岔

图 2.35　各种类型的道岔

（3）交分道岔。如图 2.35（d）所示，它有 4 个辙叉，其中 2 个锐角、2 个钝角；有 4 条导曲线轨和 8 条尖轨；2 根拉杆，每根带动 4 条尖轨同时动作，扳动拉杆 1 和 2 使线路开通方向发生变化。图 2.35（d）所示尖轨位置为开通 AB 方向。

（4）菱形交叉。是指一条线路与另一条线路在平面上相交，使机车车辆能跨越运行，且交叉角度小于 90° 的连接设备（见图 2.36）。锐角辙叉的结构与单开道岔中的辙叉结构基本相同，钝角辙叉分为固定型和可动心轨型两种。菱形交叉可以单独使用，也可以与 4 组单开道岔组成渡线。

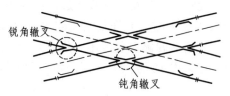

图 2.36　菱形交叉

（5）渡线。为了使机车车辆能从一条线路进入另一条线路，应设置渡线，包括普通渡线和交叉渡线两种。

普通渡线设在两平行线路之间，由两副辙叉号数相同的单开道岔及两道岔间的直线段所组成。交叉渡线设在两平行线路之间，由 4 副普通单开道岔和一副菱形交叉组成。

3. 道岔辙叉号数及允许过岔速度

（1）辙叉号数。也称道岔号数（N），以辙叉角（α）的余切值来表示，如图 2.37 所示，即

$$N = \cot\alpha = \frac{FE}{AE} \tag{2.1}$$

式中　N——道岔号数；

　　　α——辙叉两工作边的夹角；

　　　FE——辙叉心理论尖端沿工作边至垂足的距离；

　　　AE——辙叉心一工作边任意一点至另一工作边的垂直距离。

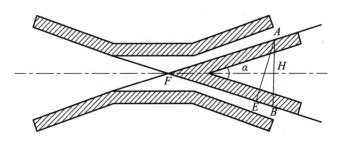

图 2.37　道岔号数示意图

由（2.1）式可知，辙叉角越大，辙叉号数越小，这时同辙叉部分连接的导曲线轨半径也就越小；辙叉角越小，辙叉号数越大，导曲线半径越大。我国常见道岔号数、辙叉角及导曲线半径的对应关系如表 2.1 所示。

表 2.1　道岔号数、辙叉角及导曲线半径的对应关系

道岔号数 N	6（对称）	7（三开）	9	12	18
辙叉角 α	9°27′44″	8°07′48″	6°20′25″	4°45′49″	3°10′47″
导曲线半径/m	180	180	180	330	800

（2）允许过岔速度。由于导曲线部分不设缓和曲线和超高，列车通过道岔时如果速度过快，突然产生的离心力就很大，特别是当列车侧向通过时，车轮对尖轨、护轨和翼轨都有冲

击，速度过大时冲击力就很大，这样不仅会造成很大程度地摇晃，使旅客感到不适，而且威胁行车安全，因此列车的过岔速度不能超过一定的范围。

允许过岔速度包括直向过岔速度和侧向过岔速度，其中侧向过岔速度受限制较大。道岔号数 N 越大时，允许过岔速度也就越高，我国铁路主要线路上使用较多的 9、12、18 号 3 个型号道岔的侧向允许速度分别为 25 km/h、45 km/h、80 km/h，当侧向列车速度超过 80 km/h 时，应采用 18 号以上道岔，如 30 号道岔等。

二、轨道的几何形位

轨道几何形位是指轨道各部分的几何形状、相对位置和基本尺寸。为确保行车安全，轨道的两股钢轨之间应保持一定的距离；两股钢轨顶面应保持一定的相对高度；在小半径曲线地段，曲线轨距应考虑适当加宽，从而保证机车车辆能够顺利通过曲线。列车速度越高，对轨道的技术标准要求越高。

（一）轨　距

轨距为两股钢轨头部踏面下 16 mm 范围内两股钢轨工作边之间的最小距离（见图 2.38）。这是因为钢轨铺设在线路上是向内倾斜的，车轮轮缘与钢轨侧面接触点在钢轨顶面下 10 ～ 16 mm，所以规定轨距测量部位在钢轨顶面下 16 mm 处。

1. 直线轨距

我国铁路标准直线轨距为 1 435 mm，大于 1 435 mm 的称为宽轨距，小于 1 435 mm 的称为窄轨距。我国昆明铁路局有部分线路轨距为 1 000 mm，我国台湾铁路采用的轨距为 1 067 mm。此外，世界其他国家还有采用 1 524 mm、1 676 mm 等轨距的。

为使机车车辆能在线路上两股钢轨间顺利滚动，轨距应略大于轮对宽度。当轮对的一个车轮轮缘紧贴钢轨作用边时，另一个车轮轮缘与钢轨作用边之间就留有一定的空隙，此空隙称为游间（也称为活动量）。如图 2.39 所示，在直线地段：

$$S_0 = q + \delta \tag{2.2}$$

式中　S_0——轨距；

　　　q——轮对宽；

　　　δ——活动量。

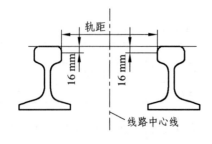

图 2.38　轨距示意图

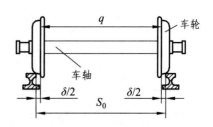

图 2.39　轮对和钢轨的相互位置

轮轨活动量 δ 既不能过大，也不能过小。δ 过大，会造成列车运行的较大摇晃，影响轨道的稳定性，危及行车安全；δ 过小，会增加行车阻力和轮轨磨耗，严重时轮对有可能被钢轨卡住。

在机车车辆运行的动力作用下，轨距可能产生一定的误差，运营中也容许轨距在规定的合理范围内有增减量。我国《铁路技术管理规程》规定，列车运行速度在 120 km/h 以下时，标准轨距允许误差为增 6 减 2（mm），即直线部分轨距允许范围为 1 433 ~ 1 441 mm；列车运行速度在 120 ~ 160 km/h 时，允许误差为增 4 减 2（mm），即直线部分轨距允许范围为 1 433 ~ 1 439 mm；列车运行速度在 160 ~ 200 km/h 时，允许误差为增 2 减 2（mm），即直线部分轨距允许范围为 1 433 ~ 1 437 mm。

2. 曲线轨距

机车车辆走行部中固定在转向架上始终保持平行而不能做相对运动的车轴中心线间的距离，称为固定轴距。车辆运行在曲线上时，由于机车车辆固定轴距的影响，可能引起转向架前一轮对的外轮轮缘和后一轮对的内轮轮缘挤压钢轨，致使行车阻力增大、轮轨磨耗加剧的现象发生，如图 2.40 所示。为使机车车辆能够顺利通过曲线，对小曲线半径的轨距要适当加宽。表 2.2 为我国《铁路线路设计规范》规定的曲线轨距加宽的数值。

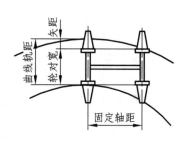

图 2.40　曲线轨距加宽示意图

表 2.2　轨距加宽取值

曲线半径/m	加宽值/mm	轨距/mm
$R \geqslant 350$	0	1 435
$350 > R \geqslant 300$	5	1 440
$R < 300$	15	1 450

曲线轨距加宽方法：保持外轨不动，将内轨向曲线中心方向移动，且曲线与直线间的轨距应在缓和曲线全长范围内递减；如未设缓和曲线，应在直线上递减，递减率一般不大于 1‰。

（二）水　平

1. 钢轨的水平位置

线路同一断面处左、右两股钢轨踏面的高度差，简称"水平"。

为使两股钢轨受力均匀，直线地段两股钢轨顶面应保持在同一水平，但在保证列车安全的前提下也允许有一定的误差。水平允许误差，正线、到发线上不得大于 4 mm，其他线不得大于 6 mm，水平变化率不得超过 1‰，否则，即使两股钢轨的水平误差不超过允许范围，也会引起机车车辆的剧烈振动。

2. 曲线外轨超高

机车车辆在曲线上运行时，由于离心力的作用使曲线外轨承受了较大的压力，因而出现两股钢轨磨耗不均匀现象，并使旅客感到不舒适，严重时还可能造成翻车事故。因此，通常要将曲线上的外轨抬高，使机车车辆内倾，以平衡离心力的作用。外轨比内轨高出的部分称为外轨超高（见图 2.41）。

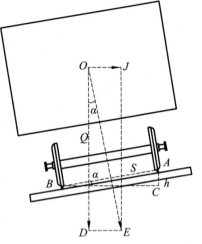

图 2.41 外轨超高

曲线外轨超高可采用如下公式计算：

$$h = 11.8 \frac{v_p^2}{R} \qquad (2.3)$$

式中 h——外轨超高（mm）；

      v_p——列车平均运行速度（km/h）；

      R——曲线半径（m）。

外轨超高计算后，取 5 mm 的整倍数。

曲线地段超高一旦设定，一般情况下旅客列车最高速度不应超过曲线允许的最高速度；货物列车不应低于一定的行车速度，否则会产生过超高（所需超高大于设定超高）或欠超高（所需超高小于设定超高），危及行车安全。因此，我国铁路规定曲线地段外轨超高双线不得超过 150 mm，单线不得超过 125 mm。高速客运铁路，行车速度很高，又无低速运行的货车，一般设置的超高较高，但为保证列车在曲线上停车的安全，最大超高也不超过 200 mm。

三、无缝线路

1. 无缝线路的含义

在普通线路上，由于轨缝的存在，使得钢轨接头处受到较大的冲击力，大大影响行车平稳性和旅客的舒适，并促使道床破坏，线路状态恶化，钢轨及联结件的使用寿命缩短，维修劳动费用增加。随着列车轴重、行车速度和密度的不断增长，上述缺点更加突出。目前，解决这一薄弱环节的主要措施是大力发展无缝线路。

所谓无缝线路，是指把标准长度的钢轨焊接而成的长钢轨绝缘线路，又称焊接长钢轨线路。它是当今轨道结构的一项重要新技术，世界各国竞相发展。

无缝线路根据处理钢轨内部温度应力方式不同，可分为温度应力式和放散应力式两种。温度应力式无缝线路结构简单，铺设和维修保养方便，因而得到世界各国广泛应用；放散应力式无缝线路一般用于年轨温差很大的寒冷地区。

2. 无缝线路的锁定轨温

在无缝线路上，用强力扣件和防爬设备将钢轨扣紧在轨枕上，称为锁定线路。锁定线路时的轨温称为锁定轨温。锁定轨温下，钢轨温度力为零。选择锁定轨温是铺设无缝线路的一项十分重要的工作。锁定轨温高，冬天产生的温度拉力就大，易造成钢轨折断；反之，夏天产生的温度压力大，易造成线路胀轨跑道。选定锁定轨温时，以冬季钢轨不折断，夏季不发生胀轨跑道为原则，根据各个地区的轨温变化情况进行检算和调整。一般取稍高于当地历年最高轨温与最低轨温的中间值作为锁定轨温。

3. 无缝线路的组成及超长无缝线路

无缝线路通常是由一对长钢轨及两端各 2~4 对标准轨组成，即由固定区、伸缩区和缓冲区组成。长钢轨中部，钢轨的自由伸缩已全部被扣件阻力和道床阻力及防爬设备所约束，不能随轨温变化而伸缩，称为无缝线路的固定区或稳定区。长钢轨两端，钢轨所受到的扣件阻力及道床阻力是逐渐增大的，温度力是逐渐被克服的，因此接头处钢轨会有部分伸缩，称为伸缩区或呼吸区。缓冲区是由 2~4 根或更多根标准钢轨组成，目的是便于调整轨缝，放散应力和修理及更换绝缘接头和道岔。

由于普通无缝线路仍存在缓冲区，无缝线路的优越性没有得到充分发挥。同时，缓冲区的存在对无缝线路的受力状态也有不良影响。随着高速重载运输的发展，要求必须强化轨道结构，全面提高线路的平顺性和整体性。为此要求把缓冲区消除或减少，无缝线路轨条延长，甚至与道岔连成一体，我国称为超长无缝线路。

我国自 20 世纪 50 年代末开始铺设无缝线路以来，目前已在主要干线全部铺设无缝线路，并且于 90 年代开始对超长无缝线路进行研究和试铺工作，目前已在北京、上海、郑州等路局铺设了超长无缝线路。

第三节　铁路线路的平面和纵断面

铁路线路在空间的位置是用它的线路中心线来表示的。线路中心线是指距外轨半个轨距的铅垂线 AB 与两路肩边缘水平线 CD 交点 O 的纵向连线，如图 2.42 所示。

线路中心线在水平面上的投影，叫作铁路线路平面，表明线路的直、曲变化状态。线路中心线纵向展开后在铅垂面上的投影叫线路纵断面，表明线路的坡度变化。线路的平面和纵断面不但确定了线路在空间的位置，同时也为路基、桥隧建筑物及站场等其他设备的设置提供了依据，对铁路通过能力及输送能力的大小都有直接影响。

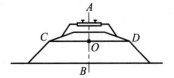

图 2.42　铁路线路横断面

一、铁路线路平面

线路平面由直线、圆曲线及连接直线和圆曲线的缓和曲线组成。

（一）曲　线

1. 圆曲线

铁路线路在转向处所设的曲线为圆曲线，其基本要素包括曲线半径 R、曲线转角 α、曲线长度 L 及切线长度 T，如图 2.43 所示。

在线路设计时，一般是先设计出曲线半径 R 和转角 α，然后再确定 T 和 L。其计算公式为：

$$T = R \cdot \tan\frac{\alpha}{2} \tag{2.4}$$

$$L = \pi \cdot R \cdot \frac{\alpha}{180} \tag{2.5}$$

曲线转角 α 的大小由线路走向、绕过障碍物的需要等因素确定。曲线半径 R 的大小则反映了曲线弯曲度的大小。R 越大，弯曲度越小，行车速度越高，但工程量越大，工程费用越高。

2. 缓和曲线

在铁路线路上，直线和圆曲线不是直接相连的，而是在它们之间插入一段缓和曲线，如图 2.44 所示。

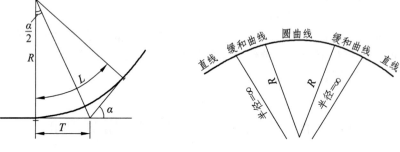

图 2.43　圆曲线要素图　　　　　图 2.44　缓和曲线示意图

缓和曲线的作用是使曲线半径由无限大逐渐变化到等于圆曲线半径（或相反），从而使线路平顺地由直线过渡到圆曲线或由圆曲线过渡到直线，以避免车辆离心力的突然产生或消失。缓和曲线的设置使列车运行安全平稳，旅客乘坐较为舒适。

缓和曲线的长度与所衔接圆曲线的半径及路段列车设计行车速度有关，路段设计行车速度越大，缓和曲线长度也越大；圆曲线半径越大，所需衔接缓和曲线长度越小。

3. 曲线附加阻力

当列车通过曲线时，由于离心力的作用，使得外侧车轮轮缘紧压外轨内侧，摩擦增大；同时，由于曲线外轨比内轨长，内侧车轮和外侧车轮滚动的长度就不同，因而两侧车轮在轮面上滚动时会产生相对滑动，给运行中的列车造成一种附加阻力，称为曲线附加阻力。曲线附加阻力与列车重量之比，叫作单位曲线附加阻力，用 w_r（N/kN）表示，其大小可按下述 3 种情况分别进行计算。

（1）当曲线长度 ≥ 列车长度，列车整列运行在曲线上［见图 2.45（a）］时：

$$w_r = \frac{600}{R} \tag{2.6}$$

式中　R——曲线半径（m）；

　　　600——试验常数。

（2）当曲线长度 < 列车长度，列车只有一部分运行在曲线上［见图 2.45（b）］时：

$$w_r = \frac{600}{R} \times \frac{L_r}{L} \tag{2.7}$$

式中　L_r——曲线长度（m）；

　　　　L——列车长度（m）。

（3）当列车同时运行在几个曲线上时：

$$w_r = \frac{600}{R_1} \times \frac{L_{r1}}{L} + \frac{600}{R_2} \times \frac{L_{r2}}{L} + \frac{600}{R_3} \times \frac{L_{r3}}{L} + \cdots \tag{2.8}$$

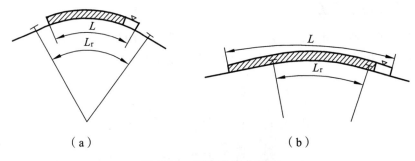

（a）　　　　　　　　　　　　　（b）

图 2.45　列车位于曲线上

从式（2.6）~式（2.8）可以看出，曲线阻力与曲线半径成反比。曲线半径越小，曲线阻力越大，运营条件就越差。但小半径曲线亦具有容易适应地形困难的优点，对工程条件有利。因此，在设计铁路线时应结合工程条件、路段设计速度以及减少维修等因素，因地制宜，合理选用。我国《铁路线路设计规范》提出曲线半径宜采用如下数值：12 000，10 000、8 000、7 000、6 000、5 000、4 500、4 000、3 500、3 000、2 800、2 500、2 000、1 800、1 600、1 400、1 200、1 000、800、700、600、550、500 m。高速铁路区间线路，最小曲线半径一般为 2 800 m，困难情况下，最小曲线半径采用 2 200 m。

不同设计路段的曲线半径优先选用表 2.3 的序列值，特殊困难条件下，可采用上列半径间 10 m 整倍数的曲线半径，但线路的最小曲线半径一般不得小于表 2.4 规定的数值。

表 2.3　线路平面曲线半径优先取值范围

路段设计速度/（km/h）	160	140	120	100	80
曲线半径/m	2 500~5 000	2 000~4 000	1 600~3 000	1 200~2 500	800~2 000

表 2.4　最小曲线半径

路段旅客列车设计速度/（km/h）			160	140	120	100	80
最小曲线半径/m	工程条件	一般地段	2 000	1 600	1 200	800	600
		困难地段	1 600	1 200	800	600	500

（二）夹直线

为了运行的安全与平顺，两相邻曲线间应设置夹直线，夹直线的最小长度应根据路段最高行车速度及地形条件等因素按表 2.5 的数值选用。

表 2.5　夹直线最小长度

v_{max}/（km/h）	160		140		120		100		80	
工程条件	一般	困难	一般	困难	一般	困难	一般	困难	一般	困难
L_j / m	130	80	110	70	80	50	60	40	50	30

（三）铁路线路平面图

铁路线路平面图是指用一定比例尺（1∶2 000 或 1∶10 000）和规定的符号，把线路中心线及两侧地形、地物投影到水平面上绘出的图（见图 2.46）。

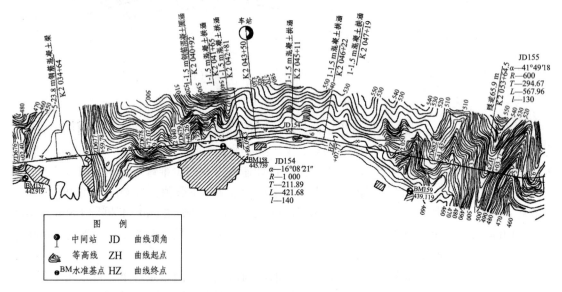

图 2.46　铁路线路平面图

线路平、纵断面图是铁路设计的基本文件，在各个设计阶段都要编制要求不同、用途不同的各种平面图。从图 2.46 的线路平面图可以看到图中的线路中心线走向、里程、直曲线情况，以及沿线的车站、桥隧建筑物的数量和位置；同时还可以看到用等高线（地面上高程相等各点的连线）表示的沿线地形地物及地面起伏情况等。

二、铁路线路纵断面

铁路线路纵断面由平道、坡道及设于变坡点处的竖曲线组成。

（一）坡道的坡度

坡道的陡与缓常用坡度来表示。坡度是指坡道线路中心线与水平夹角的正切值，如图 2.47 所示。坡道坡度的大小通常用千分率来表示。

$$I‰ = h/L = \tan\alpha \qquad\qquad (2.9)$$

式中　i——坡度值；

　　　α——坡道段线路中心线与水平线的夹角。

　　铁路线路根据地形的变化，可分为上坡、下坡和平道。上、下坡是按列车运行方向来区分的，通常用"＋"号表示上坡，用"－"号表示下坡，平道用"0"表示。例如，＋6‰表示6‰的上坡道。

（二）坡道附加阻力与限制坡度

1. 坡道附加阻力

　　列车在坡道上运行时，会受到一种由坡道引起的阻力，这一阻力称之为坡道附加阻力。从图2.47可以看出，机车车辆所受的重力$Q \cdot g$（kN）可以分解为垂直于坡道的分力F_1和平行于坡道的分力F_2。前一个分力由轨道的反作用力所抵消，后一个分力F_2就成为坡道附加阻力，用W_i表示。由于铁路线路坡度的夹角α很小，$\sin\alpha \approx \tan\alpha$，因此，$W_i$可由下式计算：

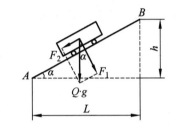

图2.47　坡度与坡道阻力示意图

$$W_i = 1\,000 \cdot Q \cdot g \cdot \sin\alpha$$
$$\approx 1\,000 \cdot Q \cdot g \cdot \tan\alpha = Q \cdot g \cdot i \quad (\text{N}) \qquad (2.10)$$

式中　W_i——坡道附加阻力（N）；

　　　Q——列车牵引质量（t）；

　　　g——重力加速度（近似取10 m/s^2）。

　　列车平均每单位质量所受到的坡道阻力，叫作单位坡道阻力（w_i），计算公式为：

$$w_i = W_i / Q \cdot g = \pm i \quad (\text{N/kN}) \qquad (2.11)$$

　　这就是说，机车车辆每单位质量上坡时所受的坡道阻力，等于用千分率表示的这一坡度值。列车上坡时，坡道阻力规定为"＋"；当下坡时，坡道阻力规定为"－"。

2. 换算坡度

　　如果在坡道上有曲线，列车在坡道上运行时所遇到的单位附加阻力应为单位曲线附加阻力与单位坡道附加阻力之和。由于曲线附加阻力无正负值，而坡道附加阻力有正、负之分，所以总的单位附加阻力为：

$$w_{总} = w_r + w_i \quad (\text{N/kN}) \qquad (2.12)$$

　　根据前述的w_i与i的对应关系，将总的单位附加阻力换算为坡度，这个坡度即称为换算坡度，也称为加算坡度，其计算公式为：

$$i_{换}‰ = (w_r + w_i)‰ = (i_r \pm i)‰ \qquad (2.13)$$

　　由公式可知，当坡道上有曲线时，列车上坡运行时就显得更陡，而下坡运行时，坡道则显得平缓。

3. 限制坡度

　　在一个区段上，决定一台某一类型机车所能牵引的货物列车重量（最大值）的坡度，称为限制坡度（i_x‰）。在一般情况下，限制坡度的数值往往和区段内陡长上坡道的最大坡度值相当。

如果在坡道上有曲线，那么这一坡道的坡道阻力值和曲线阻力值之和，不能大于该区段规定的限制坡度的阻力值，即

$$i + i_r \leqslant i_x \tag{2.14}$$

限制坡度是影响铁路全局的主要技术标准，它不仅对线路走向、长度和车站分布有很大影响，而且直接影响运输能力、行车安全、工程费与运营费。在设计线路时，应根据铁路等级、地形类别、牵引种类和运输要求比选确定，并应考虑与邻接铁路的牵引质量相协调，但不得大于表 2.6 所规定的数值。

表 2.6 限制坡度最大值（‰）

铁路等级		牵引种类	
		电力	内燃
I	平原	6.0	6.0
	丘陵	12.0	9.0
	山区	15.0	12.0
II	平原	6.0	6.0
	丘陵	15.0	9.0
	山区	20.0	15.0

一条长大干线所经过地区的地形类别差异较大时，可在地形困难地段采用加力牵引坡度（i_j），也可分为若干区段选择不同的限制坡度，用调整机型的方法统一协调全线的牵引定数。所谓加力牵引坡度是为了统一全区段的列车重量标准，而在特定地段进行多机牵引的坡度。加力牵引坡度内燃牵引最大可采用 25‰，电力牵引最大可采用 30‰。

通常情况下，一条铁路线路上下行方向以采用相同的限制坡度为好。但在上下行方向货流量相差悬殊的铁路上，宜分方向采用不同限制坡度，这样既可满足运营需要又可节省大量工程量。

（三）变坡点竖曲线的设置

1. 变坡点与竖曲线

平道与坡道、坡道与坡道的交点，叫作变坡点。列车经过变坡点时，坡度的突然变化会使车钩内产生附加应力。坡度变化较大时，附加应力的突然增大容易造成脱钩、断钩事故（见图 2.48）。

当相邻坡段的坡度代数差超过一定数值时，为了保证列车的运行平稳和安全，应在相邻坡段间用一圆顺曲线连接，使列车顺利地由一个坡段过渡到另一坡段，这个纵断面变坡点处所设的圆曲线，叫作竖曲线（见图 2.49）。

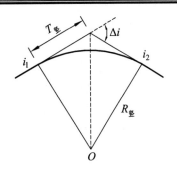

图 2.48　车辆经过变坡点的状态　　　　　图 2.49　竖曲线

2. 设置竖曲线其变坡点位置应满足的要求

（1）相邻坡段的坡度差符合下列条件时，应以圆曲线形竖曲线连接。

① 路段设计速度为 160 km/h 的地段，当相邻坡段的坡度差大于 1‰ 时，竖曲线半径应采用 15 000 m。

② 路段设计速度小于 160 km/h 的地段，当相邻坡段的坡度差大于 3‰ 时，竖曲线半径应采用 10 000 m。

（2）下列地段不得设置竖曲线（当路段设计速度大于 120 km/h 时，不得设置变坡点）：

① 缓和曲线地段。

② 明桥面桥上。

③ 正线道岔范围内。

（3）旅客列车设计行车速度为 160 km/h 的地段，竖曲线与平面圆曲线不宜重叠设置，困难条件下，竖曲线可与半径不小于 2 500 m 的圆曲线重叠设置；特殊困难条件下，经技术经济比选，竖曲线可与半径不小于 1 600 m 的圆曲线重叠设置。

（4）改建既有线和增建第二线时，若既有线是采用抛物线形竖曲线，且折算竖曲线半径不小于上述规定，则可保留既有线的坡段连接标准。特别困难条件下，竖曲线的位置可不受缓和曲线位置的限制。

（四）铁路线路纵断面图

用一定的比例尺（水平方向为 1∶10 000，垂直方向为 1∶1 000）和规定的符号，把线路中心线（展直后）投影到垂直面上，并标明平面、纵断面的各项有关资料的图纸，叫作线路纵断面图，如图 2.50 所示。

铁路线路纵断面图的上部是图的部分，表示线路纵断面概貌和沿线主要建筑物特征。主要是设计坡度线，即设计的路肩标高的连线。此外，还有地面线、填方和挖方的高度、桥隧建筑物资料、车站资料及其他有关情况。

在纵断面图的下部是表格部分，主要是路肩设计标高和设计坡度。同时，用公里标、百米标和加标标明线路上各个坡段和设备的位置。此外，还有地面标高等。

在线路纵断面图上，还附有线路平面情况，以便和线路纵断面情况相对照，看清线路全貌。

铁路线路平面图和纵断面图是全面、正确反映线路主要技术条件的重要文件，也是线路施工工作和在线路交付运营后仍需使用的技术资料。

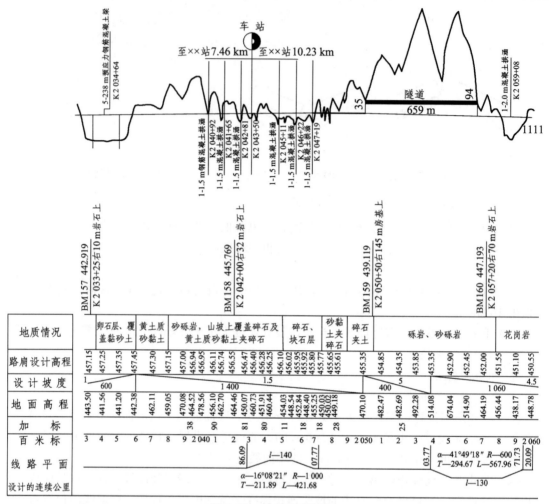

图 2.50　线路纵断面图

三、线路标志

为满足行车和线路养护维修的需要，在铁路沿线设有许多表明铁路建筑物及设备位置和状态的标志。这些线路标志设在线路里程增加方向的左侧机车车辆限界以外，距钢轨头部外侧不小于 2 m 处。曲线标等不超过钢轨顶面的标志，为不妨碍某些特种车辆（如除雪车、底开门车等）在工作状态时顺利通过，可设在距钢轨头部外侧不小于 1.35 m 处。常见线路标志有：

（1）公里标（见图 2.51）、半公里标（见图 2.52）。是线路的里程标，公里标设于线路前进方向整公里处，表示从铁路起点开始计算的连续里程，每走 1 公里设置 1 个；半公里标设于线路的半公里，相邻两公里标的中间，标有 $\frac{1}{2}$ 字样。

（2）曲线标（见图 2.53）。设在曲线中部，其上标有曲线长度、缓和曲线长度、曲线半径、外轨超高和轨距加宽，侧面标有曲线中部里程。

（3）圆曲线和缓和曲线的始终点标（见图 2.54）。设在直缓、缓圆、圆缓、缓直各点处，呈三棱柱形，侧面标有直、缓、圆字样，表明所进入路段分别为直线、缓和曲线及圆曲线。

（4）坡度标（见图 2.55）。设在线路坡度的变坡点处，两侧各标明其所进入路段的上、下坡状况及坡度，箭头向上斜为上坡，向下斜为下坡，横线为平道；侧面标有变坡点里程。

（5）桥涵标（见图 2.56）。设在桥梁中心里程（或桥头）处，标明桥梁编号和中心里程。

（6）管界标（见图 2.57）。设在铁路局、工务段、领工区、养路工区、供电段、电务段所管辖地段的分界点处，两侧标明所向的单位名称。

此外，还有隧道标、鸣笛标、作业标，等等。

图 2.51　公里标　　图 2.52　半公里标　　图 2.53　曲线标　　图 2.54　曲线始终点标

图 2.55　坡度标　　　　　　　图 2.56　桥涵标　　图 2.57　管界标

第四节　铁路限界及区间线路间距

一、限界的种类

为了确保机车车辆在铁路线路上运行的安全，防止机车车辆撞击邻近线路的建筑物和设备而对机车车辆和邻近线路的建筑物、设备所规定的不允许超越的轮廓尺寸线，称为限界。

铁路基本限界可分为机车车辆限界和建筑接近限界。

1. 机车车辆限界

机车车辆限界是机车车辆横断面的最大容许尺寸的轮廓，如图 2.58 所示。它是新造和使用中的机车车辆，除升起的受电弓外，任何部位在任何情况下都不得超过的轮廓尺寸。使用平车或敞车装载货物时，除超限货物或另有规定者外，不得超过此轮廓尺寸。所以，机车车辆限界也是一般货物的装载限界。

由图 2.58 可以看出：

（1）机车车辆的中心最大容许高度为 4 800 mm。因此，机车车辆顶部的任何装置不得超越，以防机车车辆顶部与桥梁、隧道上部相撞。

（2）机车车辆在钢轨水平面上部 1 250 ~ 3 600 mm 内，其宽度为 3 400 mm，但为了悬挂列车尾部的侧灯，在 2 600 ~ 3 100 mm 内允许两侧各加宽 100 mm。

（3）在钢轨水平面 1 250 mm 以下，机车车辆宽度逐渐缩减。

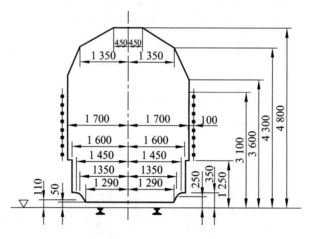

图 2.58 机车车辆限界

2. 建筑接近限界

建筑接近限界是邻近线路的建筑物或设备（与机车车辆相互作用的设备除外）不得侵入的最小横断面尺寸轮廓，如图 2.59 所示。

建筑接近限界与机车车辆限界之间留有一定的空隙，称为安全空间。留有安全空间的目的：一是为适应运行中的列车横向晃动偏移和竖向上下振动，防止与邻近的建筑物或设备发生碰撞；二是为组织"超限货物"列车运行。所谓"超限货物"列车，是指列车在直线线路上停留时，其中一些车辆中的货物高度或宽度超过了机车车辆限界或特定区段装载限界。按超限货物的超限程度，分为一级超限、二级超限和超级超限 3 个等级。

建筑接近限界包括直线建筑接近限界、隧道建筑接近限界和桥梁建筑接近限界。

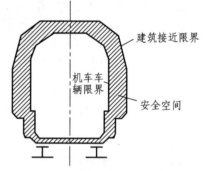

图 2.59 建筑接近限界示意图

二、直线地段建筑接近限界

图 2.60 所示为直线地段建筑接近限界，其中实线轮廓为各种建筑物的基本限界，从钢轨顶面算起，纵向最大高度为 5 500 mm，最低部位为 25 mm；从线路中心线算起，横向最大半宽为 2 440 mm，最窄半宽为 1 400 mm。它适用于区间、站内正线及通行超限货物列车的站线。另外，可查出站台距线路中心线的距离为 1 750 mm，信号机距一般站线的距离为 2 150 mm，距正线和通行超限货物列车的站线为 2 440 mm；跨线桥、天桥、雨棚、接触网支柱等距线路中心线的距离分别为 2 440 mm 等。

隧道建筑接近限界的高度稍高于直线地段建筑接近限界的高度，宽度与直线地段建筑接近限界的宽度相同。桥梁建筑接近限界的高度和宽度与隧道建筑接近限界基本相同。隧道建筑接近限界图和桥梁建筑接近限界图详见《铁路技术管理规程》附图。

曲线地段的各种建筑接近限界应在直线地段建筑接近限界的基础上适当加宽。

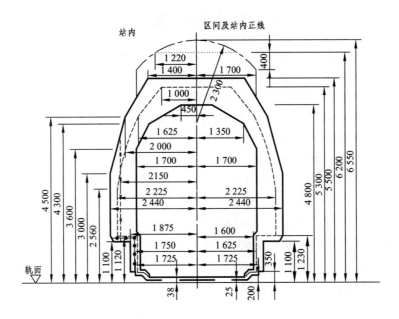

图 2.60 直线地段建筑接近限界（单位：mm）

注："—×—×—×—"表示信号限界，适用于不通行超限货物列车的站线。

"—·—·—·—"表示站台限界，适用于不通行超限货物列车的站线。

"----------"适用于电力机车牵引的线路的跨线桥、天桥及雨棚等建筑物。

".........."为电力机车牵引的线路的跨线桥在困难条件下的最小高度。

三、区间线路间距

相邻线路中心线间的距离，简称线路间距。区间线路间距应符合线间建筑限界的规定，保证行车安全和人身安全，满足通行超限列车以及设置行车和客、货运设备的需要。通常受机车车辆限界、建筑接近限界、超限货物装载限界、线间设备计算宽度和线路间办理作业性质需要的安全量等因素的影响。

我国《铁路技术管理规程》规定直线地段区间最小间距如表 2.7 所示。

表 2.7 各类铁路区间直线地段线间距

区间设计行车速度 /（km/h）	名　　称	线间最小间距/mm
$v \leqslant 140$	区间双线	4 000
	三线及四线区间的第二线与第三线	5 300
$140 < v \leqslant 160$	区间双线	4 200
$160 < v \leqslant 200$	区间双线	4 400

为了保证列车运行安全，使曲线地段两列车间的净空等于直线地段两列车间的净空，曲线地段线间距应适当加宽，其加宽量与曲线地段建筑接近限界加宽量相同。

复习与思考题

1. 我国铁路包括哪几个等级？线路的主要技术标准有哪些？

2. 什么叫路堤？什么叫路堑？各组成要素有哪些？

3. 轨道由哪几部分组成？各部分有何功能特性？

4. 画一个开通直股的普通右开式单开道岔，并指出各部件的名称。

5. 道岔号数如何确定？为什么道岔号数越小过岔速度越低？

6. 为何要发展无缝线路？无缝线路锁定温度如何计算？

7. 直线地段的轨距与水平应满足什么条件？为什么？曲线地段的加宽与超高值如何确定？

8. 缓和曲线有何作用？列车单位曲线附加阻力如何计算？

9. 什么是限制坡度？限制坡度如何确定？

10. 竖曲线变坡点位置应满足哪些要求？

11. 线路标志有何作用？常见线路标志有哪些？

12. 简述限界的种类及意义。

13. 线路的经常维修及大修、中修的内容有哪些？

第三章 铁路车辆

第一节 铁路车辆的种类及配属

铁路车辆是运送旅客和货物的工具。在铁路车辆上一般没有动力装置，需要把车辆连挂成一列，由机车牵引在线路上运行，才能达到运送旅客和货物的目的。根据运送对象的不同，铁路车辆可分为客车和货车两大类。它们的基本构造都是相似的，每一辆车均由车体、转向架、车钩缓冲装置、制动装置和车辆内部设施 5 个基本部分组成，如图 3.1 所示。

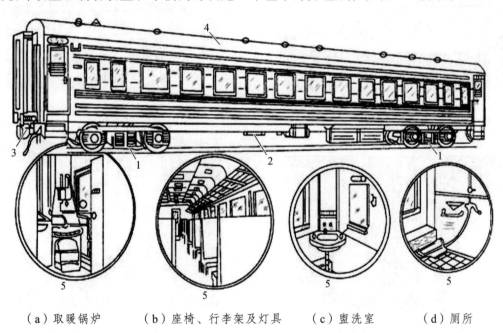

（a）取暖锅炉　　　（b）座椅、行李架及灯具　　　（c）盥洗室　　　（d）厕所

图 3.1　车辆组成

1—走行部（转向架）；2—制动装置；3—车钩缓冲装置；4—车体；5—车辆内部设备

一、铁路车辆的种类

由于运送的对象不同或有某些特殊需要，铁道车辆按用途分为客车和货车。

（一）客　车

铁道客车是运送旅客或为旅客提供服务。有既不运送旅客也不为旅客提供服务，但也不是货车的车辆，也被划分在客车范围内（见图 3.2、图 3.3、图 3.4）。

按用途分，常见的客车有硬座车、软座车、硬卧车（见图 3.5）、软卧车、餐车（见图 3.6、图 3.7）、行李车（见图 3.8）、邮政车、合造车、空调发电车、公务车、试验车（见图 3.9）、维修车、医疗车等。目前我国普通铁道客车的主型车是 25 型客车，其车内空间宽敞，布置典雅，色调柔和，构造速度高，乘坐舒适，安全性好。25 型客车包括 25B、25K、25G、25Z、25T 等类型，除基本车型外，还有双层客车。

按运营的性质或范围分，有轻轨车辆及地铁车辆。用于城市交通系统中的短途车辆，其本身设有驱动系统；市郊客车，比上一类车运行距离远，在大城市与其周边的中小城镇或卫星城市之间运行；高速客车，运行于大城市之间，其最高商业运行速度大于或等于 200 km/h；准高速客车，运行于大城市之间，其最高商业运行速度介于 160 km/h 与 200 km/h 之间；常速客车，指最高商业运行速度小于 160 km/h 的客车。

图 3.2　YZ25K 型空调客车

图 3.3　青藏高原型 YW25T 客车

图 3.4　YZ25T 型软卧客车

图 3.5　敞开式硬卧

图 3.6　餐车厨房

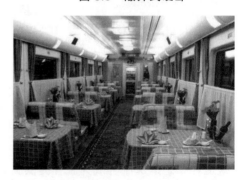

图 3.7　餐车客室

图 3.8　行李车

图 3.9　试验车

（二）货　车

铁道货车是运输货物的车辆。货物类型多，需要的货车车型也很多。按其用途可分为通用货车、专用货车和特种货车；按照货运车辆的轴数可分为 4 轴车、6 轴车和多轴车；按载重可分为 50 t、60 t、70 t、80 t、90 t 等多种。

1. 通用货车

通用货车指适合于装运多种类型货物的车辆，对运送的货物无特殊要求，在铁路车辆中所占比例较大，包括棚车、敞车、平车等几种。

（1）敞车。其车体两侧及端部均设有 0.8 m 以上的固定墙板，无车顶，又称高边车。主要用以装运散粒货物，如煤、焦炭等；可装运木材、集装箱等无需严格防止湿损的货物；也可加盖篷布，运输怕湿损的货物；还可装运重量不大的机械设备。因此，敞车具有很大的通用性，其数量约占我国铁路货车总数的 56%。目前全路敞车新造车均为 70 t 级和 80 t 级。图 3.10 所示为 C70H 型通用敞车，图 3.11 所示为 C80A（H）型通用敞车。

图 3.10　C70H 型通用敞车

图 3.11　C80A（H）型通用敞车

（2）棚车。车体设有地板、车顶、侧墙、端墙和门窗。用以装运各种需防止湿损、日晒或散失的货物，如布匹、粮食、化肥、棉纺织品和仪器等。除运送货物外，大部分棚车还可以临时代替客车运送旅客。图 3.12 所示为 P70 通用棚车，图 3.13 所示为 P32 型行包专列用棚车。

图 3.12 P70 型通用棚车

图 3.13 P65 型行包专列用棚车

（3）平车。底架承载面为一平面，通常两侧设有柱插，有的平车还设有可活动下翻式的矮端墙和侧墙，可用来装运矿石、砂土等块粒状货物。平车一般用于装运钢材、木材、集装箱、汽车、拖拉机、机器设备及军用装备等较大的货物。图 3.14 所示为 N17 平车，图 3.15 所示为 X2H 双层集装箱车。

图 3.14 N17 平车

图 3.15 X2H 双层集装箱车

2. 专用货车

专用货车专供运送某些限定种类的货物的车辆，其用途比较单一，同一种车辆要求装载的货物重量或外形尺寸比较统一。专用货车一般有罐车、保温车、煤车、矿石车、砂石车、长大货物车、通风车、家畜车、水泥车、活鱼车、集装箱车、漏斗车、守车、毒品车等。下面介绍几种常用的专用货车。

（1）集装箱车。底架承载面与平车相同但无地板，车体上设有固定集装箱的固定式、翻转式锁闭装置和门止挡，以便锁闭集装箱。

（2）机械保温车。机械保温车（又叫机械冷藏车）是运送鱼、肉、鲜果、蔬菜等易腐货物的专用车辆，因此保温车的车体装有隔热材料，车内设有冷却装置、加温装置、测温装置和通风装置等，具有制冷、保温和加温 3 种性能。图 3.16 所示为 B23 型五节式机械保温车组。

（3）罐车。设有圆筒形罐体，专用于装载液体、液化气体或粉状货物的车辆。按货物品种可分为：轻油罐车、粘油罐车、机油罐车、沥青罐车、食油罐车、水罐车、化工品罐车、粉状货物罐车、液化气罐车等。按卸货方式可分为上卸式罐车、下卸式罐车等，图 3.17 所示为 GQ70 轻油罐车。

（4）水泥车。车体为圆柱形罐体，上部有装入水泥的舱孔，下部有漏斗式开门。专供运送散装水泥的车辆。还有一种气卸式水泥车，下部设有引进压缩空气的进风口及卸货口，压缩空气与水泥混合后由卸货口通过卸货软管输入存储水泥的库中。图 3.18 所示为 UXY 型气卸散装水泥车。

（5）矿石车。车体有固定的侧、端墙和卸货用的特殊车门。主要用以运送各种矿石、矿粉。有的整个车体能借液压或空气压力的作用向任一侧倾斜，并自动开启侧门，把货物倾泻出来(此种车辆也称为自动倾翻车，简称倾翻车)。图 3.19 所示为 K18 矿石车。

图 3.16　B23 型五节式机械保温车组

图 3.17　GQ70 轻油罐车

图 3.18　UXY 型气卸散装水泥车

图 3.19　K18 矿石车

3. 特种货车

特种货车主要用于装运各种长大重型货物，如大型机床、发电机、化工合成塔等。一般载重量多为 90 t 及以上，只有底架而无墙板，且车轴数较多。按其结构形式可分为：长大平板车、凹底平车（或称元宝车）、落下孔车和钳夹车等，如图 3.20、图 3.21 所示。

图 3.20　D32 型 320 t 凹底平车

图 3.21　D38 型钳夹式货车

（三）特种用途车

特种用途车是按特种用途设计制造的车辆，其结构和用途与上述车种不同，主要包括检衡车、救援车、除雪车等。

二、车辆的配备与归属

1. 客　车

客运车辆固定配属给各铁路局（铁路集团公司）的各个车辆段，在运用时根据列车编组顺序表编组成列，固定担当某一对或几对旅客列车的运输任务，运行区段比较固定。客车车底编组相对比较固定，一般不进行改编。

2. 货　车

货运车辆和客运车辆的配属及运用有很大区别。部属通用货车一般不固定配属给各铁路局，而是在全路范围内通用，并由各车辆段按区段负责对运行中以及在调车和装卸作业中发生的车辆故障进行检查和修理。也有部分货车实行固定配属制度，包括机械冷藏车，标记载重 90 t 和 90 t 以上的长大货车，固定装卸地点循环使用的专列罐车、矿石车或煤车，以及少数专用货车，这些车辆由配属车辆段负责保管和检修。其他特种货车的使用则一般由铁路总公司统一掌握。路外一些大型厂矿企业具有自备货车，其所有权及使用权均属于这些企业，企业自备车在国铁线路上运行需签订协议，并支付相关费用。

3. 车辆的配属标记

凡产权归铁路总公司的车辆均应在侧墙或端墙适当的部位涂刷路徽，所有部属客车以及某些有固定配属的货车，必须涂刷所属局、段的简称；路外厂矿企业的自备车因运送货物或委托路内厂、段检修而需要在正线上行驶时，一般要在侧墙上或其他相应部位用汉字涂打上"××企业自备车"字样。另外，凡参加国际联运的客车须在侧墙中部悬挂国徽。

近年来，我国铁路车辆装备水平不断提高。截至 2016 年年底，中国铁路拥有货物车辆 76.4 万辆；全国铁路客车拥有量达到 7.1 万辆，其中动车组 2 586 标准组、20 688 万辆。

第二节　铁路车辆的基本构造

铁路车辆种类繁多，每一种类型的车辆构造都有区别，但它们的基本构造都是相似的。每一辆车均由车体、转向架、车钩缓冲装置、制动装置和车辆内部设施 5 个基本部分组成。

一、车　体

车辆供装载货物或乘坐旅客的部分被称作车体。车体通过心盘、中心销、旁承与转向架连接，安装车钩缓冲装置、制动装置和车辆内部设施。

车体的主要组成部分包括底架、侧墙、端墙、车顶和车门等。车体的钢结构由许多纵向梁和横向梁（柱）组成，车体底架通过心盘或旁承支承在转向架上。车体钢结构承担自重、载重、整备重量及由于轮轨冲击和簧上振动而产生的垂直动载荷；列车起动、变速、上下坡道时，在车辆之间所产生的牵引和压缩冲击力等纵向载荷；以及包括风力、离心力、货物对侧壁的压力等侧向载荷，如图 3.22 所示。

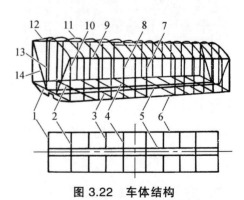

图 3.22　车体结构

1—端梁（缓冲梁）；2—枕梁；3—小横梁；4—大横梁；
5—中梁；6—侧梁；7—门柱；8—中间立柱；
9—上侧梁；10—角柱；11—车顶弯梁；
12—顶端弯梁；13—端柱；14—端斜柱

二、转向架

转向架是把两个或几个轮对用专门的构架（侧架）组成的一个小车，它介于车体与钢轨之间，能相对车体回转的一种走行装置。它通常由构架（或侧架）、轮对、轴箱、弹簧减振装置、摇枕及基础制动装置等组成一个独立结构。它支撑车体，通过轴承装置使车轮沿钢轨的滚动转化为车体沿线路的平移；传递从车体至轮对之间或从轮对至车体之间的各种载荷及作用力，并使轴重均匀分配；保证车辆安全运行，能灵活的沿直线运行及顺利地通过曲线；具有减缓来自车辆运行时带来振动和冲击的作用。因此转向架的设计也直接决定了车辆的构造速度、走行的稳定性和乘坐的舒适性。

由于车辆的用途不同，对转向架的性能、结构、参数和采用的材料及工艺等要求又有差别，因而就出现了各种形式的转向架。转向架根据使用轴数不同分为二轴转向架、三轴转向架和多轴转向架，其中二轴转向架使用最为普遍。每一个二轴转向架由两组轮对、轴箱油润装置、侧架、摇枕、弹簧减振装置等组成一个整体结构，并通过摇枕上的下心盘、中心销和车体底架枕梁上的上心盘对接后与车体连接为一体，图 3.23 所示是我国铁道货车上广泛使用的铸钢侧架式转 K6 型货车转向架。

（a）　　　　　　　　　　　　　　　　　　　　（b）

图 3.23　转 K6 型货车转向架

目前，我国常见货车转向架有转 K2、转 K3、转 K4、转 K5、转 K6、转 K7 等，最高运行速度为 120 km/h；常见客车转向架包括 206G 型、209T 型、209P 型、SW-160 型、CW-200 型、SW-220K 型和 242 型等，主要用于时速 120～160 km 的普通客车。均为二轴转向架，由构架（或侧架）、轮对、轴箱油润装置、弹簧减振装置及基础制动装置等 5 部分组成。

1. 轮　对

两个车轮和一根车轴按规定的压力和尺寸牢固地压装在一起形成的一个整体叫轮对（见图 3.24）。它承受着来自车辆的全部静、动载荷，传递给钢轨，引导车辆在钢轨上运行，并与钢轨相互作用产生各种作用力。因此，轮轴结合部位采用过盈配合，使两者牢固地结合在一起。目前，我国铁路的客货车全部采用滚动轴承轮对。

车轴是轮对转动的中枢。铁道车辆所用的车轴大多是圆截面实心轴，车轴两端伸进轴箱的部分叫轴颈，安装车轮的地方叫轮座，车轴的中部为轴身。车辆在运行中加于车轴的载荷是不断变化的，而且由于轮对不停地旋转，车轴内产生交变应力。因此，必须提高车轴材质的持久极限。

车轮是车辆直接与钢轨接触的部分，它将车辆的载荷传给钢轨，并在钢轨上滚动，使车辆运行。我国车辆全部使用钢质整体车轮，其中货车车轮的名义直径为 840 mm，客车车轮的名义直径为 915 mm。车轮与钢轨接触的外圆周表面称为车轮踏面，踏面与钢轨头部的接触面接触，引导着车辆的行进。车轮踏面为锥形磨耗型，能自动纠正车轮滚动过程的偏离方向，从而保证车辆中心线与线路中心线一致，以减少车辆的蛇行运动和滑行，使轮对较顺利地通

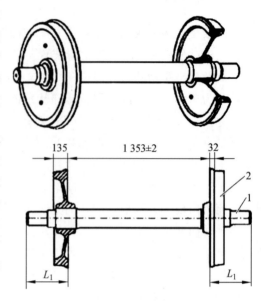

图 3.24　货车轮对

过曲线，并使踏面磨耗沿宽度方向比较均匀。车轮内侧面的径向圆周凸起的部分叫轮缘，起导向作用，防止轮对脱轨，保证车辆在线路上安全运行。

2. 轴箱油润装置

轴箱油润装置的作用是将轮对和侧架或构架联结在一起，把轮对沿钢轨的滚动转换为车体沿线路的平移。它不仅将车辆的垂直、水平载荷传递给轮对，而且不断地保持轴承的正常润滑，减少摩擦，降低运行阻力，限制轮对的横向位移，防止雨水、灰尘等异物的侵入，使车辆不间断的运行，并将车辆质量经该装置传给轮对，保证车辆能不间断安全运行。如果轴箱装置发生故障，将会产生热轴现象，轻微的会延误行车，严重的会使轴颈因激烈磨损而折断，造成严重行车事故。因此，车辆检修人员应加强对轴箱装置的维护和检修，切实防止燃轴事故，确保行车安全。

目前，我国铁路客货车全部采用的是滚动轴承轴箱装置，由于铁路车辆容许轴重比较大，故采用承载能力比较大的滚子滚动轴承。按滚子的形状可分为圆柱滚动轴承和圆锥滚子轴承，轴承由外圈、内圈、滚子和保持架组成，如图 3.25 所示。

我国铁道车辆滚动轴承轴箱装置的结构随转向架的形式而有所不同，目前主要分为有轴箱的和无轴箱的轴承轴箱装置。

客车轴箱装置可分为有轴箱的圆柱滚动轴承轴箱装置和圆锥滚子轴承轴箱装置。主要由轴箱体、轴箱后盖、防尘挡圈、油封、轴箱前盖、压板和轴承组成。

货车滚动轴承一般不使用轴箱（转 K3 型转向架除外），除双列圆锥滚子轴承外，还有前盖、后挡、密封罩、密封圈、密封座、防松片、承载鞍、轴端螺栓、施封锁等组成，承载鞍连接轴承和转向架。

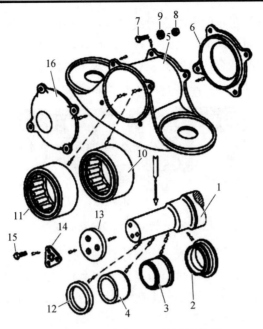

图 3.25　客车滚动轴承轴箱装置

1—车轴；2—防尘挡圈；3—42726T 轴承内圈；4—152726T 轴承内圈；5—轴箱体；
6—轴箱后盖；7—螺栓；8—螺母；9—弹簧垫圈；10—42726T 轴承外圈；
11—152726T 轴承外圈；12—152726T 轴承挡圈；13—压板；
14—防松片；15—螺钉；16—轴箱前盖

　　铁道车辆滚动轴承承受着较大负荷和冲击振动，且经常受温度变化的影响，一般均采用润滑脂润滑，它油膜强度高、缓冲性能好、黏附性能好、油脂黏度受温度变化的影响小、密封和防护性能好。图 3.26 所示为密封式滚动轴承轴箱装置。

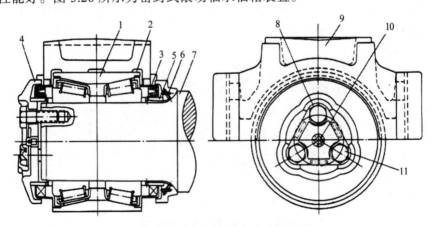

图 3.26　密封式滚动轴承轴箱装置

1—滚动轴承；2—密封罩；3—密封圈；4—前盖；5—密封座；6—后挡；
7—车轴；8—防松片；9—承载鞍；10—螺堵；11—螺栓

3. 构架（侧架）、摇枕装置

　　构架（侧架）是转向架的基础，它把转向架各零部件组成一个整体，并承受和传递各种作用力和载荷。

货车转向架的构架是由左右两个独立的侧架和一个摇枕组成的。每一侧架联系前后两个轮对一侧的轴箱，两侧架间中央部位通过一根横向放置的摇枕联结。

侧架（见图 3.27）的两端有轴箱导框，导框插入承载鞍（轴箱）的导槽之内，连接轴承和转向架，其中部有一个方形孔，是安装摇枕和弹簧减振装置的地方。

轴箱导框　　　　　　弹簧承台

图 3.27　转 K6 型转向架侧架

摇枕（见图 3.28）是把两侧架连成一个整体，将车体作用在下心盘上的力传递给支撑在它两端的枕簧上。摇枕中间安装下心盘，与车体上的上心盘配合，承受车体上的垂向力和水平力，上下心盘间可以相对转动，车辆通过曲线是，减小阻力；两旁有下旁承座安装下旁承，当车辆通过曲线时，向内倾斜一侧的上旁承和下旁承相接触，可以防止车体过分摇动和倾斜。

旁承座　　　　　　下心盘

图 3.28　转 K6 型转向架摇枕

客车转向架构架一般是一体式 H 形，由 2 根侧梁和 2 根横梁组成。它把转向架各零件组合成一个整体。图 3.29 所示为 209T 型客车转向架，它由构架、轮对轴箱弹簧装置、摇枕弹簧悬挂装置以及基础制动装置组成。

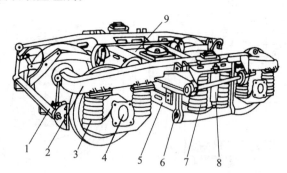

图 3.29　209T 型客车转向架

1—基础制动装置；2—构架；3—轴箱弹簧；4—轴箱；5—弹簧托板；
6—摇枕吊；7—摇枕弹簧；8—油压减振器；9—摇枕

4. 弹簧减振装置

弹簧减振装置的作用是缓和或削减车辆运行受到的振动和冲击，提高车辆运行平稳性。它一般由弹簧和减振器组成。

货车转向架一般在摇枕和侧架之间设置摇枕弹簧（中央弹簧）和斜楔式减振器，这种只在一个位置设置弹簧减振装置的形式，叫一系悬挂，如图 3.30 所示。

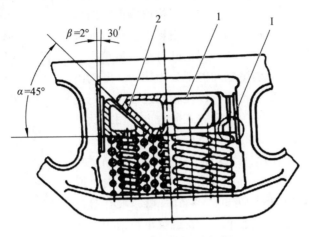

图 3.30 变摩擦楔式减振器

1—摇枕；2—斜块

客车转向架分别在摇枕和构架之间、构架和轴箱之间各设置一套弹簧减振装置，叫二系悬挂，从而进一步改善了转向架的减振性能。除了弹簧装置以外，在摇枕和构架之间还安装了油压减振器，目前，快速客车在摇枕和构架之间、构架和轴箱之间均装有油压减振器。另外，快速客车、动车组、城轨车辆中央弹簧都用空气弹簧代替了钢弹簧。

三、车钩缓冲装置

车钩缓冲装置是用来连接列车中各车辆使之彼此保持一定距离，并且传递和缓和列车在运行中或在调车时所产生的纵向力和冲击力。

车钩缓冲装置安装在车体中梁两端的牵引梁上，由车钩、缓冲器、钩尾框、前后从板、提升机构、复原装置等组成。借助钩尾销把车钩和钩尾框连成一个整体，从而使车辆具有连挂、牵引和缓冲 3 种功能。如图 3.31 所示为客车车钩缓冲装置的一般结构形式。

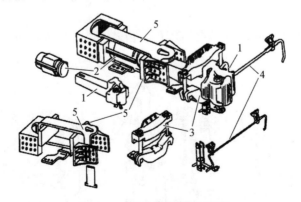

图 3.31 客车车钩缓冲装置

1—车钩；2—缓冲器；3—车钩复原装置；
4—解钩装置；5—钩尾框及从板

1. 车　钩

（1）车钩的构造。车钩由钩头、钩身和钩尾3个部分组成，如图3.32所示为货车车钩的零部件。车钩前端粗大的部分称为钩头，钩头内装有钩舌、钩舌销、锁提销、钩舌推铁和钩锁铁；车钩后部称为钩尾，在钩尾上开有垂直扁销孔，以便与钩尾框联结；钩头与钩尾之间的部分为钩身。车钩由铸钢制成，并具有标准的联结轮廓，以便相互连挂。

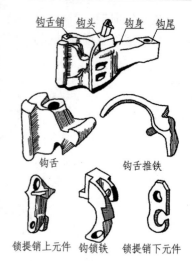

图 3.32　货车车钩及零部件

（2）车钩开启方式。车钩的开启方式分为上作用式及下作用式2种。由设在钩头上部的提升机构开启的，叫上作用式，大部分货车车钩为上作用式。这种方式开启灵活、轻便。下作用式车钩是指车钩由闭锁向开锁或全开位置转换时，通过钩提杆向上推动钩锁的解钩方式。客车因端部设有通过台，采用下作用式车钩装置。近年来，新造货车也采用下作用式，如图3.33所示。

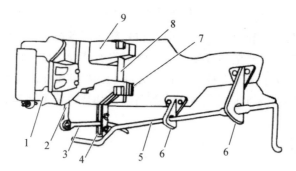

图 3.33　下作用式车钩的装置

1—钩头；2—锁推销；3—下锁销杆；4—下锁销托吊；5—车钩提杆；
6—车钩提杆座；7—车钩托梁；8—吊杆；9—冲击座

（3）车钩的三态作用。我国铁路客货车上使用的车钩均为自动车钩，钩舌可以绕钩舌销转动。当车钩钩头内的零件处于不同位置时，车钩将具有闭锁、开锁和全开3种作用，俗称车钩的三态作用。

① 闭锁位置［见图3.34（a）］：钩舌不能自由转动。连挂着的两车只有当车钩均处于闭锁位才可传递纵向力。

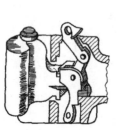
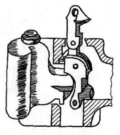

（a）锁闭位置　　　　（b）开锁位置　　　　（c）全开位置

图 3.34　车钩三态作用图

② 开锁位置［见图 3.34（b）］：钩舌可以转动。连挂着的两车至少有一个车钩处于开锁位才可分离。但未连挂的两车不能连接。

③ 全开位置［见图 3.34（c）］：钩舌可以转动到得最大位置。相邻两车钩至少有一个车钩处于全开位才可连挂。

2. 缓冲器

缓冲器（见图 3.35）安装在车钩的后面，用来缓和列车在运行中由于机车牵引力的变化或在起动、制动及调车作业时车辆相互碰撞而引起的纵向冲击和振动，从而提高列车的平衡性，减轻对车体结构和装载货物的破坏作用，延长车辆使用寿命，并为车上人员提供舒适的旅行条件。

缓冲器的工作原理是借助于压缩弹性元件来缓和冲击作用力，同时在弹性元件变形过程中利用摩擦和阻尼吸收冲击能量。根据缓冲器的结构特征和工作原理，一般缓冲器可分为：摩擦式缓冲器、橡胶式缓冲器和液压缓冲器等。

图 3.35　MT-2 型摩擦式缓冲器

四、制动装置

制动是人为地有控制地对运行着的列车施加阻力，以使列车减速或停车，或使停放的机车车辆继续保持停放状态的作用。为实现列车的制动而安装在列车上的一整套设备称之为列车制动装置。制动技术或者说列车制动机性能是铁路运输实现"高速、重载"目标的关键性前提条件之一。

列车制动装置由机车制动装置和车辆制动装置组成。机车制动装置除了具有使它自己制动和缓解的设备外，还具有操纵全列车制动作用的设备。

制动装置一般由制动机和基础制动装置组成。制动机是通过对其操纵和控制进而产生制动原动力的部分。基础制动装置是传送并扩大制动原动力的部分。

我国客货车辆上的制动机有空气制动机、电空制动机、手（人力）制动机。列车运行时一般使用空气制动机或电空制动机，手制动机用在调车作业或车辆停放时使用。此外，在机车和高速车辆上还有轨道电磁制动、电阻制动、再生制动等其他类型的制动形式。

（一）空气制动机

目前，我国使用的空气制动机全部是自动空气制动机。自动空气制动机是以压力空气作为制动原动力，以改变制动管压力空气的压力来控制三通阀（分配阀或控制阀）动作，实现制动和缓解作用的。制动力大，控制灵敏便当，应用最为广泛。我国铁路习惯把压力空气简称为"风"，把空气制动机简称为"风闸"。

1. 自动空气制动系统的组成

列车自动空气制动系统包括装在机车上的空气压缩机、总风缸和制动阀，分装在机车和车辆上的制动机和基础制动装置，以及贯通全列车的制动管组成。

我国货车空气制动机主要使用 120 型；客车空气制动机有 104 型和 F8 型。快速客车使用 104 型和 F8 型电空制动机。现以 120 型空气制动机（见图 3.36）为例，简要介绍安装在货车上的设备。

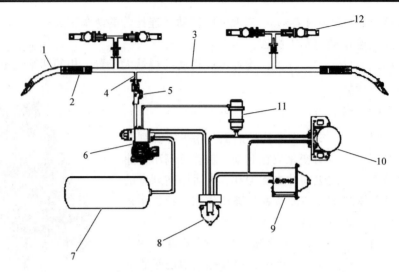

图 3.36　120 型空气制动机组成

1—制动软管；2—折角塞门；3—制动主管；4—制动支管；5—截断塞门和远心集尘器组成；
6—120 型控制阀；7—副风缸；8—调整阀；9—制动缸；10—传感阀组成；
11—加速缓解风缸和降压风缸；12—脱轨制动装置

（1）制动主管与支管：制动主管是贯通全车的传送压缩空气的管路，它两端装有制动软管和折角塞门。通过制动软管连接器可与邻车的制动软管相连，从而使各机车车辆相贯通。在制动主管中部有制动支管连接主管与 120 型控制阀。

（2）120 型控制阀：是车辆空气制动机的主要部件。它和制动管连通，根据制动管空气压力的变化情况，产生相应的作用位置，从而控制向副风缸充入压力空气的同时把制动缸内压力空气排向大气实现制动机缓解作用，或者将副风缸内压力空气充入制动缸产生制动机的制动作用。它自身有半自动缓解阀，在列车解体时，可用来单独缓解个别车辆。

（3）远心集尘器：它利用离心力的作用，将压缩空气中的灰尘、水分、铁锈等杂物，沉淀于集尘器的下部，以免进入三通阀等部件。

（4）副风缸：车辆制动机贮存压力空气的装置，制动时制动缸的动力源。

（5）制动缸：制动时，用副风缸送来的空气压力推动制动缸活塞，将空气压力转变为机械推力。

（6）截断塞门：安装在制动支管上，用以开通或遮断制动支管的空气通路。它平时总在开放位置，只有当车辆上所装的货物按规定应停止制动机的作用，或当制动机发生故障时才将其关闭，以便停止该制动机的作用。

通常把因制动机故障或因装载货物的需要而关闭了截断塞门、停止制动机作用的车辆叫"关门车"。

（7）折角塞门：折角塞门安装在制动主管的两端，用以开通或关闭主管与软管之间的通路，以便于关闭空气通路和安全摘挂机车、车辆。

（8）空重车自动调整装置：由调整阀、传感阀组成和降压风缸组成。货车的空重车载重差别较大，在制动时往往需要的制动力不同，可以通过空重车自动调整装置来控制制动缸的压力，以达到调整制动力的目的。

（9）脱轨制动装置：车辆发生脱轨事故时，迅速排出制动管压力空气，使脱轨列车紧急制动停车。

2. 自动空气制动机的工作原理

三通阀（分配阀或控制阀）是自动空气制动机的关键部件，控制制动机的各种作用，以三通阀的作用原理为例介绍空气制动机的作用原理。

三通阀与制动管、副风缸、制动缸相通，并设有大气通路。内部装有一个气密性良好的主活塞及带孔道的滑阀、节制阀。主活塞外侧通列车管、内侧通副风缸。当制动管内压力空气的压力发生压力变化，二者之间产生压力差，此压力差是主活塞动作的动力，推主活塞带动节制阀、滑阀移动，形成不同的作用位置，实现以下各种作用。

（1）充气、缓解作用位［见图 3.37（a）］。司机将自动制动阀手把放充气缓解位时，总风缸风的压力空气经过自动制动阀向制动管输入，主活塞外侧压力增大，当压力大于内侧副风缸压力时，主活塞带节制阀、滑阀内移，开放充气沟 i，制动管的压力空气经充气气路进入副风缸贮存起来（其压力最后可达到与制动管规定压力相等），准备制动时使用。同时滑阀连通制动缸和三通阀排气口，若制动缸内有压力空气，则经排气口排入大气。这就形成副风缸充气，制动缸缓解作用，实现了制动机充气及缓解作用。

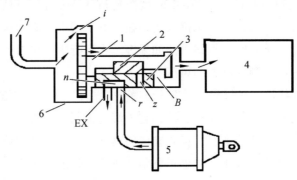

（a）充气缓解位作用原理

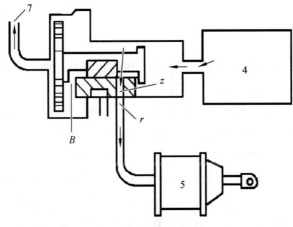

（b）制动位作用原理

图 3.37　三通阀工作原理图

1—主活塞及主活塞杆；2—节制阀；3—滑阀；4—副风缸；5—制动缸；6—三通阀；
7—制动管；i—充气沟；B—间隙；z—滑阀制动孔；r—滑阀座制动缸孔；
n—滑阀缓解联络槽；EX—排气口

（2）制动作用位［见图 3.36（b）］。司机将自动制动阀手把放制动位时，自动制动阀将制动管内压力空气排入大气，三通阀主活塞外侧压力下降，当主活塞外侧压力低于内侧副风缸压力时，主活塞带节制阀、滑阀向外移动，移动到滑阀与滑阀座上的孔路将副风缸和制动缸连通，副风缸内压力空气经滑阀与滑阀座上的制动气路进入制动缸，实现制动机的制动作用。

（3）自动空气制动机的特点。自动式空气制动机的特性是制动管排气（减压）时制动缸充气（增压），发生制动。当列车发生分离事故，制动软管被拉断时，列车管风压急剧下降，三通阀活塞主动而急速地挪动转移到制动位，故列车能自动急速制动直至停车。

3. 缓解阀和紧急制动阀的使用

（1）缓解阀的使用。在列车或车列中当需要缓解单辆车时，无法通过向制动主管充气的方法来实现，而只能通过个别操纵的方式降低副风缸的压力，从而达到缓解车辆的目的。目前，绝大部分货车空气制动机是 120 型，120 型控制阀自身带有半自动缓解阀，只要拉动拉风线 3～5 s，即可缓解制动机。客车无拉风线，在每辆车的空气制动机压力风缸上装有排水阀，需缓解车辆时，搬动排水阀手柄即可。如果客车在运行中，可打开车厢中部的铸钢盖，拉动空中的拉手，即可派出制动缸中的风压。

（2）紧急制动阀的使用。在每辆铁道客车车厢的端部，有标明"危险！勿动！"的红色手把，这就是"紧急制动阀"，又称"车长阀"，它一端连接制动主管，另一端通大气，平时，阀被弹簧压在阀座上，当拉动手把时，偏心轴使阀离开阀座，打开制动主管与大气的通路，制动主管内的压缩空气就急剧减压，产生紧急制动作用。铁道行车部门规定，列车行驶中旅客不得随意拉动紧急制动阀，列车运行只有在发生危及行车或人身安全的情况时，车长或有关乘务人员才有权使用紧急制动阀。

（二）手制动机

手制动机是指装在车辆制动装置上，以人力作为制动力原动力的部分。用人力转动手轮或手把，以代替压缩空气作用于制动缸活塞的推力带动基础制动装置动作，以达到制动的效果。一般产生的制动力较小，制动作用也相对缓慢，因此，一般只有在不能使用空气制动机的情况下才使用手制动机。手制动机根据用途不同，可分为货车用和客车用两类，目前，新造货车上已经全部使用我国新研制的 NSW 型手制动机，客车上使用比较多的为蜗轮蜗杆式。如图 3.38 所示为我国铁道货车上采用的新型 NSW 型手制动机，其手制动轮很像一个汽车方向盘，制动时，将功能手柄搬到制动位，调车人员可以顺时针迅速转动该手制动轮，使制动链条绕在手轮轴上，拉动制动杠杆，使闸瓦紧压车轮而产生制动作用，缓解时，将功能手柄搬到缓解位，逆时针拨动手轮可快速缓解。

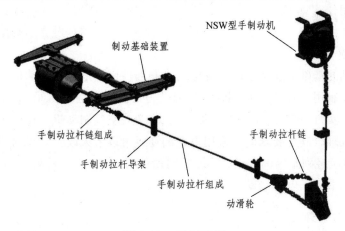

图 3.38　手制动机

（三）基础制动装置

基础制动装置安装在车体底架和转向架上，利用杠杆原理，将空气制动机或手制动机产生的力扩大数倍，再均匀地传递到闸瓦或闸片。货车基础制动装置主要采用的是单侧闸瓦式（见图 3.39），客车部分车辆采用双侧闸瓦式，大部分车辆采用盘形制动装置（见图 3.40）。

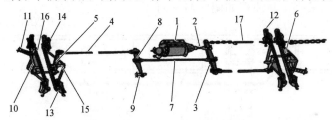

图 3.39　单侧闸瓦式

1—制动缸；2—制动缸活塞推杆；3—制动缸前杠杆；4—上拉杆；5—制动杠杆；6—下拉杆；
7—链接拉杆；8—制动缸后杠杆；9—制动缸后杠杆托；10—固定杠杆；
11—固定杠杆支点；12—闸瓦托吊；13—闸瓦托；14—闸瓦；
15—制动梁支点；16—制动梁；17—手制动拉杆

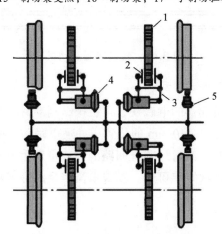

图 3.40　盘形制动装置

1—制动盘；2—闸片；3—钳形杠杆；4—盘形制动单元；5—踏面清扫器

（四）其他制动装置

1. 电空制动机

在空气制动机的基础上加装电磁阀等电气控制部件而形成电空制动机。它的特点是制动、缓解作用的操纵控制用"电控"，但制动作用原动力还是压力空气。而且，在制动机的电控因故失灵时，它仍可实行"气控"（空气压强控制），变成空气制动机。在列车速度很高或编组很长，空气制动机难以满足要求时，采用电空制动机可以大大改善列车前后部制动和缓解作用的一致性，显著减轻列车纵向冲击，并缩短制动距离，世界上高速列车都采用电空制动机，我国的快速客车也采用了电空制动机。

2. 轨道电磁制动机

这种制动方式的装置是在转向架两轮对之间距轨面适当高度处悬装电磁铁靴或永久磁铁。在制动时，电磁铁靴落下，并接通激磁电源使之产生吸力而吸附在钢轨上，通过摩擦产生制动作用。这种制动不受轮轨间黏着系数的限制，能在保证旅客舒适性的条件下有效地缩短制动距离，但重量较大，增加了车辆的自重并加速了钢轨的磨耗。这种装置通常仅在紧急制动时作为一种辅助制动方式，用于黏着力不能满足紧急制动需要的高速列车上使用，但到目前为止，我国还未采用。其原理如图 3.41 所示。

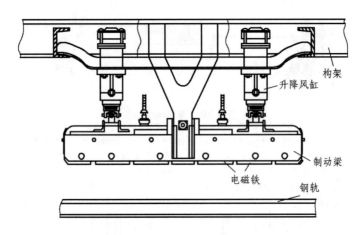

图 3.41　轨道电磁制动机

3. 线性涡流制动（轨道涡流制动）

在每一个转向架上设有可起落的电磁铁，司机操纵制动时，将安装在转向架构架侧梁下的电磁铁放到离轨道表面上方 7～10 mm 的位置，并通电励磁，由于电磁铁和轨道的相对运动，由法拉第电磁感应定律知，当通过闭合回路的磁通量发生变化时，将在钢轨中产生感生电动势，形成感生电流，由楞次定律可知，感应电流产生的磁场总是阻碍引起感应电流的磁通量的改变。

4. 再生制动

列车制动时，使电力机车或用电力牵引的动车组的牵引电动机转变为发电机，将运行中的列车动能通过发电机转变为电能反馈回电网（供电网范围内的其他列车牵引使用）。使列车的动能转变为可利用电能的制动方式。

5. 电阻制动

电力机车、用电力传动的内燃机车、动车组或地下铁道车辆。制动时，变牵引电动机为发电机，将运行中的列车动能通过发电机转变为电能消耗于电阻，用以控制速度。其优点是效率高，不会发生长时间抱死车轮的现象，高速时制动力大，但低速时它的效率就减低，并且一般列车（除动力分散性的城市轨道交通车辆）带电动机的车辆比率不大，故受到一定限制，平常均与空气制动机同时配合使用。

（五）列车尾部安全防护装置

列车尾部安全防护装置（见图 3.42），是用于货物列车取消守车后，在尾部无人值守情况下为提高铁路运输的安全性而研制的专用运输安全装置，设备采用了计算机编码、无线遥控、语音合成、计算机处理等技术，保证列车运行安全而设计生产的安全防护设备，也是重要的铁路行车设备。

（a）列尾装置主机

（b）司机控制盒与控制台

（c）数据接收器

（d）列尾装置的使用

图 3.42　列尾装置的组成及安装位置

列车尾部安全防护装置主要由列车尾部部分和列车机车部分两部分组成。列车机车部分有列尾装置司机控制盒（简称司机控制盒）和列尾机车台。列车尾部部分有列尾装置尾部主机(简称列尾主机)和列尾主机的附属设备。列尾主机的附属设备包括：列尾主机检测台、机车号确认仪、列尾主机电池、列尾主机电池充电器、简易场强计、屏蔽室、列车尾部安全防护装置数据处理系统等。

列车尾部安全防护装置可用于列车尾部风压查询、列车尾部风压异常告警、列车尾部排风制动、列尾主机电池电量不足告警、列车尾部标识、黑匣子记录功能等。使用时机车乘务员操作司机控制盒功能键，首尾以无线数据传输方式传递信令（编码信息），其信令通过机车列调电台（或列尾专用机车电台）发送出去，列尾主机接收到司机控制盒发送的信令后，其响应信息再以同样的方式返回司机控制盒，司机通过司机控制盒合成的语音或显示的信息来了解列车尾部风压及列尾主机的工作状态等情况。

列尾装置主机与机车司机手持台一对一置号使用。司机操纵手持台能够立即显示列车尾部状态。乘务人员通过机车发码盒上"查询""常用排风""紧急排风"功能，可以准确掌握列车通风情况、风压情况等，并可检查折角塞门关闭状况，判断车列制动主管贯通状态和车列完整情况。当列车主管风压非正常泄漏低于规定的"限值"时，该装置将会自动报警；当车辆折角塞门被意外关闭时，机车乘务员可操纵列尾装置进行尾部排风辅助制动，避免"放飏"事故的发生。

五、车辆内部设备

车辆内部设备是一些能良好地为运输对象服务而设于车体内的固定附属装置，如客车上的席座、卧铺、照明、给水、取暖、通风、空调、行李架等。货车由于类型不同，内部设备也因此千差万别，一般来说比客车简单。

第三节　车辆的运用与检修

一、车辆的运用管理

（一）车辆的运用管理系统

铁路车辆的运用管理包括：掌握车辆的购置和配属、制订车辆检修制度、编制和执行车辆检修计划、设置车辆运用管理机构，以及负责进行除厂修外的全部车辆定期检修（见车辆检修）及列车检修、入库检修、乘检和临修等工作。我国铁路车辆的运用管理机构包括铁路总公司运输局车辆部、铁路局车辆处、车辆段等。

（二）车辆的运用标记

为了表示车辆的类型和特征，满足运用、检修和统计的需要，在每一车辆上均应具有规定的各种标记，其中，运用标记是铁路运输部门如何运用车辆的依据，包括如下几种：

1. 车辆编码

运用中的每一辆车均分配有唯一的编码，并涂刷在车辆侧墙上明显的位置，以便于识别和管理。编码的主要内容为车种、车型、车号。

（1）车种编码原则上用该车种汉语拼音名称中关键的一个或两个大写字母表示，其中客车用 2 个（或 3 个）字母，货车用 1 个字母（详见表 3.1）。

表 3.1　主要客、货车车号编码表

客　车			货　车					
车种	基本型号	车号范围	车种	基本型号	车号范围	车种	基本型号	车号范围
软座车	RZ	10000～19999	棚车	P	3030000～3599999	保温车	B	7000000～7231999
硬座车	YZ	20000～49999	敞车	C	4000000～4999999	毒品车	W	8000000～8009999
软卧车	RW	50000～59999	平车	N	5005000～5289999	家畜车	J	8011000～8029999
硬卧车	YW	600000～89999	集装箱车	X	5200000～5249999	水泥车	U	8040000～8059999
餐车	CA	90000～94999	矿石车	K	5520000～5531999	粮食车	L	8060000～8064999
行李车	XL	3000～6999	长大货物车	D	5600000～5699999	特种车	T	8066000～8079999
邮政车	UZ	7000～9999	罐车	G	6050000～6449999	自备车		0000001～0999999

（2）车型编码用大写汉语拼音字母和数字混合表示。依次由 3 部分组成：第一部分为车辆所属的车种编码，用 1 位大写字母表示，作为车型编码的首部；第二部分为车辆的重量系列或顺序系列，用 1 位或两位数字或大写字母表示；第三部分为车辆的材质或结构，用 1 位或两位大写字母表示。如 C_{64K} 中，C 表示车种，64 表示重量系列，K 则表示其材质和结构。

（3）车号编码采用 4～7 位数字代码，因车种、车型不同，使用数字规定了区分范围，同种车辆的车号必须集中在规定的码域内，以便从车号编码上反映车辆的车种、车型。主要客、货车具体码域见表 3.1。

2. 自重、载重及容积

自重为在空车状态下车辆本身的全部重量，以 t 为单位，取小数一位，第二位四舍五入；载重即车辆技术条件所允许的最大装载重量，以 t 为单位。除平车以外的货车，以及客车中的行李车、邮政车还应注明可供装载货物的容积，以 m^3 为单位，同时在括号内以 m 为单位注明"内长×内宽×内高"。

3. 车辆全长及换长

车辆全长是指车钩位于闭锁位置时两端钩舌内侧间的距离，以 m 为单位。换长是为了编组列车时统计工作的方便，将车辆全长换算成辆数来表示的长度。换算时以早期生产使用的 30 t 棚车长度 11 m 为计算标准，即

$$换长 = \frac{车辆全长}{11}$$

计算中保留一位小数（四舍五入）。

4. 车辆定位标记

以阿拉伯数字 1 和 2 分别表示车辆的一位端和二位端，如图 3.43 所示。一般以制动缸活塞推出的方向为一位端，另一端为二位端。通常将手制动机都安装在一位端，车辆的定位标记涂打在车辆端墙下侧。

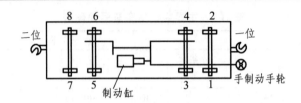

图 3.43　车辆定位示意图

车辆的车轴、车轮、轴箱、车钩、转向架等位置，都有一定的编号称呼。编号原则是站在第一位端面向车辆，由第一位车端顺次数到第二位车端依次编号（左右对称的设施还要同时保证左单右双从一位到二位依次顺序编号）。

5. 表示车辆设备、用途及结构特点的各种标记（主要指货车）

🅜🅒 ——可以参加国际联运的客货车。

Ⓜ ——禁止通过机械化驼峰的货车。

Ⓙ ——具有车窗、床托等的棚车，必要时可供运送人员使用。

Ⓖ ——具有拴马环或其他拴马装置的货车。

Ⓖ ——活动墙板或其他活动部分翻下时，超过车辆限界的平车。

危险 ——危险货物及酸、碱类罐车，在其车体的四周涂刷 200 mm 宽的色带，毒品为黄色，爆炸品为红色，并在色带上或色带中间涂写"危险"字样。在救援列车车辆的两侧中央涂刷宽为 200 mm 的白色横线。

此外，车辆上还有客车运行区间牌、货车集重标志、毒品标志（见图 3.44）等。

图 3.44　毒品标志

6. 客车车种汉字标记及定员标记

为了便于旅客识别，在客车侧墙上的车号前用汉字涂打车种名称，如"硬座车 $YZ_{25G}24678$""硬卧车 $YW_{25K}68342$"等，在客车内端墙电子显示牌上标明车厢号及按座席或铺位可容纳的定员数。

（三）车辆的技术经济参数

车辆技术经济参数是表明车辆结构上和运用上某些特征的一些指标。除了自重、载重、容积、定员等已在"运用标记"部分作了说明以外，还有以下几项：

1. 自重系数

自重系数是衡量货车设计合理性的一个重要参数，以车辆自重与标记载重的比值来表示，即

$$自重系数 = \frac{自重}{标记载重}$$

在保证车辆强度、刚度和使用寿命的条件下，自重系数越小越经济。客车的自重系数是以每位定员所占车辆的自重来表示。我国已开始大量制造大吨位的货车，以压缩车辆的自重系数，降低货运成本。

2. 轴　重

轴重是车辆总重与轴数之比，即车辆每一轮对加于轨道上的重力。

$$轴重 = \frac{总重}{轴数} = \frac{自重 + 载重}{轴数}　(t/轴)$$

轴重一般不允许超过线路和桥梁所允许的数值，目前我国规定为 23 t。为了能有最大的车辆载重，设计时为充分利用线路允许的承载条件，应将轴重设计得尽量接近其允许值。

3. 比容系数

比容系数是车辆设计容积和标记载重之比，反映车辆载重力与容积的综合利用状况，可供铁路运输部门装车配载时参考。

4. 每延米轨道载重

每延米轨道载重是车辆总重量与车辆全长之比，以 t/m 为单位。它是车辆设计中与桥梁、线路强度密切相关的一个指标，同时又是能否充分利用站线长度、提高运输能力的一个指标。线路允许荷载一般不得超过 6.6 t/m，但桥梁允许荷载可取到 8 t/m。

5. 设计速度

设计速度指车辆设计时，按安全及结构强度等条件所允许的车辆最高行驶速度。车辆实际运行速度一般不允许超过设计速度。

6. 通过最小曲线半径

通过最小曲线半径指配用某种形式转向架的车辆在站场或厂、段内调车时所能安全通过的最小曲线半径。

7. 车辆轴距

车辆轴距包括车辆全轴距、转向固定轴距、车辆销距。车辆全轴距是指车辆上一、二位端最外面的车轴中心线间的水平距离；转向架固定轴距是指同一转向架中，前、后两车轴中心线间的水平距离；车辆销距为两转向架心盘中心销间的水平距离。

8. 车辆其他主要尺寸

车辆其他主要尺寸包括车辆全长、车辆宽度与车辆最大宽度、车辆高度与最大高度、车体及底架长度、车体内部尺寸、地板面高度、车钩中心线高度等。

（四）车辆运用管理的主要指标

1. 反映拥有车辆数量的指标

标志拥有车辆数量的主要指标有运用车数和非运用车数等。运用车是指使用中的客货车辆，包括编组在列车中的车辆以及在装卸站和编组站进行作业的车辆。非运用车是指修理中和待修的车辆以及铁路自身业务使用和作其他用途的非营业车辆。

2. 反映车辆使用强度的指标

标志车辆使用强度的主要指标有周转时间、日车公里、空车率、静载重和动载重等。

（1）周转时间：货车在两次装车之间的平均时间，以日数（24 h）表示。

（2）日车公里：货车平均每日运行的公里数，即单位周转时间内的走行里程，以 km/日表示。

（3）空车率：货车空车的走行里程与货车重车的走行里程之比，空车率越小反映车辆利用效率越高。

（4）平均静载重：平均每辆货车的装载重量（净重），以 t 为单位。

（5）平均动载重：平均每辆货车走行 1 km 所完成的净重吨公里货物周转量。

3. 反映车辆检修效率的指标

主要是车辆检修率，车辆因技术状态不良，按规定从运用车中扣出送工厂或车辆段修理，在每日 18:00 进行统计时仍未修竣交验者，称为检修车，或称"残车"。检修车占全部保有车辆数的百分数称为车辆检修率。检修率按客货车分别统计。

二、车辆的检修

定期检修的修程客、货车不同，但检修内容基本相同。

（一）定期检修

1. 定期检修的修程

（1）普通客车定期检修的修程：我国普通客车的定期检修修程分厂修、段修、辅修三级修程。各修程周期的规定如表 3.2 所示。

表 3.2　普通客车定期检修周期表

顺号	车　种	检修周期		
		厂修	段修	辅修
1	国际联运车	4 年	1 年	6 个月
2	22、23 型车中的硬卧车、硬座车、软卧车、软座车、行李车、邮政车、餐车等	6 年	1.5 年	
3	25A、25B、25G 型车中的硬卧车、硬座车、软卧车、软座车、行李车、邮政车、餐车、空调发电车等	7.5 年	1.5 年	
4	公务车、试验车、卫生车、文教车、发电车、特种车等不常用车	10 年	2.5 年	

（2）最高运行速度超过 120 km/h 的客车按走行公里进行检修，修程分为 A1、A2、A3、A4 四级修程。

以 25K 型客车的修程为例：

① A1 级：安全检修，周期为运行（20±2）万 km，或运行不足 20 万 km 但距上次 A1 级以上各修程时间超过 1 年者。

② A2 级：40 万 km 段修，周期为运行（40±10）万 km，或运行不足 40 万 km 但距上

次 A2 级以上各修程时间超过 2 年者。

③ A3 级：80 万 km 段修，周期为运行（80±10）万 km，或运行不足 80 万 km 但已做过 1 次 A2 修，距上次 A2 级修程超过 2 年者。

④ A4 级：大修，运行超过（240±40）万 km，或距新造或上次 A4 级修程超过 10 年者。

（3）铁路总公司对部分主要货车车辆的定期检修周期的规定如表 3.3 所示。

表 3.3 部分主要货车定期检修周期表

车种、车型		厂修（大修）	段修（全面检查）	辅修（重点检查）
棚车	P_{70}、P_{70H}	8 年	2 年	
	P_{62NP}、P_{62NT}、P_{63K}、P_{62NP}、P_{62NT}、P_{63K}、P_{64AT}、P_{64GH}、P_{64GK}、P_{64GT}、P_{64K}	9 年	1.5 年	
	P_{65}、P_{65S} 型行包快运车	6 年	1 年	
敞车	C_{70}、C_{70H}、C_{70A}、C_{70C}、C_{70E}、C_{70ET}、C_{70EF}、C_{64} 系列	9 年	1.5 年	
	C_{62AK}、C_{62AT}（车号为 14、44 字头开始）	6 年	1.5 年	6 个月
	C_{61} 系列	8 年	1 年	6 个月
	C_{62A}（车号为 45 开头）	6 年	1.5 年	
平车	平车（含 NX 系列）、家畜车、粮食车、守车、长钢轨车、60 t 的凹形车	5 年	1 年	6 个月
集装箱车	X_{2H}、X_{2K}	8 年或 160 万 km	2 年或 80 万 km	
	X_{1K}、X_{6BK}、X_{6BT}、X_{6CK}、X_{6CT}	6 年	1.5 年	
罐车	GF_{70}、GF_{70H}	4 年	1 年	
	酸碱类罐车、液化石油气罐车、液氯罐车等	4 年	1 年	

2. 定期检修的主要任务

（1）厂、段、辅修的任务。

厂修：厂修一般在车辆工厂施行。其目的是恢复车辆的基本性能，使其接近新造车水平。按规定应对车辆的各部装置进行全面的分解检查、彻底修理，并进行必要的技术改造工作。对底架、车体钢结构各梁、柱、板的腐蚀及变形按厂修限度进行修理，将各主要配件恢复原有性能，保持其应有的强度。目前，厂修已采用定期修为主、状态修为辅的管理制度，规定了货车及主要配件的使用寿命。修竣后涂打厂修标记。

段修：段修在车辆段施行。段修的主要任务是分解检查车辆的转向架、车钩缓冲装置及制动装置等部件，检查并修理车辆(包括车体及其附属装置）的故障，保证各装置作用良好，防止行车事故，以提高车辆的使用效率。修竣后涂打段修标记。

辅修：客车辅修在客车技术整备所、货车在站修作业场施行。辅修主要是对制动装置和轴箱油润部分施行检修，并对其他部分做辅助性修理。做到螺栓紧固、配件齐全、作用良好。修竣后涂打辅修标记。

（2）A1、A2、A3、A4 修的任务。

A1 修：即安全检修，按照客车运用安全要求，通过对安全关键部件实施换件修，其他部位实施状态修，对故障部位进行处理，恢复其基本性能和要求，保障客车运行安全。A1 级修程在列车整备线上实施。

A2 修：即 40 万 km 段修，通过对零部件实施分单元、分部位的换件修和状态修，使车辆上部、下部基本恢复其技术状态，在保证客车安全的同时，提高客车使用效率。A2 级修程采用均衡维修方式，利用库停时间分次在整备线、临修线上或段修库内进行检修。

A3 修：即 80 万 km 段修，通过对客车重点部位实施大范围的换件检修，确保客车运行安全；对车辆上部实施高标准的状态维修，以全面恢复客车上部设施的功能。A3 级修程在车辆段（厂）内进行架车检修。

A4 修：即 240 万 km 大修，A4 修一般在车辆工厂施行。按规定应对车辆的各部装置进行全面的分解检查、彻底修理，并进行必要的技术改造工作。经过 A4 修，车辆各部装置的性能得到全面恢复，使之与新造车基本上接近。

3．定期修理标记

定期修理标记是便于车辆计划修理制度执行与管理的标记。检修标记有两种：

（1）厂修、段修标记：分段修、厂修两栏。

如：

$$\frac{2004.3 \quad\quad 2002.9\ 兰西}{2010.3 \quad\quad 2001.3\ 四方}$$

上列标记中，第一栏为段修标记，第二栏为厂修标记；左侧为下次检修年月，右侧为本次检修年月及检修单位简称。

（2）辅修及轴检标记：货车由于无配属段，故必须涂打标记以备查考；客车由于有配属段，故不必涂打辅修标记。这两种修程标记的形式如下：

3-15	9-15 丰	12-15	9-15 丰

上例中的辅修标记表示这辆车在 9 月 15 日由丰台车辆段施行辅修，下次辅修到期是次年的 3 月 15 日。轴检时间为本年度 12 月 15 日。

（二）日常维修

在货车定期检修或客车各级修程之间的运用期内，还必须对车辆进行日常检查和维修保养工作，从而使车辆经常保持良好的技术状态。只有把日常维修和定期检修配合起来，才能保证车辆的完好和正常运用。

客车有固定的配属段，而且是按照指定线路运行的，因此客车的经常维修工作集中在旅客列车编成站、更换机车的客运站上进行。

货车的日常维修工作由列检所和站修所等单位承担，主要内容包括技术检查和故障修理两个方面。技术检查是对货车的技术状态进行检查，以发现故障。

三、车辆管理信息化和安全防范措施

在铁道客货车管理信息化和安全防范手段创新方面，我国自主研发了多套管理信息化和安全防范系统，已在主要干线建成并投入使用。近几年，又按照"分散检测、集中报警、网络监控、信息共享"的基本要求，整合系统监测信息，依靠红外线、声呐、摄像、传感等先进技术，对客货车进行全天候不停车检查，实现了运行客货车技术状态动态监测，全面提高了铁道运输安全保障的能力，使我国铁道客货车技术检查手段实现了历史性的变革，成为世界上唯一能够利用网络技术对客货车技术状态进行动态检查的国家。

1. 车号自动识别系统（AEI）

货车车号自动识别系统，实现全程实时追踪，形成货车技术信息"网络传输、全面覆盖、信息共享、全程跟踪"的现代化管理体系，为货车管理现代化搭建了新的技术平台，同时为运输指挥现代化提供了技术支持，使我国成为世界上少数几个能够利用信息技术组织运输和货车管理的国家。

2. 货车故障轨边图像检测系统（TFDS）

货车故障轨边图像检测系统是一套集高速数字图像采集，大容量图像数据实时处理技术、精确定位技术、模式识别技术、智能化、网络化技术以及自动控制技术于一体的智能系统，对货车的隐蔽故障和常见故障进行动态检测的设备。

3. 红外线轴温探测系统（THDS）

红外线轴温探测系统是利用轨边红外线探头和智能跟踪装置，实时检测运行车辆的轴承温度，进行跟踪报警，是发现车辆热轴、防止热切轴、保证铁路运输安全的重要设施。

4. 货车运行状态地面安全监测系统（TPDS）

轨边实时货车运行状态地面安全监测系统是利用设在轨道上的测试平台，实时在线监测运行中货车轮轨间的动力学参数，通过对轮轨垂直力和横向力的连续检测和分析，以及货车运行状态综合评价，可实现对运行状态不良货车的识别，并兼有对货车超偏载、车轮踏面损伤的检测功能，同时系统实现了与车号自动识别系统的集成和监测信息的网络传输，可自动将监测信息发送至指定地点，并可对严重的监测结果随时报警。

5. 轨边声学诊断系统（TADS）

轨边声学诊断系统采用声学诊断技术和计算机网络技术，通过对运行中货车轴承噪声信号的采集和分析，对轴承不同部位的故障预先建立复杂的数学模型，可以判断轴承内套、外套、滚柱等主要部位的裂纹、剥离、磨损、腐蚀等故障，在热轴之前发现故障。它与红外轴温探测系统相结合，共同构成货车轴承的安全保障系统，能更加有效地防止切轴和脱轨，提高轴承故障的防范水平，使列检对滚动轴承的检查，从人判为主逐步过渡到人机结合、机判为主的阶段。轨边声学诊断系统增强了轴承的预警能力，将防范关口前移，体现了"预防为主"的安全指导思想，使行车安全性更高，从而确保行车安全，提高铁路运输的效率和服务水平。

6. 客车故障轨边图像检测系统（TVDS）

客车故障轨边图像检测系统是利用轨边高速摄像头，检测运行客车走行部、制动配件、底架悬吊件、钩缓连接、车体两侧下部等部位图像，通过网络实时传输至列检室内终端进行分析并预报故障，以提高列检作业质量和作业效率，加强客车运用中故障基础信息收集、管理的人机系统。

7. 客车运行安全监控系统（TCDS）

客车运行安全地面监控与管理系统是一个覆盖客列检、客整所（整备所）、车辆段、路局、铁路总公司的计算机网络信息系统。由车载安全监测诊断系统、无线通信系统和地面数据管理与专家系统组成。

第四节　动车组简介

电力机车和内燃机车的动力装置都集中安装在机车上，由机车牵引后面多辆没有动力装置的车辆运行。随着列车的不断提速，只靠机车牵引已无法满足要求。所以在每辆车上都装有动力装置是个有效地解决提速问题的方法，通常将这种列车称为动车组。动车组，亦称为多动力单元列车（EMU，Electric Multiple Unit），是由动车和拖车或全部动车长期固定连挂在一起运行的铁路列车，其中带有动力的车辆称为动车（用 M 表示），不带动力的车辆称为拖车（用 T 表示）。

动车组列车两端都带有司机室，往返运行不需要换头，只需改变操纵端。动车组以其编组灵活、方便、快捷、安全、可靠、舒适为特点备受世界各国铁道运输和城市轨道交通运输的青睐。近年来，我国也在引进国外先进动车组技术的基础上大力展开自主创新。目前，已有多种国产化动车组投入运营，尤其是"和谐号"系列高速动车组的大量投入使用，标志着我国高速动车组技术已处于世界前列。

一、动车组的分类

动车组按动力配置形式可分为动力集中式和动力分散式，如图 3.45 所示。动力集中式动车组的两端为带司机室的动车，中间为服务于旅客的拖车，也有一端为带司机室并有坐席的可操纵的拖车。如法国的 TGV-PSE 动车组，由 2 辆动车和 8 辆拖车编组而成，2 辆动车位于车组的两端，即 2 动加 8 拖（M+8T+M）形式。

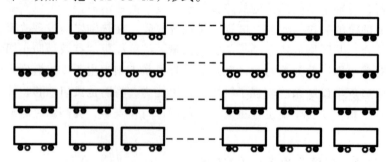

●动轴（带牵引电机）　○非动力轴（不带牵引电机）

图 3.45　动车组动力配置形式

动力分散式动车组有完全分散和相对分散两种模式。完全分散模式是指高速列车编组中的车辆全部为动车，如日本的 0 系高速列车，16 辆编组中全部是动车，这种模式采用较少。相对分散模式为动车组采用的主要模式，是指高速列车编组中一部分是动车，其余部分为无动力的拖车，如日本的 700 系高速列车，为 12 动加 4 拖（12M+4T）的 16 辆编组形式。我国的 CRH380A 型动车组 8 辆编组中有 6 辆是动车，2 辆是拖车，而 16 辆编组的 CRH380AL 动车组中有 14 辆是动车、2 辆是拖车。目前，我国的高速动车组均为此种模式。

动力集中式动车组由于动力装置安装比较集中，具有检查维修比较方便，电气设备的总重量相对较小等优点，但其缺点也比较突出，即动力头车不能载客，动车的轴重较大，对线路不利，动车的制动能力受到黏着的限制，因此列车的制动性能欠佳。动力分散型动车组虽有牵引设备数量多，总重量大的缺点，但其牵引功率大，编组灵活，轴重较小，制动效率高，调速性能好，故障影响小，载客量大。因此，动力分散式动车组是当今世界铁路动车组，特别是高速动车组技术发展的方向。

二、动车组的发展

1. 国外动车组的发展

国际上常见的动车组有日本的新干线，德国的 ICE，法国的 TGV、欧洲之星，意大利的 ETR 等。

德国是最早制造和运用动车的国家，在 1903 年便率先运行了由钢轨供电的动车组，由 4 节动车和 2 节拖车编成。但德国高速动车组投入商业运营相对较晚，直到 1991 年，其最早一代 ICE——ICE1（见图 3.46）才正式投入商业运营。之后又相继研制了 ICE2、ICE3、ICE4、ICE-T 等。

日本是最早将高速动车组投入商业运营的国家。1964 年 10 月 1 日，日本东海道新干线东京—大阪高速铁道正式投入商业运营，同时，由 16 辆全部为动力车编组的 0 系新干线动车组（见图 3.47）开始运行在这条线路上。在 0 系之后，日本又开发制造了 100 系、200 系、300 系、400 系、500 系、700 系、800 系、E1 系、E2 系、E3 系和 E4 系等高速动车组列车。

图 3.46 德国 ICE1 列车

图 3.47 日本新干线 0 系列车

法国也是制造和运用动车组较早的国家，尤其是它的高速电动车组，速度连续刷新世界纪录。1981 年第一代 TGV-PSE 电动车组（如图 3.48 所示）创造了最高试验速度 380 km/h 的世界纪录；1990 年 5 月，第二代 TGV 列车又以 515.3 km 的试验时速刷新世界纪录；1993 年 6 月投入运营的 TGV 第三代的 TGV Reseau 是世界上第一列密封的列车；1996 年出厂的 TGV Duplex 是双层 TGV 列车，在仅需提高 4% 牵引功率的前提下，容量提高了 45%；近些年，法国研究和开发了实际运营时速 360 km 以上的第四代 TGV——Nouvelle Generation TGV。

在国际上，除日本、法国和德国有着先进的动车组技术，并大量用于铁道旅客运输外，使用动车组较多的国家还有英国、荷兰、美国、西班牙、意大利、瑞典等。

2. 国内动车组的发展

我国动车组的发展起步较晚，直到 1998 年才有第一列商用动车组"春光号"在南昌铁道局运营，但通过引进和消化国际先进技术，大力开展自主创新，我国的动车组发展迅速，目前已有十余种动车

图 3.48　TGV-PSE 动车组

组投入商业运营。常见的有 CRH1（见图 3.49）、CRH2（见图 3.50）、CRH3（见图 3.51）、CRH5（见图 3.52）以及 CRH380 型动车组（见图 3.53）。

图 3.49　CRH1 型动车组

图 3.50　CRH2 型动车组

图 3.51　CRH3 型动车组

图 3.52　CRH5 型动车组

图 3.53　CRH380 型动车组

三、动车组的基本构造

目前，世界上运营的动车组种类繁多，仅国内运用的高速铁道动车组而言，有和谐号的CRH1、CRH2、CRH3、CRH5、CRH380系列动车组等多种（各型动车组的主要技术特征见表3.4）。各种类型的动车组在设计、制造上都有一些区别，但基本构造通常都包括车体、车辆内部设备、转向架、车端连接装置、制动装置、辅助供电系统以及空气调节系统等部分。

表 3.4　我国动车组的主要技术特征

型号	CRH1	CRH2	CRH3	CRH5	CRH380A	CRH380B	CRH380C	CRH380D
生产厂家	四方—庞巴迪-鲍尔铁路运输设备有限公司	四方机车车辆股份有限公司	唐山轨道客车有限公司	长春轨道客车股份有限公司	四方机车车辆股份有限公司	唐山轨道客车有限公司	长春轨道客车股份有限公司	四方—庞巴迪-鲍尔铁路运输设备有限公司
基本编组	5M+3T	4M+4T	4M+4T	5M+3T	6M+2T	4M+4T	8M+8T	4M+4T
编组定员/人	670	609	600	606	494	490	1004	494
轴重/t	16	14	17	17	15	≤17	≤17	≤17
运营速度/(km/h)	200	200	350	200	350	350	380	380
最高试验速度/(km/h)	250	250	385	250	380	>400	420	420
牵引功率/kW	5 500	4 800	8 800	6 770	9 600	9 200	19 200	9 600
车体材质	不锈钢	铝合金	铝合金	铝合金	铝合金	铝合金	铝合金	铝合金
转向架形式	空气弹簧拉板式定位+轴箱圆弹簧	空气弹簧转臂式定位+轴箱圆弹簧	空气弹簧转臂式定位+轴箱圆弹簧	空气弹簧拉杆式定位+轴箱圆弹簧	空气弹簧转臂式定位+轴箱圆弹簧	空气弹簧转臂式定位+轴箱圆弹簧	空气弹簧转臂式定位+轴箱圆弹簧	空气弹簧转臂式定位+轴箱圆弹簧
牵引方式	单拉杆	单拉杆	"Z"形双拉杆	"Z"形双拉杆	单拉杆	"Z"形双拉杆	"Z"形双拉杆	单拉杆
制动形式	再生制动+空气制动	再生制动+空气制动	再生制动+空气制动+电阻制动	再生制动+空气制动	再生制动+空气制动	电制动+电空制动	电制动+电空制动	电空制动/再生制动

1. 车　体

动车组车体分为带司机室车体和不带司机室车体两种。我国动车组除CRH1型动车组采用不锈钢车体外，其余动车组均采用大型中空铝合金车体，如图3.54所示。铝合金具有较好的塑性，挤压成型容易，且具有良好的耐腐蚀性，能够延长客车的使用寿命，减轻检修工作量。因此，铝合金将成为动车组车体的主导材料。

由于动车组运行速度较高，在运行过程中受空气的影响较大，为了减少空气对列车和列车运行性能的影响，动车组车头采用流线型设计，如图 3.55 所示。流线型的头形结构可以有效地减少运行空气阻力和列车交会时产生的交会压力波。

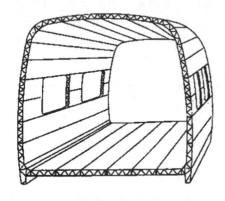

图 3.54 大型中空挤压铝型材焊接车体

图 3.55 流线型头形（500 系）

2. 车辆内部设备

车内设备是指服务于乘客的车内固定附属装置，包括车门、车窗、座席、司机室、乘务员室、照明装置、供水、通风、取暖、空调、安全设备、行李架、旅客信息服务系统等。图 3.56 为我国"和谐号"CRH380A 型动车组部分车辆的车厢内部布置图。图 3.57 为 CRH3 型动车组的头车观光区。

（a）一等客室

（b）二等客室

（c）餐厅

（d）司机室

图 3.56 CRH380A 型动车组车厢内部布置图

图 3.57　CRH3 型动车组头车观光区

3. 转向架

动车组转向架分为动力转向架和非动力转向架（也称拖车转向架）两类。图 3.58、图 3.59、图 3.60 分别为 CRH1、CRH2、CRH3 型动车组的动力转向架和拖车转向架。其动力转向架与拖车转向架的主要区别是动力转向架上设有牵引电机和驱动装置，制动方式选用轮盘式盘形制动，牵引电机采用架悬式；拖车转向架没有牵引电机和驱动装置，制动方式为轴盘式盘形制动。CRH1、CRH2 型动车组转向架采用单拉杆牵引，CRH3 型动车组采用"Z"形双拉杆牵引。

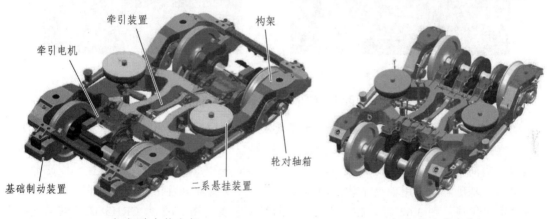

（a）动力转向架　　　　　　　　　　　　　（b）拖车转向架

图 3.58　CRH1 转向架基本构造图

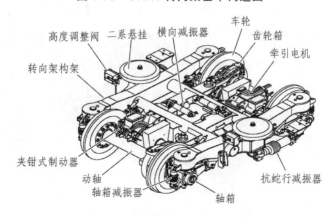

（a）动力转向架

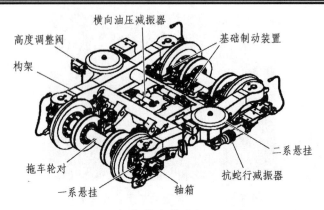

（b）拖车转向架

图 3.59　CRH2 转向架基本构造图

（a）动力转向架　　　　　　　　　　　（b）拖车转向架

图 3.60　CRH3 转向架基本构造图

图 3.61 为 CRH5 转向架，其一系悬挂装置采用轴箱拉杆定位方式，二系悬挂系统由上枕梁、空气弹簧系统、抗侧滚扭杆、二系横向减振器、二系垂向减振器、抗蛇行减振器、防过充装置、横向挡和牵引装置等组成。转向架与车体间采用"Z"形双牵引装置，传递牵引力和制动力。基础制动采用轴盘制动。动力转向架上传动装置由齿轮箱、万向轴、安全装置和体悬式电机组成。图 3.62 为 CRH5 转向架轮对轴箱装置，图 3.63 为 CRH380BL 转向架基本构造。

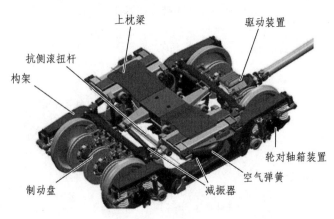

（a）动力转向架

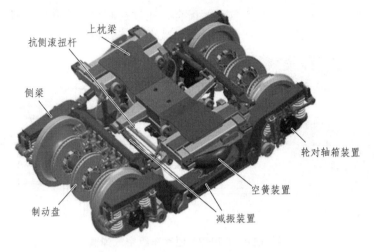

（b）拖车转向架

图 3.61　CRH5 转向架基本构造图

（a）动力转向架轮动轴箱装置　　　　（b）拖车转向架轮动轴箱装置

图 3.62　CRH5 转向架轮对轴箱装置

（a）动力转向架　　　　（b）拖车转向架

图 3.63　CRH380BL 转向架基本构造图

动车组转向架二系悬挂采用空气弹簧装置，其主要包括空气弹簧、附加空气室、高度控制阀、差压阀及滤尘器。空气弹簧由气囊、附加橡胶弹簧、盖板等组成，如图 3.64 所示。附加空气室由侧梁内室组成，空气弹簧与附加空气室之间通过节流口相连，从而起到缓冲减振的作用。每台转向架的两个空气弹簧的附加气室都通过差动阀相连，差压阀的结构原理及转向架上的安装位置如图 3.65 所示。如果气囊突然破裂或毁坏，差压阀将开通，使转向架的两只气囊压力保持平衡，这可防止客车由于一只气囊充气而另一只气囊没有充气而向一边严重倾斜。高度控制阀（见图 3.66）与空气弹簧配合，通过控制空气弹簧的进排气，使车体在不同静载荷下都保持同一高度，并在曲线运行时，减少车体倾斜。

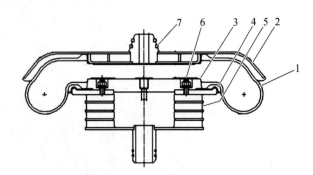

图 3.64　CRH2A 型动车组空气弹簧

1—橡胶囊；2—上盖板；3—下盖板；4—橡胶座；5—橡胶堆；6—螺母、垫片；7—O 形圈

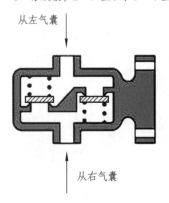

（a）原理图

（b）转向架上的安装位置

图 3.65　差压阀

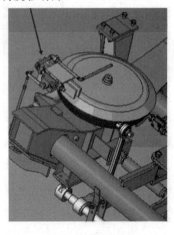

（a）外形图

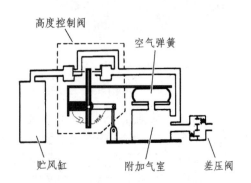

（b）原理图

图 3.66　高度控制阀

空气弹簧具有保压、充气和排气3种工作状态。正常载荷时，进排气通路均关闭，空气弹簧处于保压状态；增载时，车体下沉，进气阀打开，空气弹簧进行充气，内压增大致使车体上浮至原高度，进气阀关闭；减载时，车体上浮，排气阀打开，空气弹簧进行排气，内压减小致使车体下沉至原高度，排气阀关闭。

4. 车端连接装置

动车组连接装置主要用于连接各个车辆和传递牵引力与制动力，并能够起到缓冲和减振作用，另外还要保证车辆的密封性。

动车组车端连接装置一般由密接式车钩装置、风挡、空气及电气连接设施和车体间减振器等构成。目前世界各国高速动车组普遍采用密接式车钩连接装置（见图3.67），该装置两车钩连接面的纵向间隙一般都小于2 mm，上下、左右偏移也很小，对提高列车的运行平稳性和电气线路、风管的自动对接提供了保证。

图3.67　密接式车钩缓冲装置

密接式车钩的连挂及分解的工作原理如图3.68所示。

（1）连挂：凸锥插进对方的凹锥孔中，这时凸锥的内侧面在前进中压迫对方的钩舌转动，使解钩风缸的弹簧受压，钩舌沿逆时针方向旋转。当两钩连接面相接触后，凸锥的内侧面不再压迫对方的钩舌，此时由于弹簧的作用，使钩舌处于闭锁位置。

（2）分解：司机操纵解钩阀，此时压缩空气由总风管进入前车（或后车）的解钩风缸，同时经解钩风管连接器送入相连挂的后车（或前车）解钩风缸，活塞杆向前推并带动解钩杆，使钩舌转动至开锁位置，此时两钩即可解开。另外也可以通过人力推动解钩杆，使钩舌转动至开锁位置，实现两钩的分解。

5. 制动装置

目前，铁道上所采用的制动方式有摩擦制动和动力制动2大类。其中摩擦制动包括闸瓦制动、盘形制动、电磁轨道制动3类，动力制动包括电阻制动、再生制动、

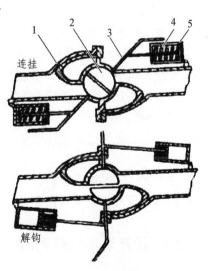

图3.68　密接式车钩作用原理图

1—钩头凸锥；2—钩舌；3—解钩杆；
4—弹簧；5—解钩风缸

电磁涡流制动等。由于动车组运行速度较高，因此它对制动装置的要求也更高。动车组常采用动力制动与摩擦制动的复合制动模式，表 3.5 列出了部分国家高速动车组的制动方式。

表 3.5　部分国家高速动车组制动方式

国别	列车名称	动力车制动方式	非动力车制动方式
日本	0系列 100系列 300系列	电阻制动+盘形制动 电阻制动+盘形制动 再生制动+盘形制动	电磁涡流制动+盘形制动 电磁涡流制动+盘形制动
法国	TGV-PSE TGV-A TGV-N	电阻制动+闸瓦制动 电阻制动+盘形制动 再生制动+盘形制动	盘形制动+闸瓦制动 盘形制动 盘形制动+电磁轨道制动
德国	ICE	再生制动+盘形制动	电磁涡流制动+盘形制动
中国	CRH1、CRH2、CRH3 CRH5、CRH380A	再生制动+电空制动 再生制动+空气制动+电阻制动 再生制动+电空制动	盘形制动 盘形制动 电磁涡流制动+盘形制动

6. 辅助供电系统

辅助供电系统包括：辅助变压器、辅助整流用变压器、滤波电容器、输入侧电磁接触器、充电电阻、放电电阻、控制单元、蓄电池等。

辅助供电系统供电的设备包括：空气压缩机、空气调节系统、采暖设备、照明设备、旅客服务设备、冷却通风机、应急通风装置及维修用电等。另外，辅助供电系统还具备应急供电功能，例如，备有容量充足的蓄电池组，供应急时使用。应急用电包括：应急照明、客室应急通风、广播系统、列车无线装置、应急显示、维修用电、通讯及其控制等，应急用电量一般最少要能持续两小时。

7. 空气调节系统

由于动车组有较好的气密性，因此必须解决好车内的通风换气问题，它通过空气调节系统来实现。动车组的空气调节系统与普通客车空调系统有很大的区别，它包括客室空调装置、通风系统、司机室空调换气装置等几部分。

为了实现轻量化，并减少车体断面积和高速运行的空气阻力，目前世界上新型高速动车组客室空调装置一般都安装在车下。另外，为了在车外气压变化很大时仍能正常地进行通风换气，而且避免通过换气口将车外气压变化传入车内，保证客车的气密性，高速客车的通风换气装置都设计成可控式。

除了上述基本构造外，动车组往往还包括给排水系统、配电盘、车辆信息控制装置、车载信息系统及行车安全装置等。

四、国产动车组的运用

（一）动车组的运用条件

我国发展的动车组均为 200 km/h 速度级的动力分散交流传动动车组，适应在中国铁路既有线上运营，并在中国铁路既有线指定区段及新建的客运专线上以 200 km/h 速度级正常运行。动车组的运用条件如下。

1. 自然条件

气温条件： -25 ~ +40 ℃。

部分动车组适应： -40 ~ +40 ℃。

相对湿度：≤95%（该月月平均最低温度为 25 ℃）。

海拔高度：≤1 500 m。

最大风速：一般年份 15 m/s；偶有 30 m/s。

天气：有风、沙、雨、雪天气，偶有盐雾、酸雨、沙尘暴等现象。

2. 200 km/h 速度等级线路区段的线路参数

坡道：区间最大坡度不大于 12‰，困难条件下不大于 20‰，站段联络线坡度不大于 30‰。

最小曲线半径：2 200 m。

缓和曲线：为三次抛物线线形，缓和曲线超高顺坡率为 $1/(10v_{max})$，困难条件下为 $1/(8v_{max})$。

直线与圆曲线最小长度：新建或改建地段夹直线及圆曲线最小长度为 $0.7v_{max}$，困难条件为 $0.5v_{max}$，既有线保留地段困难条件下为 $0.4v_{max}$，并取整为 10 m 的整数倍。

线间距：4.2 m。

到发线有效长度：650 m，困难条件下 520 m。

轨距：1 435 mm。

最大超高：150 mm。

最大欠超高允许值：110 mm。

道岔：区间道岔直向通过速度 200 km/h；进出站为 18 号可动心轨道岔（导曲线半径为 1 200 m，侧向通过限速 80 km/h）或 12 号可动心轨提速道岔（侧向通过限速 50 km/h）。

竖曲线半径：15 000 m。

车站站台高度：500 ~ 1 200 mm。

车站站台边缘距轨道中心线的距离：1 750 mm。

正线数目：双线。

轨底坡：1/40。

3. 供电系统

供电制式：单相 AC 25 kV，50 Hz。

电网供电品质：最高网压 31 kV，最低网压 17.5 kV，其余符合《轨道交通　牵引供电系统电压》（GB/T 1402—2010）。

线路设点式信号设施，为列车提供过分相位置信号。

接触网采用全补偿简单链型悬挂和全补偿弹性链型悬挂 2 种。

接触网张力：15 ~ 25 kN。

接触网结构高度：1.1 ~ 1.8 m。

接触导线高度：5 300 ~ 6 500 mm。

接触导线高度变化：一般小于 3‰。

接触网跨距：一般为 60 m，最大跨距不大于 65 m。

接触导线：采用铜接触线或铜合金接触线。

接触网的最大拉出值：按 400 mm 考虑。

（二）动车组的运用识别标记

动车组与普通铁道客运车辆一样具有运用识别标记，包括：路徽、配属局段简称、车型、车号、定员、最高运行速度、制造厂名及日期等。我国电气化区段运行的动车组，应有"电气化区段严禁攀登"的标识。各种动车组的运用识别标记基本相似，下面仅针对我国 CRH 动车组的相关标记作以详细介绍。

1. 动车组的型号和列车编号

CRH1、CRH2、CRH3、CRH5 动车组的型号和列车编号构成如图 3.69 所示。其中 CRH 是中国高速铁道动车组的简称；技术序列代码见表 3.6；制造序列代码是按不同的技术序列单独编排，顺序由 001 ~ 999 依次排列。

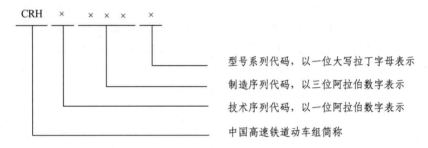

图 3.69　动车组的型号和列车编号构成图

表 3.6　技术序列代码

代码	研制生产单位	备注
1	四方-庞巴迪-鲍尔铁路运输有限公司	
2	四方机车车辆股份有限公司	
3	唐车轨道客车有限责任公司	
5	长春轨道客车股份有限公司	
6	四方股份/浦镇公司	城际动车组
7 及后续	预留	

CRH380 系列动车组的型号和列车编号构成如图 3.70 所示。其中 CRH 是中国高速铁道动车组的简称；380 为时速特征代码，体现最高运营时速 380 km；型号代码以大写英文字母 A、B、C、D 表示不同型号动车组，A 为四方机车车辆股份有限公司新一代高速动车组，B 为长春轨道客车股份有限公司新一代高速动车组，C 为唐车轨道客车有限责任公司新一代高速动车组，D 为四方-庞巴迪-鲍尔铁路运输有限公司新一代高速动车组；制造序列代码，以四位阿拉伯数字表示，新一代动车组统一编号，以 6 字开头，各制造厂制造序列号按已签订合同数量以百位间隔分配不同的号段，并按出厂时间顺序编排；编组数量代码，以一位大写英文字母表示，L 表示 16 辆编组，8 辆编组时不带标号。

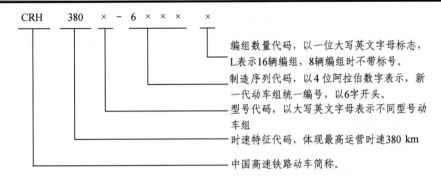

图 3.70 CRH380 系列动车组的型号和列车编号构成图

2. 动车组编组中的车种和编号

CRH1、CRH2、CRH3、CRH5 动车组中车辆的车种和编号构成如图 3.71 所示。其中，车辆车种代码是车种汉语拼音大写字母的缩写，分别为：ZY—一等座车，ZE—二等座车，RW—软卧车，YW—硬卧车，CA—餐车（含酒吧车），ZEC—二等座车/餐车，CW—餐车卧车合造车；技术序列代码和制造序列代码与动车组的型号中对应代码相同；动车组编组顺位代码以两位阿拉伯数字表示，位置排列编号自首车起从"01"开始顺序排列，尾车的排列编号为"00"。

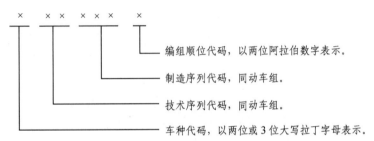

图 3.71 动车组中车辆的车种和编号构成图

CRH380 系列动车组的车辆车种和编号构成如图 3.72 所示。其中，车种代码是车种名称的汉语拼音缩写，包括：SW—商务车（设置可躺式 VIP 座椅车），ZY—一等座车，ZE—二等座车，CA—餐车，ZEC—餐座合造车，ZYG—一等座车/观光车，ZEG—二等座车/观光车。

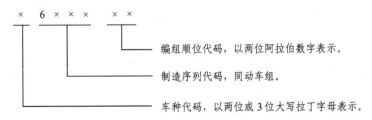

图 3.72 CRH380 系列动车组中车辆的车种和编号构成图

复习与思考题

1. 铁路车辆有哪些类型？其结构特点及其运送对象是什么？
2. 简述我国铁路车辆的配属情况。

3. 车辆的基本组成部分有哪些？各有什么作用？

4. 车钩的三态指什么？车钩在连挂前、摘钩后和运行中各处于什么状态？

5. 简述空气制动机的作用原理及特点。

6. 什么叫热轴、燃轴和切轴？产生热轴的原因有哪些？

7. 何为"关门车"？

8. 列尾装置有何作用？

9. 铁路车辆是如何进行编码的？技术经济参数包括哪些？

10. 客、货车辆检修有哪些相同点和不同点？

第四章　铁路机车

第一节　概　述

为了保证铁路每日各项运输工作的顺利进行，铁路部门必须保证拥有数量足够、牵引性能良好的机车。这是由于铁路车辆不具备动力装置，需要将其连挂成列，由机车牵引沿钢轨运行。此外，在铁路车站和一些铁路专用线上需进行部分列车的解编、车辆的转线、取送等，这也需要机车的牵引或推送完成相关的调车作业。因此，铁路机车是担负铁路运输牵引任务和完成各项调车工作主要的动力设施。按运送每吨公里消耗燃料量计算，机车是耗能最少的陆地运输工具。

一、铁路机车的发展简史

世界上最早出现的机车是蒸汽机车，从 1825 年世界上第一条铁路运营至 20 世纪 60、70 年代，由于蒸汽机车的构造比较简单，制造和维修容易，成本也较低，许多国家的铁路客货运输任务都由蒸汽机车来承担，可以说蒸汽机车在铁路发展史上功不可没。但是，由于蒸汽机车的热效率只有 5%~9%，煤水消耗量大，因此，美国、英国、法国、日本、德国和苏联于 20 世纪 60、70 年代相继停用，我国也于 1988 年 12 月底停止生产蒸汽机车，至 2005 年 12 月 9 日，我国铁路干线上运行的最后一批蒸汽机车也正式退役。现在使用的是内燃机车、电力机车和动车组，如表 4.1 所示。

表 4.1　国际铁路机车车辆工业发展历程

时　间	发展特点
19 世纪	英国人发明蒸汽机车，开辟了铁路运输的新纪元
20 世纪 40~50 年代	发达国家进行牵引动力改革，或以内燃为主或以电力为主，引领铁路运输现代化
20 世纪 60 年代	高速机车的研制成功，日本建成世界第一条高速铁路
20 世纪 80~90 年代	高速技术快速发展，高速列车试验时速最高达到 500 km 以上（德国 ICE、法国 TGV、日本新干线）
21 世纪	高速铁路兴起，将成为 21 世纪交通运输的支柱
20 世纪 50 年代	蒸汽机车（解放型、胜利型、前进型等）
20 世纪 60 年代	造出我国第一代内燃、电力机车，开始了我国铁路现代化的新进程
20 世纪 80 年代	实现内燃和电气化，结束铁路牵引动力以蒸汽机车为主的历史，使铁路运输发生了革命性的变化
20 世纪 90 年代	铁路机车车辆技术取得历史性突破，研制出时速 140~160 km 的准高速机车和客车（DF_{11}、SS_8）
21 世纪	时速超过 300 km 的交流传动动车组日益完善，我国进入高铁时代

二、铁路机车的种类和型号

1. 机车的分类

铁路机车的种类很多，可有不同的分类。

（1）按牵引动力分类，可分为蒸汽机车、内燃机车和电力机车等。

（2）按用途分类，可分为客运机车、货运机车和调车机车等。

客运机车：机车具有较高运行速度和启动加速度，用以牵引速度较高的旅客列车。

货运机车：机车具有较大的牵引力，用以牵引吨位较大的货物列车。

调车机车：用于列车的解体、编组和牵出、转线，其工作特点是频繁起动和停车。要求机动灵活，具有足够的黏着质量和必要的功率。

（3）按传动形式分类，可分为直流传动和交流传动机车，内燃机车还可分为液力传动机车。

直流传动机车是通过直流牵引电动机来驱动轮对运行的；交流传动机车是通过交流牵引电动机来驱动轮对运行的。我国近年来生产的各种和谐型内燃机车和电力机车以及和谐号动车组牵引动力均属于交流传动。

（4）按轴数分类，可分为 4 轴车、6 轴车、8 轴车和 12 轴车等，各轴数机车对应的轴列式主要是 $B_0\text{-}B_0$、$C_0\text{-}C_0$ 和 $B_0\text{-}B_0\text{-}B_0$、$2（B_0\text{-}B_0）$、$2（C_0\text{-}C_0）$ 和 $2（B_0\text{-}B_0\text{-}B_0）$ 等。所谓轴列式是指用字母或数字表示车轴排列方式，用以表征机车走行部结构特点的一种简单方式。比如 $2（B_0\text{-}B_0\text{-}B_0）$ 表示由两节机车连挂，每节机车有 3 台转向架，每台转向架有 2 根动轴，每根动轴为单独驱动。

此外，世界各国铁路在旅客运输，特别是在大城市郊区的旅客运输中，均大力发展动车组。动车组分为内燃和电力动车组两种形式，可以采用两端动力车，中间为拖车，也可以是多辆动力车在动车组中分散布置。大多数动车组属于电力动车组，而且采用动力分散布置。动车组起动加速快，最高运行速度高，头部有较好的流线化，车辆连接采用密接式车钩。

2. 机车的型号

用汉字表示机车的类型，例如用"东风"表示电传动内燃机车，用"东方红"表示液力传动内燃机车。也可用汉语拼音字母表示，如 DF 即为"东风"。进口内燃机车类型用汉语拼音字母"ND"和"NY"表示，其中 N 表示内燃机车、D 表示电传动，Y 表示液力传动。在汉字或拼音字母右下角的数字，则表示该型机车投入运用的序号。

用汉字"韶山"表示国产电力机车，也可用汉语拼音字母表示，SS 即为"韶山"。在汉字或拼音字母右下角的数字，则表示该型机车投入运用的序号，如 SS_1、SS_4 等。

和谐型电力机（HXD）是引进国外技术在中国设计制造的交流传动重载货运电力机车。HXD 后面的数字表示不同制造公司所制造的不同的机车，如 HXD1 为南车株洲电力机车公司制造、HXD2 为北车大同机车公司制造。

和谐型内燃机车（HXN）是引进国外技术在中国设计制造的交流传动重载货运内燃机车。

HXN 后面的数字表示不同制造公司所制造的不同的机车，如 HXN3 为北车大连车辆公司制造、HXN5 为南车戚墅堰机车公司制造。

和谐号高速动车组用 CRH（中国铁路高速英文缩写）表示，CRH 后面的数字表示不同的制造公司所制造的不同的动车组，如 CRH2 为南车四方机车车辆公司制造的动车组、CRH3 为北车唐山机车车辆公司制造的动车组。

三、不同牵引动力机车的特点

1. 内燃机车

内燃机车一般以柴油为燃料，热效率可达 30% 左右，灵活机动，独立性强，单节机车功率大；机车的整备时间短，持续工作时间长，而且机车乘务员劳动条件好，便于多机牵引。但内燃机车构造较复杂，制造、维修等费用较高，大功率机车用柴油机将受到限制，对大气和环境污染较大。相对而言，电力机车则是一种更适合于交通可持续发展的牵引动力。

2. 电力机车

电力机车所用电能可由多种能源（如火力、电力、核能等）转换而来，电气设备工作稳定、安全可靠，而且电力机车具有起动快、功率大、效率高、速度快、爬坡性能好、运营费用低、不污染环境等许多优点，运营效果良好，适合于山区铁路和运输繁忙的区段采用。但是，由于电力机车运行时必须由沿线的牵引供电系统提供电能，电气化铁路的基本建设投资大，而且电力机车的运用灵活性也受到限制，所以，并不是所有的区段都能采用电力机车牵引。

从世界各国铁路牵引动力发展趋势看，电力机车是被公认为最有发展前途的一种机车。我国铁路牵引动力的发展方向以电力牵引为主，在主要繁忙干线、高速铁路、快速铁路、运煤专线及长大坡道、长隧道等线路上，大力修建和改造电气化铁路，其他线路采用内燃机车牵引，在铁路总公司的中长期规划中力争将电气化率达到 50%。

四、机车牵引性能

1. 作用于列车上的力

列车在线路上运行时会受到各种力的作用，其中对运行有直接影响的作用力有 3 种：第一种是使列车前进的牵引力；第二种是阻止列车运行的阻力；第三种是使列车减速或停车的制动力。其中牵引力和阻力是计算牵引重量标准的主要因素。图 4.1 和图 4.2 所示为 DF_{4B} 型货运内燃机车的牵引特性曲线图和制动特性曲线图。

列车在不同的工作状态下，上述 3 种力以不同的组合作用在列车上，当牵引运行时，有牵引力和阻力；当惰行时，只有阻力；当列车制动时，有制动力和阻力。

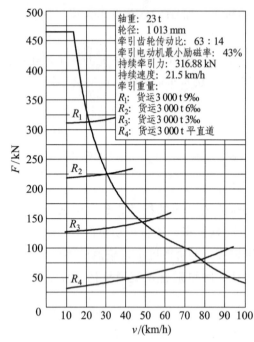

图 4.1　DF₄ᵦ 型货运内燃机车牵引特性曲线图

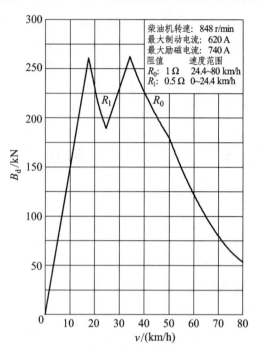

图 4.2　DF₄ᵦ 型货运内燃机车制动特性曲线图

2. 机车牵引性能

机车牵引列车运行的过程，就是机车的牵引力克服列车起动和运行中所受阻力的过程。在列车运行中的任意瞬间，牵引力（F）和运行速度（v）的乘积，就是机车用于牵引全列车的功率（N），即 $N = F \cdot v$，功率一般用"kW"作单位。无论哪一种机车，都有一个额定功率。

机车在牵引列车时，由于线路平、纵断面及其他因素的影响，所受到的阻力是经常变化的。为了能够充分利用机车的功率，要求机车无论在全负荷或部分负荷的条件下，都能具有恒功率输出性能。就是说，要求机车的调节性能能保证机车在速度变化范围内，使 $N = F \cdot v$ = 常数。可见，牵引力与速度应当成反比关系：当外界阻力增大时，机车能降低速度，增大牵引力与之相适应；而当外界阻力变小时，机车又能增大速度，相应地减小牵引力，从而保证功率的恒定。

把对 F 与 v 的这种要求表示在坐标上，应该是一条双曲线，如图 4.3 所示。这条曲线叫作机车理想牵引性能曲线。

当然，曲线的两端不能无限延长。左端，牵引力不能超过轮轨之间的黏着力，否则车轮就会空转；右端，速度也不能超过机车的设计速度。

电力机车、内燃机车上坡运行或负载加大时，电机的转速能随着转矩的增大而自动降低，两者的关系非常接近机车理想牵引性能曲线，可以满足列车牵引的要求。任何一种类型机车的牵引性能，都应与机车理想牵引性能曲线相符合。

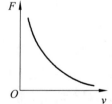

图 4.3　机车理想牵引性能曲线图

五、机车牵引重量标准

铁路上编成的车列必须由机车牵引才能完成运输任务。然而，一台机车究竟能拉多少车辆呢？也就是说，机车的牵引重量标准是怎样计算的呢？由于问题涉及面广，在此只作简单介绍。

在计算机车牵引重量时，通常是规定一个机车在限制坡度上运行时的最低速度，作为机车的计算速度 v_j。当机车以计算速度在限制坡度上运行时的牵引力 F_j 就是计算机车牵引重量的依据，它的单位是 kN。

货运机车牵引重量标准（也叫机车牵引定数），一般是指一台某一类型的机车，在一定的限制坡度的条件下，所能牵引列车的最大重量。它是根据机车的持续牵引力，在牵引区段限制坡道上以机车等速运行为条件进行计算的。

列车在等速运行时，机车牵引力恰好等于列车的全部阻力。即

$$F_j \times \lambda_y = \left[P\left(\omega_0' + i_x\right) + Q_q\left(\omega_0'' + i_x\right) \right] g \times 10^{-3} \quad (\text{kN}) \tag{4.1}$$

因此，机车的牵引重量可按下式计算：

$$Q_q = \frac{\lambda_y F_j - P\left(\omega_0' + i_x\right) g \times 10^{-3}}{\left(\omega_0'' + i_x\right) g \times 10^{-3}} \quad (\text{t}) \tag{4.2}$$

式中　Q_q ——牵引重量（t），取 50 t 的整倍数，不足 50 t 舍去；

　　　P ——机车计算重量（t）；

　　　F_j ——机车计算牵引力（kN）；

　　　i_x ——限制坡度的千分数；

　　　ω_0'、ω_0'' ——计算速度 v_j 下的机车、车辆单位基本阻力（N/kN）；

　　　λ_y ——牵引力使用系数，取 0.9；

　　　g ——重力加速度（近似取 10 m/s²）。

当然，计算的结果只是初步的，还要经过各种检验。例如，在限制坡度前如果有一个下坡道，那么就有可能在坡前提高速度，利用动能闯坡来提高机车牵引重量。又如，当限制坡度较小时，计算出来的牵引重量 Q_q 就较大，列车能否在站线上起动，也必须进行校验。只有经过试验，在总结机车乘务员先进经验的基础上，并考虑到相邻区段的情况，才能最后确定机车的牵引重量标准。

第二节　内燃机车

一、内燃机车的发展历程

内燃机车是以内燃机为原动力的一种机车。按其使用的内燃机种类可分为柴油机车和燃气轮机车，以柴油机车的使用最为广泛。我国铁路上采用的内燃机车绝大多数是柴油机车。

我国于 1958 年在大连机车工厂仿照苏联 ТЭ3 型内燃机车试制了巨龙型内燃机车，后改进设计，定型为东风型内燃机车。在 20 世纪 60 年代初，便自行设计制造了以东风型为代表的功率仅为 1 342 kW 的第一代内燃机车。从 1969 年起开始生产以东风₄型、北京型为代表的第二

代内燃机车。第二代内燃机车功率比第一代机车功率大，而且可靠性、耐久性等综合性能也有了明显的提高，并形成了适应各种不同用途的种类及型号。从 20 世纪 80 年代起，为了适应铁路运输发展，通过学习国外先进技术，引进消化和与国外合作，我国 1989 年起先后成功开发多种水平更高的以东风 $_{8B}$、东风 $_{11}$ 型为代表的国产第三代内燃机车。第三代内燃机车的技术经济水平已接近或达到了国际先进水平。第三代内燃机车除了采用较多的先进新技术以外，功率更大，速度也更快，基本满足了干线货运列车的重载牵引及旅客列车的快速牵引要求。目前，我国第四代内燃机车已步入了研制开发阶段，其中包括提高微机控制系统的水平、有计划有步骤地开展液化天然气内燃机车的研究试制。第四代内燃机车的技术将处于世界先进水平。

二、内燃机车的种类

内燃机车按用途可分为干线内燃机车、调车内燃机车和内燃动车组。按传动方式可分为电力传动、液力传动两种类型的内燃机车。电力传动内燃机车如果采用直流发电机和直流牵引电动机，就称为直-直流电传动内燃机车；如果采用交流发电机和直流牵引电动机，则称为交-直流电传动内燃机车，后者在技术、经济指标上要比前者先进一些。此外，还有一种更为先进的电传动方式，即采用交流发电机和交流牵引电动机的交流电力传动，按可控硅变频方式，可分为交-直-交和交-交两种形式。该种传动方式可以提高单节机车的功率，防止机车动轮打滑，是内燃机车发展的方向。

我国内燃机车主要包括"东风"系列、"东方红"系列、"北京"型液力传动机车、"ND"和"NY"系列以及新型的"和谐"系列等类型。我国各型内燃机车的生产和开发，本着提供高质量的适用机车的前提，同时满足铁路运输"重载、高速"的要求。图 4.4 所示为不同型号的内燃机车。

我国铁路主要类型的内燃机车及主要性能参数如表 4.2 所示。

DF$_{11}$ 型内燃机车

DF$_7$ 型内燃机车

HXN3 型内燃机车

HXN5B 型内燃机车

图 4.4　不同型号的内燃机车

表 4.2　内燃机车主要性能参数表

项目 \ 机车型号	东风3	东风2	东风4	东风4B	东风4D	HXN5 HXD3	东风8	东风8B	东风11	东方红3	东方红5	北京	ND2	ND3	ND5	NY5
制造厂名或国名	大连戚墅堰	戚墅堰	大连、资阳	大连、资阳、大同	大连	戚墅堰、大连	戚墅堰	戚墅堰	戚墅堰	四方	资阳	二七	罗马尼亚	罗马尼亚	美国	德国
用途	客、货	调车	客、货	客、货	客、货	货运	货运	货运	客运	客运	调车、小运转	客运	客运	调车、小运转	货运	客、货
传动方式	电力（直-直）	电力（直-直）	电力（交-直）	电力（交-直）	电力（交-直）	电力（交-直-交）	电力（交-直）	电力（交-直）	电力（交-直）	液力	液力	液力	电力（直-直）	电力（直-直）	电力（交-直）	液力
轴列式	C_o-C_o	C_o-C_o	C_o-C_o	C_o-C_o	C_o-C_o	C_o-C_o	C_o-C_o	C_o-C_o	C_o-C_o	3-3	3-3	2-2	C_o-C_o	C_o-C_o	C_o-C_o	C-C
柴油机　型号	10L207E	6L207E	16V240ZJA	16V240ZJB	16V240ZJD	12V240ZJ-1	16V280ZJ	16V280ZJA	16V280ZJA	12V180ZJ	12V180ZJ	12V240ZJ	12LDS28B	12LDS28B	7FDL-16	MB893B6
柴油机　数量	1	1	1	1	1	1	1	1	1	2	1	1	1	1	1	2
柴油机　标定功率/kW	1 325	795	2 650	2 650	3 240	1 620	3 680	3 860	3 680	2×1 100	920	1 990	1 690	1 690	2 940	2×1 250
柴油机　标定转速/（r/min）	850	850	1 100	1 000	1 000	1 000	1 000	1 000	1 000	1 500	1 500	1 100	750	750	1 000	1 450
柴油机　燃油消耗率/[g/（kW·h）]	238	238	217	217	≤214	211	218	208 + 7	208	236	≤238	211	228	228	201	213.5
最大速度/（km/h）	100	95	客 120 货 100	客 120 货 100	客 145 货 100	80	100	100	170	120	调车 40 小运转 80	120	120	100	118	客 160 货 120
通过最小曲线半径/m	145	80	145	145	145	100	145	145	145	145	90	125	100	100	85	125
机车全长/m	19.920	16.340	21.100	21.100	21.100	18.800	22.000	22.000	21.205	18.550	14.900	16.505	17.400	18.800	19.935	22.960
燃油装置量/L	5 400	4 000	9 000	9 000	9 000	5 400	8 500	9 000	6 000	5 200	2 750	5 500	4 690	7 690	9 900	7 700
机车运转整备重量/t	126	113	138	138	138	135	138	138(不加压铁) 150(加压铁)	138	92	92	92	118	126	138	130
司机室数/个	1	1	2	2	2	1	2	2	2	2	1	2	2	1	2	2

注：铁路总公司运输局装备部编《铁路机车概要》中对各种类型内燃机车的参数有详细的介绍。

三、内燃机车的组成和工作原理

内燃机车的类型很多，但它们的主要组成和工作原理基本相同，都是由柴油机、传动装置、走行部、车体与车底架、车钩缓冲装置、制动装置和辅助装置等几个主要部分组成。如图4.5所示为电传动内燃机车结构示意图。内燃机车在工作时，柴油在气缸内燃烧，使化学能转变为热能，再由气缸、活塞、连杆、曲轴转变为由曲轴输出的机械能，经传动装置转换为适合于机车牵引特性要求的机械能，最后驱动机车动轮在钢轨上转动产生牵引力。

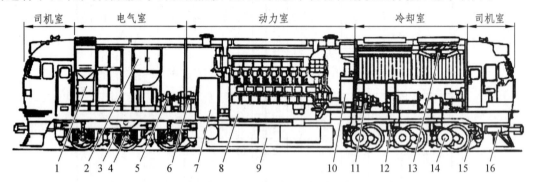

图4.5　电传动机车结构示意图

1—电阻制动装置；2—硅整流柜；3—牵引装置；4—走行部；5—起动变速箱；6—励磁机；
7—主发电机；8—柴油机；9—燃油箱；10—预热锅炉；11—静液压变速箱；
12—电机悬挂系统；13—冷却风扇；14—牵引电动机；
15—基础制动装置；16—车钩缓冲装置

（一）柴油机

柴油机是将柴油燃烧产生的热能转变为机械能的动力机械，柴油机是内燃机车的动力装置。目前铁路机车上的柴油机多为四冲程、多缸、废气涡轮增压、压燃式柴油机。

为满足各种功率的需要，在制造柴油机时，便生产相同气缸直径，不同气缸数的系列产品。小功率的多为直列型，大功率的一般都是 V 型。所谓直列型是指柴油机的气缸纵向一字排列，而 V 型的气缸呈 V 形排列。各种柴油机都用一定的型号来表示，如东风$_{4B}$型内燃机车的柴油机是16V240ZJB 型（见图4.6）。表示有 16 个气缸分两排 V 形排列，缸径 240 mm，Z 表示设有涡轮增压器和中间冷却器，J 表示铁路牵引用柴油机，B 表示产品的一种型号。

图4.6　16V240ZJB 型柴油机

现以一个气缸为例，了解四冲程柴油机的结构和工作原理。四冲程柴油机在一个循环中，每个冲程的工作情况如图4.7所示。

柴油机在工作过程中，活塞在气缸内作连续地上下往复运动，活塞通过连杆与曲轴相连，曲轴作连续的回转运动；在气缸盖上设有进、排气阀和喷油器，进、排气阀由凸轮轴通过配气机构控制开闭；喷油器由供油装置控制。燃油在气缸内燃烧放热膨胀做功，推动活塞往复运动，并通过曲轴将往复运动变为旋转运动，这样燃料的热能就转化为机械能。活塞需要经过四个冲程，才能完成进气、压缩、燃烧膨胀、排气一个工作循环。此后，随即重新进行下一个工作循环。

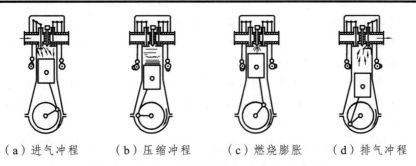

（a）进气冲程　　（b）压缩冲程　　（c）燃烧膨胀　　（d）排气冲程

图 4.7　单缸四冲程柴油机工作循环示意图

从柴油机的工作原理可以看出，柴油机由固定机件、运动机件、配气机构以及进排气、燃油、冷却、润滑等系统所组成。其中配气机构和进排气系统的作用是按时开闭进、排气阀，供应足够的清洁空气并排出废气。燃油、冷却、润滑系统要及时供应燃油并保证柴油机的正常高效运转。

（二）传动装置

1. 设置传动装置的目的

内燃机车在柴油机将机械能传递给机车走行部的过程中，既要保证柴油机的功率得到充分发挥，又要使机车具有良好的牵引特性，所以柴油机曲轴不能直接驱动机车动轮，而必须在柴油机曲轴与机车动轮之间设置一套传速比可变的中间环节，即传动装置。

2. 传动装置的组成和工作原理

内燃机车的传动装置有电传动和液力传动两种。液力传动内燃机车采用的是液力传动装置。由柴油机驱动液力传动装置的变扭器泵轮，将机械能转变成液体的动能，再经变扭器的涡轮转换成机械能，以适应机车的各种运行情况，然后经万向轴、车轴齿轮箱等部件传至车轮。这种机车可节省大量钢材，但传动效率比电力传动低，因此液力传动内燃机车的牵引功率较小，目前，各国采用电力传动的较为广泛。

我国铁路上广泛应用的东风系列内燃机车均为电力传动，电力传动内燃机车采用电传动装置。现以内燃机车交-直流电力传动装置为例加以说明，交-直流电力传动装置主要由牵引电动机、牵引发电机、硅整流器等部件组成。交-直流电力传动装置的组成及工作原理如图 4.8 所示。

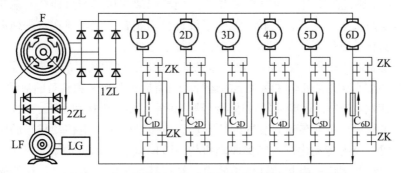

图 4.8　交-直流电力传动装置的组成及工作原理图

1D～6D—牵引电动转子；ZK—转换开关；F—牵引发电机；LF—牵引发电机的励磁机；LG—励磁柜；1ZL—主整流器；2ZL—励磁整流器；C_{1D}～C_{6D}—牵引电动机的励磁绕组

柴油机带动牵引发电机 F，发出三相交流电，把机械能变成交流电能，经主整流器 1ZL 整流后，变成直流电，供 6 台并联的牵引电动机 1D～6D 使用，将电能又变成机械能，通过传动齿轮驱动动轮旋转，使机车运行。

牵引发电机的励磁机 LF 也是一台三相交流发电机，它是由柴油机曲轴通过变速箱来带动的。励磁机 LF 发出的交流电，经过励磁整流器 2ZL 整流后，将直流电送到牵引发电机的励磁绕组。

机车运行方向是通过转换开关来控制的：当 ZK 接通左边一组触点时，各台牵引电动机上的励磁绕组 C_{1D}～C_{6D} 的电流就如图中实线箭头所表示的方向流动，机车运行方向为前进，若改变转换开关触点，使它右边一组接通时，励磁绕组上的电流方向正好相反，如图中虚线箭头所表示的那样，从而改变了牵引电动机的旋转方向，机车运行方向也就由前进变为后退了。

此外，为了控制保护柴油机和电机等部件的正常工作，调节电路中的各种转换等，在机车上还设有各种电器，如控制电器、保护电器、测量电器以及机车辅助传动装置等。

（三）走行部

内燃机车的走行部一般采用三轴或二轴的转向架形式。

1. 机车转向架的作用

机车转向架的作用是承受车架以上各部分的重量，包括车体、车架、动力装置以及辅助装置等，在保证必要的黏着前提下，将轮轨接触处产生的轮轴牵引力传递给车架和车钩，牵引车列前进；产生必要的制动力，以便使机车在规定的制动距离内停车；同时缓和来自线路不平顺的冲击和隔离振动，保证机车沿轨道运行并顺利通过曲线。

2. 机车转向架的组成

每个转向架主要由构架、弹簧装置、连接装置、轮对和轴箱、驱动机构、基础制动装置等部分组成。各部分的作用为：

（1）构架——是转向架的骨架，承受和传递垂向力及水平力。

（2）弹簧装置——用来保证一定的轴重分配，缓和线路不平顺对机车的冲击并保证机车的运行平稳性。

（3）连接装置——用以连接车体与转向架间的垂向力及水平力（包括纵向力如牵引力或制动力，横向力如通过曲线时的横向作用力等），使转向架在机车通过曲线时能相对于车体回转。在较高速度的机车上，车体与转向架间还设置横动装置，使车体在水平横向成为相对于转向架的簧上质量，以提高机车在水平方向的运行平稳性。

（4）轮对和轴箱——轮对直接向钢轨传递机车质量，通过轮轨间的黏着产生牵引力或制动力，并通过轮对的回转实现机车在钢轨上的运行。轴箱是联系构架和轮对的活动关节，它除了保证轮对进行回转运动外，还能使轮对适应线路等条件，相对于构架上下、左右和前后活动。

（5）驱动机构——将机车动力装置的功率最后传递给轮对。电传动机车的驱动机构由减速齿轮箱等组成；液力传动内燃机车的驱动机构由万向轴、车轴齿轮箱等组成。

（6）基础制动装置——由制动缸传来的力，经杠杆系统增大若干倍后传给闸瓦或闸片，使其紧压车轮或制动盘，对机车进行制动。

图 4.9 为 DF_4 型内燃机车转向架示意图。DF_4 型内燃机车转向架力的传递过程是：

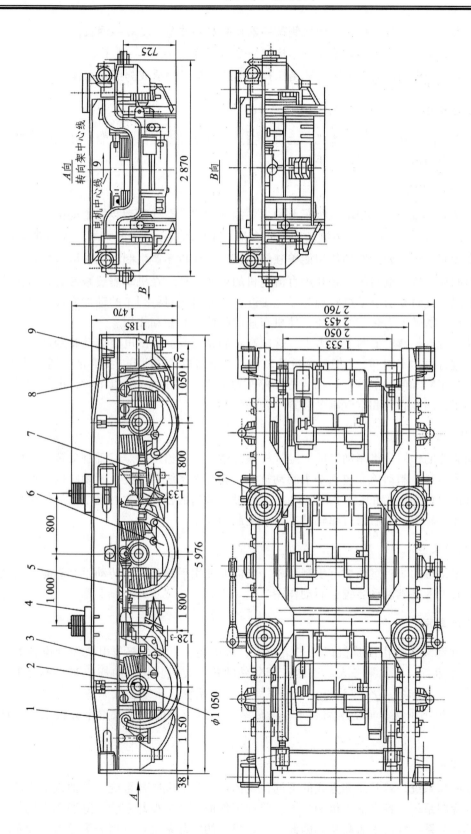

图 4.9 DF₄ 内燃机车转向架

1—构架；2—轴箱；3—弹簧装置；4—支承；5—牵引杆装置；6—轮对；7—电动机悬挂装置；
8—基础制动；9—砂箱；10—手制动拨叉

（1）垂向力：车体→弹性旁承→构架侧梁→轴箱圆簧→轴箱→轮对→钢轨。

（2）纵向力：轮对→轴箱→轴箱拉杆→构架→牵引杆装置→车体→车钩。

（3）横向力：钢轨→轮对→轴箱→轴箱拉杆→构架→摩擦旁承或侧挡→车体。

（四）制动装置

为了提供必要的制动力，在内燃机车上设有主要的制动装置，如空气制动和电阻制动；基础制动装置以及辅助制动手段，如手制动。

1. 主要的制动装置

（1）空气制动装置。空气制动是机车上的主要制动方式，空气制动装置主要由空气压缩机、总风缸、分配阀、制动缸、单独制动阀（即小闸）和自动制动阀（即大闸）等部件组成。当司机操纵小闸时，通过分配阀的作用能单独控制机车，使机车产生制动或缓解作用。

（2）电阻制动装置。电阻制动是利用直流电机的可逆原理，在机车需要减速时，将机车转换为制动工况，此时牵引电动机转换为发电工况，并通过轮对将列车的动能变成电能，再通过制动电阻把电能转换为热能消耗掉，使机车速度降低而起制动作用。

电阻制动的特点是速度低时制动力小，速度高时制动力大。因此电阻制动特别适合于在长大下坡道上进行恒功率制动，不但安全性比较高，可以缩短运转时分，提高区间通过能力，还可以大大减少车轮和闸瓦的磨耗。而当进站停车速度降低到 15 km/h 以下时，电阻制动的制动力就很小了，因此必须和空气制动装置配合使用。

2. 基础制动装置

基础制动装置的作用是将制动缸的力经杠杆系统增大后传给闸瓦。基础制动装置可由若干制动单元组成。每一制动单元包括一个制动缸、一套杆件系统和闸瓦。制动缸内作用于活塞的压缩空气推力（或手制动装置手轮上的力），经过一系列的杠杆增大一定倍数后传给各个闸瓦，使闸瓦压紧轮箍，最后通过轮轨的黏着产生制动作用。

3. 辅助制动装置

在内燃机车每端的司机室内装有手制动轮。当需要使用手制动时，转动手制动轮，就能使这一端转向架上的基础制动装置起制动作用。

（五）辅助装置

内燃机车辅助装置的作用是保证机车柴油机、传动装置、走行部与电气控制设备等的正常工作和可靠运行，以及乘务人员正常工作条件的各项装置。它是内燃机车必不可少的重要组成部分。主要包括：冷却系统、机油系统、燃油系统、压缩空气系统、通风装置、空气滤清系统、预热系统、辅助驱动装置、撒砂装置，以及目的在于改善乘务员工作条件的各种设备。

1. 冷却系统

内燃机车冷却系统，就其冷却方式的不同，大体可分为通风冷却系统、柴油机水冷却系统、增压空气冷却系统及各类油（机油、液力传动工作油等）的冷却系统。除通风系统与空气有关外，其余各系统均与水有联系。因此，内燃机车的冷却系统可概括分为通风冷却系统和水冷却系统两类。

2. 机油系统

柴油机工作时，曲轴相对于轴瓦、活塞以及活塞环相对于气缸壁等都要产生相对运动，在其相互接触的表面产生摩擦。由于摩擦的存在，不但因其摩擦阻力大而增加了柴油机的功率消耗和机件的磨损，而且摩擦时产生的高温将使机件摩擦表面烧损，配合间隙破坏，甚至咬死，严重时可造成机破事故。机油系统的任务是把清洁的具有一定压力和适当温度的机油输送到各运动零件的摩擦表面，并使之具有良好的润滑条件，提高柴油机的可靠性和耐久性。

3. 预热系统

内燃机车柴油机启动或停机时，对柴油机的机油、燃油及冷却水的温度都有一定的要求。润滑油、冷却水温度过低，不仅使柴油机启动困难，而且运动零件磨损严重，燃油雾化不良，影响燃烧质量。预热系统可在启动柴油机前对柴油机油、水进行预热，保证柴油机能在规定的油水温度下启动，或者停机时间较长时保持一定的油水温度。

4. 空气滤清系统

我国内燃机车一般都采用外吸气式，即空气来源于车体的外部，内燃机车在铺有碎石路基的线路上运行时，在柴油机进气高度的空气中含有各种灰尘和其他机械杂质。如果这些杂质随空气进入增压器和柴油机气缸内，就会造成活塞、缸套、气门等的异常磨损，降低柴油机功率和使用寿命。内燃机车的空气滤清系统包括电机、电器等设备冷却用空气的滤清和柴油机燃烧用空气的滤清，其任务是为柴油机正常工作提供充足干净的新鲜空气。

5. 辅助驱动装置

内燃机车辅助驱动装置，采用机械传动、液压传动和交流电动机驱动 3 种形式。机车在满足起动条件时，即可启动柴油机，由蓄电池向起动发电机供电，通过机械传动装置带动柴油机启动；柴油机启动后通过机械传动直接驱动起动发电机、励磁机、测速及电机、通风机及液压传动的液压泵工作。

辅助驱动装置的运转都要直接或间接地消耗柴油机部分功率，而且功率消耗最大的要数通风装置、冷却装置和空气压缩机。世界各国对辅助功率问题都很重视，因为辅助功率的消耗，直接影响到机车牵引功率的发挥和机车的效率。

内燃机车的车体及车底架、车钩缓冲装置与车辆类似，这里不再详述。

第三节　电力机车

一、电力机车的发展历程

我国电力机车的研究始于 1958 年，和电气化铁路的建设同步，采用单相工频交流供电制，接触网电压 25 kV。

1958 年 12 月 28 日，中国第一台干线铁路电力机车试制成功，命名为 6Y1 型。该机车采用引燃管整流方式，是参照苏联 20 kV 工频单相交流制的 H60 型电力机车设计制造的。1968

年，经过对 6Y1 型 10 年的研究改进，将引燃管整流改为大功率半导体硅整流器，正式将 6Y1 型改名为韶山 1 型，代号 SS_1。1969 年开始小批量生产，到 1980 年车型基本定型并开始大批量生产，成为中国电气化铁路干线的首批主型机车。

之后，经过几十年的不懈努力，交直流传动电力机车从第一代 SS_1 型电力机车，第二代 SS_3 型电力机车，到第三代电力机车产品由多机型组成。第三代电力机车产品主要有 SS_4、SS_5、SS_6、SS_7、SS_8 以及它们的派生型 SS_{4B}、SS_{4C}、SS_{6B}、SS_{7B}、SS_{7C} 等，其特征均是采用多段桥相控无级调压调速方式，构成了 4、6、8 轴和快速客运、客货两用、重载货运等系列产品。

我国第四代电力机车产品的特征是以传动方式来确定的。前三代均为交直传动方式，而第四代是交直交传动方式。我国从 1991 年开始研制大功率交流传动电力机车，第一台国产交直交传动电力机车 AC4000 型，由株洲电力机车厂和株洲电力机车研究所于 1996 年研制成功，属实验性车型，仅试制了一台，但其研制及实验过程为中国探索交流传动电力机车做出了不可磨灭的贡献。其后尽管还研制了一些交流传动电力机车，但都未定型量产。

2003 年以来，为适应中国国民经济高速发展，遵循"引进、消化吸收、再创新"的技术路线，以中国多家电力机车制造企业为代表，锁定世界铁路最先进技术，分别与德国、美国、法国、日本等国外公司进行技术合作，通过技术转让，联合设计等方式，先后研制成功了 HXD1、HXD2、HXD3、HXD1B、HXD2B、HXD3B、HXD1C、HXN3、HXN5 等和谐系列交流传动机车。通过技术引进，中国电力机车制造企业成功掌握了机车总成、车体、转向架、牵引变压器、牵引变流器、网络控制系统、牵引电机、驱动装置、制动系统等九大关键技术，以及受电弓、真空主短路器、高压（电压/电流）互感器、司机控制器、辅助设备/牵引电机通风机、空压机、机车空调、复合冷却塔、车钩缓冲器、车载卫生装置 10 项主要配套技术。2006 年以来，和谐型大功率交流传动 HXN3、HXN5 型内燃机车和 HXD 系列电力机车批量投入运用，标志着我国铁路机车成功实现了由交直流传动向交流传动的转化。同时，成功引进先进的动车组技术并转入国产化设计和生产，对我国铁路重载、高速运输的发展起到了积极的推动作用，实现了铁路技术装备现代化的跨越式发展。

二、电力机车的种类

电力机车从接触网上获取电能，接触网供给电力机车的电流有直流和交流两种。由于电流制式不同，所用的电力机车也不一样，基本上可以分为直-直流电力机车、交-直流电力机车、交-直-交流电力机车 3 类。

直-直流电力机车采用直流制供电，牵引变电所内设有整流装置，它将三相交流电变成直流电后，再送到接触网上。因此，电力机车可直接从接触网上取得直流电供给直流串励牵引电动机使用，简化了机车上的设备。

交-直流电力机车采用交流制供电，目前世界上大多数国家都采用工频（50 Hz）交流制，或 25 Hz 低频交流制。在这种供电制式下，牵引变电所将三相交流电改变成 25 kV 工业频率单相交流电后送到接触网上。但是在电力机车上采用的仍然是直流串励电动机，把交流电变为直流电的任务在机车上完成。由于接触网电压比直流制时提高了很多，接触导线的直径可以相对减小，从而减少了有色金属的消耗和建设投资。因此，工频交流制得到了广泛采用，世界上绝大多数电力机车也是交-直流电力机车。

交-直-交流电力机车采用交流无整流子牵引电动机（即三相异步电动机），这种电动机在制造、性能、功能、体积、重量、成本、维护及可靠性等方面远比整流子电机优越得多。这种机车具有优良的牵引能力，很有发展前途。

我国铁路目前主要采用交-直流电力机车，其中部分主要电力机车的型号及其参数如表 4.3 所示。

表 4.3　电力机车的主要参数

机车型号	SS₁	SS₃	SS₄	SS₇	SS₈	6K	6G	8K	8G
开始生产年代	1958	1978	1985	1992	1994	1987	1972	1986	1987
制造厂名、国名或地区名	株洲	株洲	株洲	大同	株洲	日本	法国	欧洲	苏联
用途	货运	货运	货运	货运	客运	货运	客货运	货运	货运
轴列式	C_0-C_0	C_0-C_0	$2(B_0$-$B_0)$	B_0-B_0-B_0	B_0-B_0	B_0-B_0-B_0	C_0-C_0	$2(B_0$-$B_0)$	$2(B_0$-$B_0)$
机车持续功率/kW	3 780	4 350	6 400	4 800	3 600	4 800	5 400	6 400	6 400
机车重量/t	138	138	2×92	138	88	138	138	2×92	2×92
轴重/t	23	23	23	23	21.5	23	23	23	23
设计速度/（km/h）	90	100	100	100	170	100	112	100	100
持续速度/（km/h）	43	48	52	48	100	48	47	48	50
持续牵引力/kN	301	318	437	364	126	355	353	471	451
起动牵引力/kN	487	470	628	485	210	485	519	628	627

三、电力机车的工作原理及基本构造

（一）电力机车的工作原理

1. 交-直型电力机车的工作原理

交-直型电力机车是靠其顶部升起的受电弓，从接触网上取得单相工频交流电，通过主断路器，经牵引变压器降压，再经变流装置将交流电转换为直流电，供给直流（脉流）牵引电动机，经齿轮传动装置牵引列车运行，如图 4.10 所示，其交-直流传动基本工作原理如图 4.11 所示。

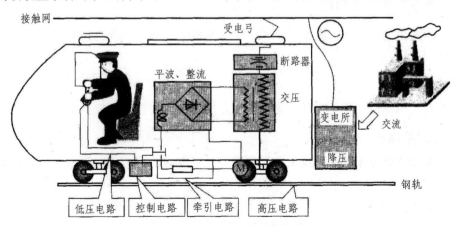

图 4.10　电力机车工作原理图

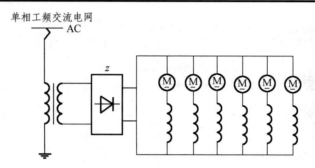

图 4.11　交-直流电力传动

2. 交-直-交流电力传动电力机车工作原理

图 4.12 所示为交-直-交流电力传动电力机车工作原理。来自接触网的单相交流电经受电弓引入机车变压器，在牵引变压器中变换成所需的合适电压后送入电源侧变流器，将单相交流电转换为直流电，提供给中间回路经平滑功率脉动，送入电动机侧的变流器，将直流电逆变为电压和频率可调的三相交流电供给三相异步牵引电动机，实现牵引运行。在这个系统中，机车先将电网的交流能量转换为直流能量，然后进一步转换成电压和频率可调的交流能量。

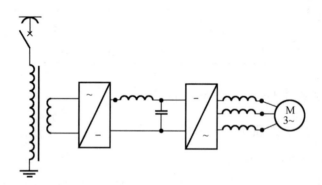

图 4.12　交-直-交流电力传动

（二）电力机车基本构造

电力机车是由电气部分、机械部分和空气管路系统 3 部分组成的。如图 4.13 为 SS$_7$ 型电力机车总体布置图。

1. 机械部分

电力机车机械部分主要由车体、走行部、车底架、车钩缓冲装置及制动装置组成。

2. 空气管路系统

电力机车空气管路系统除了供给空气制动外，受电弓、主断路器等电气设备的操作也要用压缩空气。

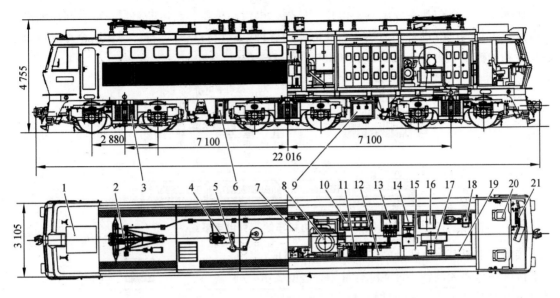

图 4.13   SS$_7$型电力机车总体布置图

1—空调机组；2—受电弓；3—转向架；4—真空断路器；5—避雷器；6—复轨器柜；7—主变压器；
8—主变压器风机；9—蓄电池组；10—变流器设备安装；11—高压电器柜；12—稳定电阻柜；
13—电容柜；14—压缩机安装；15—信号柜；16—劈相机；17—通风机组安装；
18—气阀柜；19—低压电器柜；20—司机座椅；21—操作台

3. 电气部分

电气部分包括受电弓、牵引变压器、牵引电机、变流器、辅助电机及司机控制器、接触器、继电器、转换开关、电控阀等。

电力机车上的各种电气设备，分别装设在主电路、辅助电路和控制电路 3 大电路中。

主电路是产生机车牵引力和制动力的电气设备电路，它将从接触网上吸取的电能转变为牵引列车的机械能；辅助电路系统为主电路电气设备服务，包括冷却、提供压缩空气等；控制电路系统用于间接控制机车上的高压电气设备和辅助电气设备，以保证安全、方便。

（三）电力机车制动

电力机车的速度控制，主要是由司机通过控制牵引电动机转速来实现的。当机车需要制动时，除使用空气制动装置外，可以辅以电阻制动。如果牵引电动机变为发电机工况将电能重新反馈回电网中去加以利用，就称之为"再生制动"(或"反馈制动")。从能量利用上看，电阻制动虽然不如再生制动，但电阻制动的主电路工作可靠稳定，技术比较简单，在直流传动电力机车上一般采用电阻制动，而在交流传动电力机车上主要采用再生制动。

四、电力机车牵引供电系统

电力机车本身不带有能源装置，需要由外界供给电能，因而必须在电气化铁路沿线设置一套完善的、不间断地向电力机车供电的设备，即电力机车牵引供电系统。

电力机车的牵引供电系统（见图 4.14）主要由牵引变电所和接触网两大部分组成。牵引变电所的主要设备包括主变电器、电压互感器、电流互感器、高压断路器、各种高压隔离开关以及避雷器等电器设备。为使牵引变电所内各种电气设备正常运行，确保安全可靠供电，还装有各种控制、测量、监视仪表和继电保护装置等。

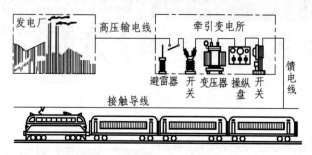

图 4.14　电力机车的牵引供电系统

接触网主要由馈电线、轨道和回流线等组成。由于接触网是露天设备，而且没有备用，这就要求接触网在结构上具有良好的稳定性和足够而均匀的弹性；并在恶劣的气候条件下，能保证电力机车正常取流和安全高速运行。

牵引供电系统的供电原理如图4.15所示。牵引供电系统将供电部门送来的三相高压交流电转变为适应于电力机车工作的单相高压交流电，通过电力机车的受电弓与接触网的接触导线滑动接触，将单相交流电引入至电力机车主变压器的高压线圈，工作后的电流经车体、轮对、轨道经由回流线流回到牵引变电所。我国电气化铁路采用的是工频单相交流制。

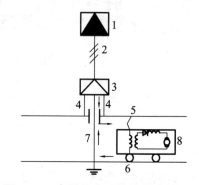

图 4.15　牵引供电系统的供电原理图

1—发电厂或区域变电所；2—高压输电线；
3—牵引变电所；4—单相馈电线；
5—接触网；6—钢轨；7—回流线；
8—电力机车

第四节　机车新技术

直流传动机车，无论是直直型还是交直型，共同点是采用直流牵引电动机，都可控制励磁电流使牵引电机具有所要求的软特性和良好的防空转性能。直流电动机结构上的缺点是存在电刷和换向器，无法改变电机存在的火花和环火的致命缺点，从而限制了直流电动机的功率和容量，不能很好地满足铁路高速重载的发展要求，继而限制了直流传动机车的发展，因此在机车上采用无整流子的交流电动机成为趋势。

交流传动机车是近代铁路牵引技术的重大突破。自1971年在联邦德国问世以来，在全世界范围内已取得了很大发展。到20世纪90年代，国外交流传动的发展已经进入了成熟期，交流传动已占据了电力机车的主导地位，尤其是在铁路高速和重载牵引方面显示了很大的优越性。

一、内燃机车新技术

轴式为 C_0-C_0 的 HXN3 型和 HXN5 型内燃机车都是重载货运机车，最高运行速度提高至 120 km/h，牵引发电机输出功率 4 410 kW（6 000 马力），牵引性能优越，黏着利用率高，起动加速度好，可靠性高。柴油机节能好、排放低，是世界最大功率等级的经济、环保型机车柴油机。

和谐型内燃机车采用大功率交-直-交传动方式，牵引电动机为交流异步电机，具有功率大、重量轻、结构简单、可靠性高、维护工作量小等特点。牵引变流器采用先进的大功率 IGBT 器件，控制性能优良，可靠性高。采用先进的计算机网络控制系统，数据传输量大，牵引及制动控制性能优良，设备状态监测与系统自诊断功能完善。

车体、转向架、车钩与缓冲器、轮对驱动系统以及制动系统充分满足了牵引重载列车的需要。机车技术水平达到世界先进水平。图 4.16 所示为 HXN5 型内燃机车各部件的布置示意图。

机车上面部分为相对独立的 5 个室：司机室、辅助室、发电机室、柴油机室和冷却室。司机室位于机车前端，冷却室位于机车后端。车体左右两侧在辅助室前端部位和冷却室后端部位均设有扶梯，供司乘人员上下。司机室后端墙左右两侧设有通往机车外部的门。

车架下面中部为承载式燃油箱，燃油箱右侧设两个总风缸，两总风缸间装有高压安全阀；总风缸前端设有空气干燥器、辅助用风精滤器，后端设有制动用风精滤器；燃油箱左侧设有蓄电池箱。机车控制区是机车上的封闭区域，其中安放了由电子控制和电功率调节系统组成的若干设备。HXN5 型内燃机车结构特点如下：

（1）车架采用双箱形梁结构，整体式燃油箱。燃油箱与车架做成一体，参与承载。这是我国内燃机车首次采用参与承载的整体式燃油箱，增加了车架的强度，减轻了机车的重量。

（2）转向架构架为钢板焊接的箱形结构。由中心销传递牵引力，焊装在车体底架的中心销插入安装在转向架构架上的牵引座，由牵引座向中心销传递纵向力。利用橡胶堆支承的横向变形，车体相对转向架可以弹性横动，这是速度达 120 km/h 的转向架必备的功能。

（3）机车采用整体辗钢车轮、闸瓦制动、牵引电动机滚动抱轴承悬挂。

（4）设两个独立的通风冷却系统：牵引电动机通风冷却系统和辅助室、逆变器、发电机组通风冷却系统。

（5）轴箱轴承为整体密封的圆锥滚子滚动轴承，轴箱用导框定位，三轴转向架中间轴 ±15 mm 的自由横动量由轴箱与导框的横向间隙提供。

二、电力机车新技术

和谐型电力机车 HXD1、HXD2 型机车是八轴机车，轴式 2(B_0-B_0)，轴功率 1 200 kW，现已在运煤专线大秦线运行，单机牵引 1 万 t、双机牵引 2 万 t 重载列车。和谐型电力机车 HXD3 是轴功率 1 200 kW 的六轴机车，轴式 C_0-C_0，可在繁忙干线单机牵引 5 000 t 重载列车。

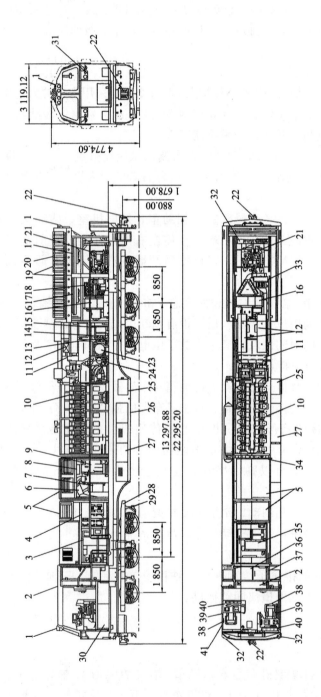

图 4.16　HXN5 型内燃机车总体布置图

1—头灯；2—控制设备柜；3—牵引逆变器；4—功率柜；5—电阻制动装置；6—发电机组通风道；7—辅助发电机；8—CTS 起机转换开关；9—牵引发电机；10—柴油机；11—空气滤清器；12—膨胀水箱；13—低压燃油泵；14—预润滑油泵；15—润滑油冷却器；16—牵引电动机通风机；17—冷却风扇；18—通风机滤清器装配；19—散热器百叶窗；20—散热器；21—空气压缩机组；22—车钩；23—润滑油滤清器；24—燃油滤清器；25—污邮箱；26—燃油箱；27—蓄电池箱；28—转向架；29—牵引电动机；30—空调；31—标志灯；32—砂箱；33—排尘风机；34—总风缸；35—逆变/发电机组通风机；36—卫生间；37—行车安全设备柜；38—座椅；39—取暖器；40—操作台；41—制动柜

　　以上 3 种电力机车均为重载货运机车，最高运行速度为 120 km/h。机车采用交-直-交传动方式，牵引电机为异步电机，具有功率大、重量轻、结构简单等一系列优点，采用先进的车载计算机网络控制系统，牵引及制动控制性能优良，设备状态监测与系统自诊断功能完善，采用再生制动，节能效果显著。和谐型大功率交流传动电力机车的批量生产并投入运行，将逐步取代 SS_4 型电力机车在重载牵引中的地位。

　　在设计制造 HXD1、HXD2、HXD3 型电力机车的基础上，在 2008—2009 年又进一步研制成功轴功率为 1 600 kW 的 HXD1B、HXD3B 型电力机车。这两种电力机车都是六轴机车，轴式 C_0-C_0，轴重 25 t，单节机车功率达 9 600 kW，是当今世界上单节功率最大的电力机车。HXD3 型电力机车的主要设备布置如图 4.17 所示。

　　HXD3 型电力机车采用 IGBT 水冷变流器，交流电机矢量控制，采用牵引电机轴控方式，机车采用网络控制技术。满足环境温度 − 40 ~ + 40 ℃，海拔高度在 2 500 m 以下的条件。考虑到不同的线路情况，可以 3 台机车重联控制运行。

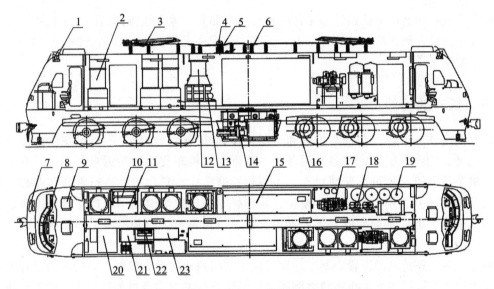

图 4.17　HXD3 型电力机车主要设备布置图

1—前照灯；2—牵引电机通风机组；3—受电弓；4—主断路器；5—高压电压互感器；6—高压隔离开关；
7—标志灯；8—操作台；9—司机室座椅；10—滤波柜；11—蓄电池充电器；12—复合冷却器通风机组；
13—复合冷却器；14—牵引变压器；15—变流器；16—牵引电机；17—空气压缩机；
18—空气干燥器；19—总风缸；20—卫生间；21—综合通信柜；
22—微机及监控柜；23—控制电器柜

　　HXD3 型交流传动电力机车装有两台结构相同的三轴转向架，机车全长约 21 m，机车轮周功率 7 200 kW，最大起动牵引力 5 70 kW，最高运行速度 120 km/h。机车的主要特点如下：

　　（1）机车总体设计采用高度集成化、模块化的设计思路。采用中间走廊，电气屏柜和各种辅助机组分功能对称布置在中间走廊的两侧；采用了规范化司机室，尽量考虑单司机值乘的要求。

　　（2）机车装有两台结构相同的三轴转向架，牵引力传递系统采用中央低位平拉杆推挽式牵引装置，具有黏着利用率高的特点。

（3）机车车体采用整体承载的框架式车体结构，有利于提高车体的强度和刚度，车体整体能够承受 3 400 kN 的静压力和 2 700 kN 的拉力而不产生永久变形。

（4）转向架采用滚动抱轴承半悬挂结构，二系采用高圆螺旋弹簧。

（5）采用独立通风冷却技术。牵引电机采用由顶盖百叶窗进风的独立通风冷却方式；牵引变流器水冷和牵引变压器油冷，采用水、油复合式铝板冷却器，由车顶直接进风冷却；辅助变流器采用车外进风冷却的方式；另外还考虑了司机室的换气和机械间的微正压通风。

（6）采用微机控制集成化气路的空气制动系统，机械制动采用轮盘制动。

（7）采用了新型双塔空气干燥器，有利于压缩空气的干燥，减少制动系统阀杆的故障率。

第五节　机车的检修和运用

机车的检修和运用是铁路运输工作的重要组成部分，也是机务部门的基本任务。保质保量进行机车检修，确保机车的完好状态，经济、合理地运用机车，对完成铁路运输任务具有十分重要的意义。

一、机车的检修

机务段是铁路沿线负责机车检修和运用工作的基层生产单位，一般设在编组站或区段站上。此外，为便于机车的整备和乘务员的换乘，在机车交路的折返点，还应设有机务折返段，机务折返段一般没有配属机车，也不做检修工作，只供机车进行整备作业和折返前乘务人员临时休息之用。所谓机车整备，是指机车在出段牵引列车或担任调车工作以前，需要供应机车必需的物资和做好各项准备工作，这种物资供应和准备工作总称为机车整备工作。

机务段和机务折返段设置的基本原则是满足牵引列车的最大需要，并能充分发挥各项设备的能力和机车运用效率。机务段之间距离的长短，应考虑乘务员的连续工作时间和机车类型，并结合编组站、区段站的位置，尽可能长距离地设置。

1. 机务段的工作和设备

根据各机务段所承担任务的大小，全路所有机车都分别配属于各个机务段，并由机务段来组织和计划本段所属机车的运用和检修工作，同时机务段也负责组织机车乘务人员的工作。

配属给机务段的机车，一般分配在若干个牵引区段里往返牵引列车或固定在某个车站上担任调车工作。机车在出段牵引列车或担任调车机车工作以前，需要供应机车必需的物资和作业，这种物资供应和准备工作总称为机车整备作业。机车类型不同，整备作业的内容也不一样。内燃机车、电力机车的整备作业项目如表 4.4 所列。

为了完成以上整备作业，机务段内必须修建和配备相应的整备设备，如机车整备线、加油站、上水管、上砂管以及存储和发放油脂、化验、排水、照明设备等。

表 4.4　内燃机车、电力机车的整备作业

需要供应的物资			需要做的准备工作		
项目	内燃机车	电力机车	项目	内燃机车	电力机车
燃料	√	—	机车转向	一般（—）；单向（√）	—
水	√	—	机车擦拭	√	√
砂	√	√	检查	√	√
润滑油	√	√	给油	√	√
擦拭材料	√	√	机车乘务组交接班	√	√

注：—：无需此项目的整备作业；√：需要此项目的整备作业

整备设备的布置，应保证各项整备作业能平行或流水式地进行，并应具备足够的能力，以压缩整备作业时间，提高机车的运用效率。

2. 机车的检修

机车经过一定时期的运用后，各部件都会发生磨耗、变形或损坏。为了保证机车的正常运行，延长使用期限，除了机车乘务员的日常检查和保养外，还必须进行各种定期检修工作。

除大修在机车工厂进行外，其余的机车定期检修一般都在机务段内进行。因此机务段必须具有机车的整备及检修设备，如各种检修库及辅助车间等。

机车类型不同，它们的检修周期和检修内容也各不一样，内燃、电力机车的检修周期一般根据机车的走行公里数确定，如表 4.5 所示。

表 4.5　内燃、电力机车的检修周期表

检修周期／修程／机车	内燃机车	电力机车	调车、小运转机车	
			内燃	电力
大修	（80±10）万 km	（160～200）万 km	8～10 年	不少于 15 年
中修	（23～30）万 km	（40～50）万 km	2.5～3 年	不少于 3 年
小修	（4～6）万 km	（8～10）万 km	4～6 个月	不少于 6 个月
辅修	不少于 2 万 km	（1～3）万 km	不少于 2 个月	不少于 2 个月

各种修程所包括的内容，在有关的规程中都有具体的规定。大修是机车全面恢复性修理，大修后的机车，基本上须达到新车的水平。中修的主要目的是修理走行部。小修主要是为了对有关设备进行测试和维修等。辅修是属于临时性的维修和养护。

为了进一步提高修理质量与效率，吸取国外经验，积极进行修制改革，目前，我国机车检测同车辆检测一样，也在逐渐推广计划预防修理制度，并且在计划预防修的前提下，逐步实行状态修、换件修和主要零部件的集中修。建立和逐步完善现代化的机车运用和维修制度是我国未来一段时期深化机务改革的重点工作。

目前铁路总公司对和谐型机车修程修制进行了改革。在修程上，设置了 C1、C2、C3、

C4、C5、C6 修 6 个等级，其中 C1 ~ C4 修为段级修程，C5、C6 修为高等级修程。

和谐型电力机车各修程周期为：

C6 修：$200 \times (1 \pm 10\%)$万 km，不超过 12 年；

C5 修：$100 \times (1 \pm 10\%)$万 km，不超过 6 年；

C4 修：$50 \times (1 \pm 10\%)$万 km，不超过 3 年；

C3 修：$25 \times (1 \pm 10\%)$万 km，不超过 1 年；

C2 修：$13 \times (1 \pm 10\%)$万 km，不超过 6 个月；

C1 修：$7 \times (1 \pm 10\%)$万 km，不超过 3 个月。

各修程要求如下：

C6 修：机车全面分解检修，全面性能参数测试，恢复基本性能，可同时进行机车或主要部件的技术提升。

C5 修：机车主要部件分解检修，性能参数测试，恢复机车可靠质量状态。

C4 修：机车主要部件检查，性能参数测试，修复不良状态部件，恢复机车可靠质量状态。

C3 修、C2 修：机车关键部件重点检查维修，有针对性地恢复机车运行可靠性。

Cl 修：机车例行检查和保养，利用机车自检系统进行故障诊断，按状态修理。

二、机车运用

机车运用上的一个特点是，机车只要离开机务段，就要受车站有关人员的调度和指挥。所以机务部门和行车部门关系特别密切，必须协调配合才能安全、优质地完成运输任务。

（一）机车交路

机车交路是机车固定担当运输任务的周转区段，也称机车牵引区段。机车交路按用途不同分为客运机车交路和货运机车交路；按机车运转制分为循环运转制、半循环运转制、肩回运转制和环形运转制交路（如图 4.18 所示）；按区段距离不同分为一般机车交路和长交路。目前我国铁路对机车长交路的定义是：客运机车交路区段距离 800 km 以上、货运机车交路区段距离 500 km 以上的为长交路。

（二）机车运转制

机车运转制是指机车在交路上从事列车作业的方式。目前，我国铁路上采用的机车运转制主要有肩回运转制、循环运转制和半循环运转制。

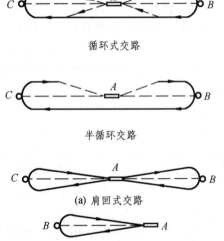

循环式交路

半循环交路

(a) 肩回式交路

(b) 单回式交路

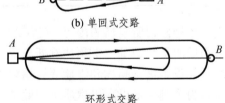

环形式交路

图 4.18　机车交路和机车运转制

机车牵引列车在一个交路区段内往返一次后即进入本段的运转方式为肩回运转制，在我国铁路区段上，担当牵引任务的机车多采用肩回运转制。肩回运转制又可分为单肩回、双肩回、多肩回等几种，图4.19（a）所示为双肩回运转制示意图。机车的长短交路均可采用这种运转方式。

机车牵引列车在相邻两个交路区段内作往返连续运行，直到需要进行中检或定期检修时才进入本段的运转方式为循环运转制。图4.19（b）所示为循环运转制示意图。

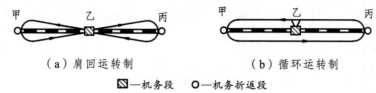

（a）肩回运转制　　　　　　　　　（b）循环运转制

▧—机务段　　○—机务折返段

图 4.19　肩回运转制和循环运转制

机车牵引列车在相邻两个交路区段内往返运行一次后即进入本段的运转方式为半循环运转制。

此外，还有一种是环形运转制，是指机车牵引列车在一个交路区段内连续运行几个往返后才进入本段进行整备作业。这种运转制适用于小运转列车、市郊列车或运量较大的短交路区段列车等。

（三）乘务制度和乘务方式

1. 乘务制度

机车乘务制度是指机车乘务员使用机车的制度。我国铁路现行的机车乘务制度主要有包乘制、轮乘制和轮包结合制。

（1）包乘制：将1台机车分配给固定的机车乘务组。包乘组在司机长领导下，负责所包机车的运用、安全、保养、节约、整备、验收、保管、交接等工作，以保证质量良好地完成运输生产任务。通常每台机车配备4个固定的乘务组轮流值乘。包乘制由于乘务组对机车相对固定，便于加强乘务员的责任心和机车的保养工作，同时也便于乘务员熟悉机车性能。但是因为机车的利用程度受到包乘组工作时间的限制，为了保证乘务员的休息时间，机车有时在段内长时间停留，这样就造成机车生产时间不能充分利用，因而降低了机车运用效率。

（2）轮乘制：机车没有固定的乘务组，各乘务组轮流上车值乘，按一定顺序值乘不同的机车。采用轮乘制是铁路总公司发展"长交路"的主要技术政策的先决条件。轮乘制机车的日常保养与检查维修由地勤车间或地勤组承担。由于轮乘制采用歇人不歇车的接力运转和乘务组采取顺序出乘的循环管理体制，机车和乘务组没有固定关系，机车工作的利用不受乘务组的牵制，所以提高了乘务员的劳动生产率，减少了机车出入库次数及等待列车的时间，缩短了途中停留时间，加快了机车车辆的周转，减少了运用机车台数，提高了线路通过能力，降低了铁路的运营成本，且有利于实行专业化集中修，以提高检修质量和降低检修成本。同时轮乘制还可以减少沿线机务设备及区段站的设置，从而达到少占农田，节省基本建设投资的目的。

（3）轮包结合制：机车由几个固定的乘务组包管，当机车出机务段或回机务段时，由该固定乘务组值乘，在交路上运行时由各乘务组按一定的顺序轮流上车值乘，该乘务制度是包乘制与轮乘制结合的一种乘务制度，既提高了机车的利用率和乘务员的劳动效率，也加强了机车的保养工作，适合于机车长交路。

2. 乘务方式

乘务方式即机车乘务员的换班方式。换班方式主要有外段驻班制、立即折返制、随乘制、中途换班制、定时换班制等。换班方式按照乘务员一次连续工作时间确定，交路适宜，在折返段换班；交路短时，到外段后立即折返；交路长时，在中途站换班，有时要换班数次，接力运行。

复习与思考题

1. 机车如何分类？各类型机车的特点是什么？
2. 机车轴列式的表达式及含义是什么？举例说明。
3. 柴油机一个工作循环需经过哪几个过程？简述四冲程柴油机的工作原理。
4. 内燃机车为什么要设置传动装置？
5. 简述交-直流电力传动内燃机车的工作原理。
6. 机车转向架主要由哪几部分组成？牵引力是如何从轮对传递给车钩的？
7. 什么是电阻制动和再生制动？
8. 为什么说交流传动机车是机车发展方向？
9. 交-直型电力机车的工作原理是什么？
10. 什么是机车的整备作业？
11. 简述和谐型电力机车的修程及要求。
12. 简述机车交路和机车运转制的主要方式。
13. 简述长交路轮乘制的优点。

第五章　铁路通信信号和调度指挥自动化

铁路信号设备是铁路运输的基础设施，也是保证行车安全、提高运输效率和改善劳动条件的重要设备。铁路信号向列车或车列发出指令和信息，以控制列车或车列的运行方向、运行进路、运行间隔和运行速度，并显示列车移动、线路以及信号设备的状态，从而有效地保证调度指挥和控制列车运行，组织列车解编和调车作业，提高运输管理水平。

第一节　铁路信号概述

铁路信号是铁路使用的信号、联锁、闭塞等设备的总称，是铁路运输基础设备之一。

铁路信号的主要功能是保障行车、调车安全和提高运输能力，犹如人的耳目和中枢神经，担负着铁路网上各种行车设备状况的信息传输和调度指令控制的作用，是铁路信息技术的三大支柱（即通信、信号、计算技术）之一。

铁路信号已渗透到铁路运输的各个部门，它全程全网、随时随地地积极为铁路运输服务。铁路信号设备的有效运用，是保证安全运输生产，最大限度地发挥各种行车设备能力的前提条件。

一、铁路信号分类、设置位置和显示意义

铁路信号是由信号设备如信号机、表示器和标志所发出的信息，可从多个角度进行分类，通常分为地面信号和机车信号两大类。

（一）地面信号分类

地面信号机主要指色灯信号机，是用灯光的颜色、数目及亮灯状态表示信号含义机（见图 5.1）。信号机具有昼夜显示一致、占用空间小等特点，但需可靠的交流电源。现行色灯信号机采用组合式信号机，一个灯位为一个独立单元，配一种颜色，使用时根据需要进行组合，故称为组合式信号机。信号灯泡发出的光通过滤色片变成色光，经非球面透镜聚成平行光束，再由偏光镜折射偏散，可保证信号在曲线线段上显示的连续性。

图 5.1　色灯信号机

1. 按装置分类

固定信号可分为信号机和信号表示器两大类。

信号机用来防护站内进路、区间、危险地点，具有严格的防护意义。信号机按用途可分为进站、出站、通过、进路、预告、遮断、驼峰、驼峰辅助、复示、调车等。其中进站、出站、通过、进路、驼峰、调车等信号机，都能独立构成信号显示，指示列车或调车车列运行的条件，叫作主体信号机。预告和复示信号机不能独立存在，而是附属于主体信号机，叫作从属信号机。预告信号机从属于进站信号机、所在区间的通过信号机和遮断信号机。复示信号机从属于进站、进路、出站、驼峰、调车等信号机。另有设于铁路平交道口的道口信号机。

信号表示器是对行车人员传达行车或调车意图，或对信号进行某些补充说明所用的器具，没有防护意义。信号表示器分为道岔、脱轨、进路、发车、发车线路、调车及车挡表示器等。

2. 按安装方式分类

按安装方式信号机可分为高柱信号机、矮型信号机、信号托架和信号桥。

高柱信号机的信号机构安装在信号机柱上，一般用于显示距离要求较远的信号。高柱信号机具有显示距离远、观察位置明确等优点。因此，为保证安全、提高效率，进站、正线出站、接车进路、通过、预告、驼峰等信号机必须采用高柱信号机。设在岔线入口处、牵出线上的调车信号机以及驼峰调车场内指示机车上峰的线束调车信号机，也应采用高柱信号机。进站复示信号机因受地形影响，也采用高柱信号机。

矮型信号机设于建筑接近限界下部外侧的基础上，一般用于显示距离要求不远的信号。因高柱信号机的设置受建筑限界的限制，另外应考虑信号机的设置不影响到发线有效长，站线出站、发车进路、调车信号机、出站、调车复示信号机多采用矮型信号机。

因受限界限制，不能安装信号机柱时，则以信号托架和信号桥代替。信号托架为托臂形结构建筑物，信号桥为桥形结构建筑物，分别如图 5.2（a）、（b）所示。

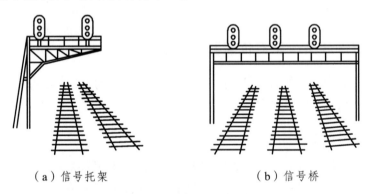

（a）信号托架　　　　　　　　　（b）信号桥

图 5.2　信号托架和信号桥

3. 按停车信号的意义分类

按停车信号的意义地面信号可分为绝对信号和容许信号。

绝对信号指列车和调车车列必须无条件遵守的停车信号，一般信号机都属于这一类。它们显示禁止信号时，列车或调车车列不允许越过。当然调车信号机的禁止信号对列车不起作用。容许信号是设于区间通过信号机上的一种附属信号，当容许信号显示一个蓝灯时，列车可在该通过信号机显示红灯的情况下，以不超过 20 km/h 的速度通过。

（二）地面信号的设置

一般设于线路左侧。我国铁路为左侧行车制，机车司机的座位统一设在左侧，为便于瞭望，规定所有信号机构均应设在行车方向线路的左侧。如果两线路之间距离不足以装设信号机时，可采用信号托架或信号桥。装在信号托架或信号桥上的信号机，可设于线路左侧，也可设在所属线路中心线的上空。在特殊情况下，如线路左侧没有装设信号机的条件或因曲线、隧道、桥梁等影响，装在右侧比装在左侧显示距离更远，在保证不致使司机误认的条件下，经铁路局批准，也可设于右侧。

1. 进站信号机

进站信号机用来防护车站，指示列车能否由区间进入车站以及进入车站的有关条件。进站信号机应设在距车站最外方进站道岔尖轨尖端（逆向道岔）或警冲标（顺向道岔）不少于50 m 的地点（见图 5.3）。如因站内需要经常利用正线进行调车作业，或因地形等其他条件使信号显示距离达不到规定要求时，可以将信号机适当外移，但一般不应超过 400 m。若因信号显示不良而外移时，则最大不宜超过 600 m。

2. 出站信号机

在车站每一发车线警冲标内方（逆向道岔为尖轨尖端外方）的适当地点，装设出站信号机，用以防护区间的安全，指示列车能否由车站进入区间。其设置位置如图 5.3 所示。

3. 预告信号机

为了向司机预告主体信号机（如进站信号、通过信号机等）的显示，必要时（在非自动闭塞区段上未安装机车信号时，在通过遮断信号机前方，在采用进站色灯信号机时或进站信号机的显示距离不足、瞭望条件受限制等情况下）应设置预告信号机。预告信号机应设在距离主体信号机不少于 800 m 的地点，如图 5.3 所示。

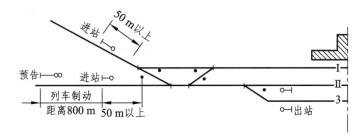

图 5.3　进站、出站、预告信号机设置位置

4. 通过信号机

用来防护自动闭塞区段的闭塞分区或非自动闭塞区段所间区间，指示列车能否进入其所防护的分区或区间。一般设于闭塞分区或所间区间的分界处。

5. 进路信号机

在有几个车场的车站，为使列车由一个车场开往另一个车场，应装设进路信号机。位于进站信号机与接车线之间，对到达列车指示运行条件的进路信号机称为接车进路信号机，也带有引导信号；位于发车线与出站信号机之间，对出发列车指示运行条件的进路信号机称为发车进路信号机，如图 5.4 所示。在接车进路信号机的机柱上还装有两灯位的调车信号机，其中蓝灯封闭。

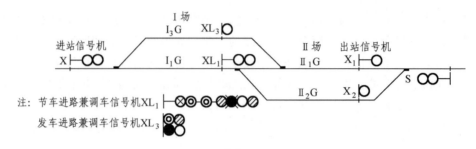

图 5.4　进路信号机设置位置

6. 调车信号机

调车信号机装设在电气集中联锁的车站且经常进行调车作业的线路上（如到发线、咽喉道岔区等），用来指示机车进行调车作业。在到发线上，调车信号机可以和出站信号机合并，即在出站信号机柱上添设一个容许调车的月白灯，成为出站兼调车信号机。

7. 驼峰信号机

在驼峰调车场每条推送线峰顶平台处，应装设驼峰色灯信号机，用来指示驼峰调车机的推送速度及去峰下禁溜线进行调车。为了能让车列后部的调车司机看清信号显示，在到发线的适当位置，还应装设驼峰色灯辅助信号机。如果驼峰色灯辅助信号机的显示距离不能满足作业要求时，根据需要可再装设驼峰色灯复示信号机。

8. 复示信号机

进站、出站、进路信号机，因受地形、地物影响，达不到规定的显示距离时，应装设复示信号机，如图 5.5 所示。

图 5.5　复示信号机设置位置

（三）信号机的定位状态

信号机有关闭和开放两种状态。将信号机经常保持的显示状态作为信号机的定位。信号机定位的确定，一般要考虑保证行车安全、提高运输效率或信号显示自动化等因素。进站、进路、出站信号机对行车安全起着极其重要的作用，规定以显示停车信号——红灯为定位，调车信号机以显示禁止调车信号——蓝灯为定位。预告信号机是附属于主体信号机的，仅能表示主体信号机的显示状态，故以显示注意信号——黄灯为定位。

驼峰信号机用以指示溜放作业和下峰调车，以显示停止信号——红灯为定位。

自动闭塞的每架通过信号机，都是其运行前方信号机的预告信号机。为提高区间通过能力，保证列车经常在绿灯下运行，规定通过信号机以显示绿灯为定位。进站信号机前方第一架通过信号机兼有预告信号机的作用，故以显示黄灯为定位。

非自动闭塞区段的通过信号机，兼有防护接车、发车的作用，以显示红灯为定位。
复示信号机以无显示为定位。

（四）信号表示器

信号表示器和信号机不同，它没有防护的意义，而是用来表示与行车有关设备的位置和状态，或表示信号显示的某种附加含义。例如：出站信号机给绿色灯光，而前方可以有 3 个发车方向，这时需要附加说明是向哪个方向发车的，该任务就依靠信号表示器来完成。

我国铁路上采用的表示器有：进路表示器、线路表示器、调车表示器、道岔表示器、发车表示器等。我们在此介绍常见的道岔表示器和发车线路表示器。

1. 道岔表示器

作用：反映道岔所处的状态，便于扳道员确认进路和调车人员办理调车作业。

设置位置：接发车进路上的手动道岔处，以及由非联锁区向联锁区过渡的区入口处的电动道岔处。联锁区域内的电动道岔，采用了调车信号机，所以不设置道岔表示器（见图 5.6）。

图 5.6　道岔表示器

显示含义：

道岔处于定位（道岔开通直股）：表示器的鱼尾形黄色标板顺着线路方向显示，白天沿着线路方向看不到该标板，夜间显示一个紫色灯光。

道岔处于反位（道岔开通弯股）：鱼形标板横着线路方向显示，白天沿着线路方向可见该标板，夜间显示一个黄色灯光。

2. 发车线路表示器

调车作业虽然要求在站内进行，但是在实际工作中，常因调车工作的实际需求而进行站外调车。图 5.7 所示即为发车线路表示器。

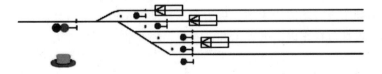

图 5.7　发车线路表示器

站外调车对车站信号有了新的要求，可以根据需要设置线群出站信号机。

（五）信号标志

信号标志设在铁路沿线，用来表明该地点线路的状况，以便司机和其他有关行车人员能够及时、正确地进行作业。

铁路系统常见的信号标志：

（1）警冲标。

（2）司机鸣笛标。司机鸣笛标设在道口、大桥、隧道或视线不良的前方 500 ~ 1 000 m 处。司机看到该标志时，应鸣笛示警。

（3）作业标。在营运线路进行施工维护时，为保障维护人员安全和行车安全，需要设置作业标。作业标设在施工线路及其邻线距施工地点两端 500 ~ 1 000 m 处，司机见到此标志时须提高警惕并长声鸣笛。

二、机车信号

为了指挥行车和保证行车安全，凡是在危及行车安全的地点，都应设置信号机防护。所以铁路线路上设置了不同用途的地面信号，用信号机的显示作为行车运行条件的命令。由于信号的显示有时候要受到地形和自然环境的影响，而我国地形和气候条件比较复杂，尤其是在山区、林区、隧道以及多雾、雨雪等恶劣的地形气候条件下，司机往往不能在规定的距离内确认前方信号机的显示，进而产生冒进信号的危险。特别是在当前，由于列车运行速度和载重量的不断提高，要求的制动距离更长，这种冒进信号的危险性也就越大。必须防护列车超过规定速度运行，而且行车速度的提高又给司机迅速辨认地面信号显示带来困难。为此，机车上必须采用机车信号设备，以保证行车安全，提高列车运行效率。采用机车信号设备后由于其可以复示列车运行前方地面信号机的显示，所以也就能够相应地避免自然条件的影响，提高司机瞭望、确认信号的可靠性。

机车信号是一种能够自动复示列车运行前方地面信号机显示的机车车载系统，它可以反映列车的运行条件，通过对接收到的地面信号进行处理，得到列车运行前方信号机的显示信息，并将该信息通过相应的显示机构显示出来。机车信号还可以为其他的列车运行监控设备提供所需的一些信息，例如可以为自动停车装置提供相应的信号点灯信息等，进而也就提高了列车运行的安全性。安装机车信号和列车运行超速防护系统后，大大提高了列车运行的安全性。可见，机车信号在保障行车安全、提高铁路运输效率以及改善机车乘务员的劳动强度等方面具有十分重要的意义。

1. 机车信号分类

机车信号设备根据其功能不同有：一是以机车内信号显示功能为主的设备，称为机车信号；二是以控制列车运行功能为主的，称为列车自动停车或列车自动监督和控制。我国目前机车信号设备一般都包括车内信号显示和带有自动停车装置，统称为机车信号（见图5.8）。

（a）机车信号

（b）机车信号机

图 5.8　机车信号设备

机车信号根据其信号显示的作用不同有两种：一是机车信号，仅用来复示地面固定信号，不能作为主体信号使用。司机以地面信号显示为运行的主要依据，机车信号为辅助信号。二是机车信号作为主体信号使用，采用这种显示方式则可以取消地面信号机。机车信号作为行车凭证时，由车载信号和地面信号设备共同构成，必须符合故障导向安全原则。车载信号设备应具有运行数据记录的功能；地面信号设备应具有闭环检查功能，提供正确信息。目前，随着机车信号可靠性的不断提高，机车信号已具备了从辅助信号转为主体信号的要求，并且随着列车速度的不断提高也要求机车信号作为主体信号。如在双线双向自动闭塞区段，反方向不设通过信号机，仅在分界点处设停车标志，以机车信号作为主体信号指挥列车安全运行。在准高速铁路上，列车运行速度在 160 km/h 以上，这是司机能确认地面信号机显示的临界速度，故其虽然在正方向仍设地面信号机，但在正常情况下以机车信号为主，当列车运行速度超过 200 km/h 时，司机确认地面信号已不可能，此时地面信号将被取消，只能凭机车信号显示行车。

机车信号设备的控制命令是由地面传递给机车的，因此机车信号设备的信息传递方式分连续式和点式两种。机车信号分为连续式和接近连续式。点式机车信号就是在铁路线路固定点上设置相应的地面设备，机车在通过时利用地面设备的无源谐振回路与机车上的有源谐振回路之间的互感作用来接收信号，并对信号进行处理而得到前方信号机的显示信息。点式机车信号有双频点式和变频点式两种，主要用在铁路非自动闭塞区段，用来预告进站信号机的显示。近年来，我国铁路非自动闭塞区段的点式机车信号设备已经逐步被接近连续式机车信号设备所取代，但由于点式设备具有结构简单、易于安装、施工快等优点，目前主要将其与连续式机车信号设备配合使用。

接近连续式机车信号就是在进站信号机和线路所的通过信号机前方 1 200 m 范围内，设置一段轨道电路及相应的机车信号发送设备，使得列车在进入接近区段时可以连续地接收地面信号，复示进站信号机的显示。目前接近连续式机车信号主要用于铁路非自动闭塞区段。

连续式机车信号主要用于铁路自动闭塞区段，在铁路的各个自动闭塞分区都设置有相应的轨道电路及机车信号发送设备，使得地面通过信号机的显示信息可以不间断地传递到机车上。连续式机车信号可以使司机随时获得前方信号机的显示信息，便于司机对机车进行操作控制，有利于铁路的行车安全。目前，我国铁路主要使用的连续式机车信号，有移频机车信号、微电子交流计数电码机车信号、通用式机车信号、主体化机车信号和一体化机车信号等。

其中，移频机车信号和微电子交流计数电码机车信号分别适用于移频自动闭塞和微电子交流计数自动闭塞的专用机车信号设备，而通用式机车信号和主体式机车信号则具有广泛的通用性，适用于我国目前的多种自动闭塞制式，避免了由于各种自动闭塞制式下机车信号的不兼容而使机车不适应长运行交路等不足。

2. 主体式机车信号

以前各种制式的机车信号普遍存在的主要问题是安全性、可靠性较差；时有断码现象发生，甚至偶有信号升级现象；抗干扰能力差，显示正确率低；信息量少；多种制式互不通用，不适应机车长交路等。机车信号与自动停车装置结合使用时，受功能所限，仍然依靠司机确认和干预，人机关系处理得不好，冒进信号、超速行驶等各种事故时有发生，因此一直没将机车信号确定为主体信号。由于列车运行速度的不断提高，已将主体机车信号系统的需求提到紧迫的日程。

主体化机车信号正是为运用于提速区段满足车载列控系统要求而研制的，目前主要应用的是 JT1-CZ2000 型主体化机车信号车载设备。

JT1-CZ2000 型主体化机车信号车载系统是按照铁道部 2000 年立项的"主体化机车信号设备的研制"项目研制的，于 2003 年通过铁道部技术鉴定。主要是在系统的安全性、可靠性、可维护性方面有较大改善，同时增加串口，可以进行双向大容量信息交换。JT1-CZ2000 型机车信号研制的目的是为了更好地解决提速区段机车信号主体化的问题。随着机车信号地位的加重，各方对机车信号问题的认识进一步深入和统一，《技规》规定："机车信号作为行车凭证时，是由车载信号和地面信号设备共同构成的系统，必须符合故障-安全的原则。车载设备应具有运行数据记录的功能，地面信号设备应具有闭环检查功能，提高正确发送信息。"机车信号的主体化是一个系统工程。

机车信号系统的构成如图 5.9 所示，一般由地面发送设备、通道、机车接收设备、列车制动系统、机车色灯信号机等组成。

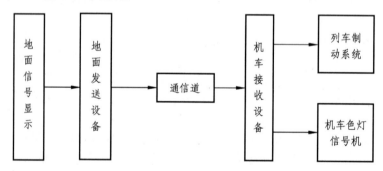

图 5.9　机车信号系统构成框图

地面发送设备和通道：主要功能是把线路情况或地面信号机显示变换为可以进行传递的电信号，然后通过地面发送器或钢轨线路进行发送。信息传递通道一般有轨道电路、有线及无线等方式。

机车接收设备：用于直接接收地面的信息，它是系统能稳定、准确、有效地进行接收信息的关键环节。地面与机车之间传递信息的方法一般采用电磁感应方法。

机车信号的制式不同，则机车信号的接收、发送设备的结构亦各不相同。

机车色灯信号机及列车制动系统：它是机车信号系统中的执行环节。从地面向机车传递的控制命令信息经机车接收设备的译解后，一方面把地面信号的信号显示在机车上显示出来，供司机执行。显示方式一般采用机车内色灯信号机显示或采用数字显示相应的速度值。另外要动作列车制动系统即自动停车装置，一旦接收到列车运行前方地面信号是禁止信号时，应进行定时周期报警，提醒司机采取减速或停车措施。如果司机在规定的时间内（一般为 7 ~ 8 s）不按压警惕手柄，则立即启动自动停车设备。

机车信号和自动停车装置对防止冒进信号、保证安全起着积极作用，所以在干线上运行的列车都配备了自动停车装置。

随着铁路向高速度、高密度发展，各国铁路以防止列车冒进信号、超速行驶为中心，积极研究和发展各种制式的列车超速防护系统。突出铁路信号对列车直接、闭环控制特点的 ATP 系统，伴随着铁路提速和高速铁路建设得到迅速的发展，技术日益先进，设备愈加完善，效果越来越明显，列车运行安全更有保证。

列车超速防护系统是当今世界各国普遍采用的安全技术设备。我国已具备发展列车控制系统的基础，在铁路跨越式发展的进程中，应结合既有线提速、客运专线和高速铁路建设，进行总体规划，系统设计，分步实施，积极发展，逐步建成集 TDCS（列车调度指挥系统）、CTC（调度集中）、CTCS 为一体的列车运行控制中心，对列车进行安全控制，实现行车指挥的综合现代化。

3. 自动停车装置

通常，在装设机车信号的同时也装设有自动停车装置，两者可结合使用（见图 5.10）。

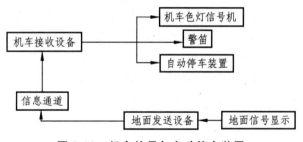

图 5.10　机车信号与自动停车装置

列车自动停车装置的主要部件有信息接收设备、电空阀、动力切除装置、音响报警设备、警惕手柄和控制电路等。

自动停车装置的关键部件是由电磁控制的紧急制动放风阀，统称电空阀。电空阀的输入端接收来自机车信号设备停车信息的电信号，输出端控制列车风管的放风阀门。

当机车信号机的显示由一个绿色、一个黄色、一个双半黄色灯光变为一个半黄半红色灯光，或由一个半黄半红色灯光变为一个红色灯光，以及机车进入无码区段时，该装置发出音响警报。司机听到音响警报后，如果在 7 s 内不按压警惕手柄，自动停车装置上的电空阀就会自行开启，使列车制动主管迅速排风减压而施行强迫停车。列车自动停车后，机车司机必须办理解锁，机车才能继续运行。

4. 列车超速防护系统

随着铁路向高速度、高密度发展，各国铁路以防止列车冒进信号、超速行驶为中心，积极研究和发展各种制式的列车超速防护系统（ATP，Automatic Train Protection）。

众所周知，列车制动距离与其运行速度成正比。当列车速度提高到 140 km/h 时，紧急制动距离为 1 100 m；提高到 160 km/h 时，紧急制动距离为 1 400 m；提高到 200 km/h 时，紧急制动距离为 2 000 m。当人的视距小于列车制动距离和操作所需的时间时，传统的信号控制系统以及以人为主的保证行车安全的控制方式，已不能适应列车运行安全的需要。因此，随着列车速度的提高和密度的加大，必须装备列车超速防护系统，以此来保证行车安全。

ATP 的核心是铁路信号速度化，要求信号信息具备明确的速度含义，并能根据这些信息对列车运行速度实时连续监控。地面列控信息主要根据进路、线路条件以及前后列车的运行位置，在分级速度控制时，产生不同的出口速度信息；在采用速度-距离模式曲线控制时，产生目标距离、目标速度等信息。ATP 车载设备依据接收到的信息，根据列车构造速度、制动性能计算出控制曲线，对列车是否遵守信号（速度）指令进行实际运行速度的监控。

当列车在允许速度控制曲线以下运行时，ATP 车载设备相当于"机车信号"，只不过信号显示已不仅是灯光颜色，而是允许速度值的量化显示。当列车的实际运行速度接近、超过允许速度曲线时，ATP 车载设备就报警、卸载、制动，起到防止"两冒一超"的安全作用。也就是说，只要 ATP 设备正常工作，列车就不会发生"两冒一超"方面的行车事故。

第二节　联锁设备

列车进站、出站和车站内的调车工作，主要是根据车站上信号机的显示进行的，而列车和机车车辆的运行进路，则又靠操纵线路上的道岔来排列。因此，为了保证行车安全，车站上的进路、道岔和信号机之间，以及信号机和信号机之间，必须建立一种相互关联、相互制约的关系，这种关系就叫作联锁。

为了完成联锁关系而安装的技术设备称为联锁设备。联锁设备的任务是用来实现进路、道岔、信号机之间的联锁关系，保证车站范围内行车和调车工作的安全，并提高车站通过能力，改善有关行车人员的劳动条件。

一、联锁条件关系及原理

1. 联锁条件关系

道岔和信号机之间，以及信号机和信号机之间的联锁关系，应满足下列条件：

（1）当进路上的有关道岔开通位置不对或敌对信号机未关闭时，该信号机不能开放。信号机开放后，该进路上的有关道岔被锁闭，其敌对进路不能再开通，敌对信号机也不能再开放。

（2）正线上的出站信号机未开放时，进站信号机不能开放通过信号；主体信号机未开放时，预告信号机不能开放。

（3）尖轨与基本轨间、心轨与翼轨间有 4 mm 及其以上间隙时，道岔不能锁闭或开放信号机。

图 5.11 所示是车站的联锁设备关系框图。车站值班员通过室内控制台发出控制信号后控制室外现场设备动作（如道岔、信号机等），然后现场设备的动作状态又反馈到控制台的表示盘上，供人进行确认与监视，从而完成联锁任务。

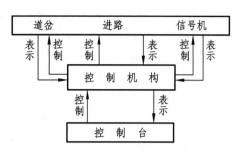

图 5.11　联锁设备关系框图

2．联锁原理

下面通过一个例子，说明联锁的原理。

图 5.12 所示为一会让站。若有一下行旅客列车从车站正线通过，必须保证下列条件：

（1）在开放进站信号机之前，必须先使进路上的所有道岔 1、3、4、2 都开通到 Ⅱ 道的位置。

（2）在道岔开通后，出站信号机 $X_Ⅱ$、进站信号机 X 及预告信号机 XY 依次开放，显示正线通过信号。

（3）当进站信号机开放以后，这一进路上的所有道岔都被锁闭，不能动作。

（4）当进站信号机开放以后，敌对进路信号机 S_1、$S_Ⅱ$、S_3、S 和 X_1、X_3 都被锁闭，不能再开放。

只有做到了以上几点，才能保证旅客列车安全通过车站。

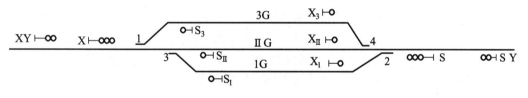

图 5.12　联锁关系图

为了实现联锁关系，我国铁路上常常采用各种联锁设备，目前广泛使用的主要有继电联锁和计算机联锁。

二、继电联锁

继电联锁是集中联锁，它是在信号楼或值班室内利用继电器集中控制和监督全站的道岔、进路和信号机并实现它们之间联锁的设备。由于联锁设备采用色灯信号机，道岔由电动转辙机转换，进路上设有轨道电路，在信号楼进行集中控制和监督，操作人员只需在控制台上按压按钮就能办理或解锁进路，缩短了进路建立和解锁时间，从而提高了车站通过能力。

（一）继电联锁的主要设备

1．继电器

继电器相当于电路中的开关，可以接通和断开电路。最简单的一种叫直流无极继电器（见图 5.13）。当电流通过线

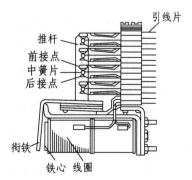

图 5.13　继电器

圈时，铁心吸动衔铁，带动中簧片，中簧片断开后接点而与前接点闭合；当电源切断后，铁心失磁，衔铁自动释放，中簧片断开前接点而和后接点闭合。继电器的前、后接点及中簧片都接有引线片，当引线片用导线连接在一个外部电路时，就可以控制外部电路。

在采用继电集中联锁的车站上，一般都将继电器组合起来，集中安装在专门的继电器室中。继电集中联锁需要的电源设备，在中小车站上，可附设在继电器室中；在大编组站上，则可另设专门的电源室。

2. 电动转辙机

转辙机用以可靠地转换道岔位置，改变道岔开通方向，锁闭道岔尖轨，反映道岔位置。采用电动转辙机时，转换道岔时间短，一般只需几秒钟，安全程度高，对于提高运输效率和保证行车安全都是十分有利的。

电动转辙机由转换、锁闭和表示 3 部分组成。当需要转换道岔时，给电动转辙机的电动机接通电源，通过转换部分改变尖轨的位置；当转换到尖轨与基本轨密贴时，锁闭部分则将尖轨牢固地锁在与基本轨密贴的位置上；在道岔转换完了以后，表示部分则将表示接点接通，在控制台上反映道岔所处的状态，以便与进路信号机进行联锁。

3. 轨道电路

轨道电路是铁路信号的重要基础设备，借助轨道电路可以监督线路占用情况，以及将列车运行与信号显示联系起来。将一段轨道的钢轨作为导线，两端用绝缘节隔开，中间的轨缝用接续线连接起来，一端送电，另一端受电，这样构成的电路叫作轨道电路。

采用直流电源的轨道电路叫作直流轨道电路，如图 5.14 所示。在直线段上，直流轨道电路主要由分界绝缘节、轨道电源、限流电阻器、轨道继电器等组成。

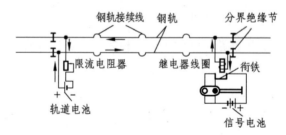

图 5.14　直线段直流轨道电路示意图

在平时，轨道电路区段上无车时，轨道继电器有电吸起，前接点闭合，点亮绿灯；有车时，因机车车辆轮对的电阻比轨道继电器线圈的电阻小得多，于是轨道电路被短路，继电器衔铁被释放，前接点断开，后接点闭合，点亮红灯。

通过以上介绍，可以了解直流轨道电路的基本工作原理。实际上，车站上普遍采用的是交流轨道电路。从图 5.14 中可以看出，在送电端要增设一个变压器箱，箱里有一个降压用的轨道变压器和一个限流电阻器。轨道变压器的初级是由电缆送来的 220 V 交流电，次级接到钢轨上，它的电压一般降到几伏以内，以免流经钢轨时电流损失太大。在受电端，也要增设一个变压器箱，终端电缆盒，内装一个升压用的中继变压器，初级和钢轨连接，次级和信号楼里的轨道继电器连接，将电压升高，以满足继电器工作电压的需要。

4. 控制台

控制台（见图 5.15）设于信号楼控制台室或车站值班员室内，是车站值班员指挥列车运行和调车作业的控制中心，用来控制道岔的转换和信号的开放，并对进路、信号、道岔进行监督。控制台的正面装有照明盘，盘面上有全站股道平面图及各种进路按钮、道岔按钮和其他按钮等；需要办理进路时，按压控制台模拟站场图上进路的始端按钮和终端按钮，就能将进路中有关道岔转换到规定位置，且防护该进路的信号机也自动开放，并将这一进路排列状况反馈显示在控制台模拟图上。

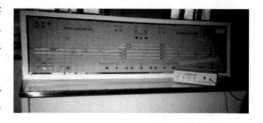

图 5.15　继电联锁控制台

控制台上的主要表示器是光带和表示灯。其用途是正确反映室外监控对象的状态及线路运行情况；表示操作手续是否完成；反映继电器电路的工作状态；若发生故障可以及时发现故障发生地点。

（二）继电联锁原理、进路办理手续

1. 继电联锁原理

信号操纵员将控制信号机和电动转辙机开放或关闭的指令，通过连接继电器室内的电缆传送到继电器室内的继电器组上，使继电器的衔铁被吸动或复原，随后继电器动作的信息再由电缆传送到相应的信号机和控制相应道岔动作的电动转辙机，使信号机处于开放或关闭状态，使道岔处于定位或反位状态，从而使进路上的信号机、道岔与相应的进路实现联锁。

2. 继电联锁办理手续

（1）办理进路。当办理接、发车进路或调车进路时，只需先按压该进路上的始端按钮，然后再按压终端按钮，就能将与进路有关的道岔转换到符合进路要求的位置，防护该进路的信号机也根据这种操作而自动开放。

当办理通过进路时，先办理正线发车进路，再办理正线接车进路。为了简化办理通过进路的操作手续，凡有通过进路的车站应增设通过按钮。办理通过时只要按下通过按钮和该方向的终端按钮就可以了。

（2）解锁进路。当列车或调车车列驶过进路中的道岔区段后，进路中的道岔和经由该道岔的敌对进路，无需任何操作自动地逐段解锁，道岔与信号也自动恢复定位状况。

（三）继电联锁的主要优点

（1）继电联锁由于采用了轨道电路，严格实现进路控制过程的要求，具有较完善的安全功能，基本上能防止因违章或操作失误而造成的危及行车安全的事故。

（2）采用色灯信号机和电动转辙机，操作人员仅需在控制台上按压按钮就能办理或取消进路，操作简便，而且采用了逐段解锁方式，还可大大缩短进路的建立和解锁进路的时间。

（3）由于进路的排列和解锁都是自动进行的，行车人员的作业效率高、劳动条件好。

继电联锁性能较稳定，得到了普遍采用。但由于其继电器组成逻辑电路难以表达和实现

复杂的逻辑关系，因而功能不够完善，安全性尚有欠缺，不便于现代化信息网络联网，经济上没有优势，势必会被更高层次的联锁设备——计算机联锁取代。

三、计算机联锁

随着计算机技术的迅速发展，尤其是对于可靠性技术和容错技术的深入研究，计算机联锁正渐趋成熟并推广使用。车站联锁设备经历了从机械联锁到继电联锁的发展过程，现已有几千个国铁车站安装了计算机联锁设备。

（一）双机热备型计算机联锁

我国铁路使用的双机热备型计算机联锁，主要有 TYJL-Ⅱ型、DS6-11 型、JD-ⅠA 型和 CIS-1 型。现以 TYJL-Ⅱ型为例说明其系统的组成和结构。

TYJL-Ⅱ型计算机联锁系统为分布式多计算机系统，主要由以下几部分组成：监视控制机、联锁机、执表机、接口设备、防雷元件、电源系统、电务维护终端，另外根据需求设应急操作盘。其中监控机、联锁机、执表机均为双套，具有热备切换功能。其系统框图如图 5.16 所示。

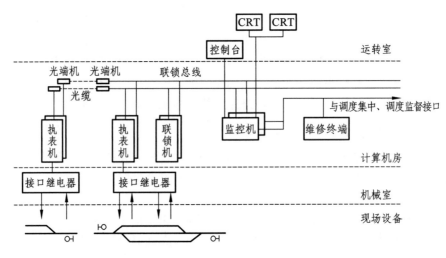

图 5.16　TYJL-II 型计算机联锁系统框图

系统（不包括现场设备）可划分为 3 个层次：监控机为上层，联锁机是核心层，第三层是继电接口电路。系统的上层使用通用的局域网实现各子系统之间的连接；监控机与控制台之间通过视频线等线缆和切换装置组成的专用显示和命令通道连接。监控机与联锁机、执表机之间通过专用的联锁总线实现安全信息的通信连接。联锁总线是实时的现场控制总线，是系统的核心。

TYJL-Ⅱ型计算机联锁系统是完整的双机系统，其切换控制基本上是依据系统的结构划分设计的，采用以子系统为单位可各自独立切换的工作方式。将切换单位适当划小，可使整个系统具有更高的可靠性，因为只要不是在互为备用的、相同的两个子系统内同时发生故障，就可以重构出一个可以正常工作的完整系统。

（二）三取二计算机联锁

为进一步提高我国计算机联锁系统的技术水平和可靠性，与国际铁路信号技术接轨，满足我国铁路列车速度不断提高、运行密度不断加大的要求，进行了三取二计算机联锁系统的研究。三取二计算机联锁系统采用三重系的容错计算机，具有高可靠、高安全、高可用性的优点。目前我国使用的有中国铁道科学研究院研制的 TYJL-TR9 型和通号公司研制的 DS6-20 型两种。

TYJL-TR9 型与 TYJL-Ⅱ型计算机联锁相比，最大的区别在于它从输入模块、主处理器模块到输出模块全面实现三重系，以保证系统中任何部分的单永久性故障或瞬间故障发生时系统仍能无差错、不间断工作。

TYJL-TR9 型容错计算机联锁系统有两种系统结构：集中式和网络式。对部分大站采用集中式结构，如图 5.17 所示。通过网络接口可与远程诊断、调度监督、DMIS、TMIS 等系统接口。

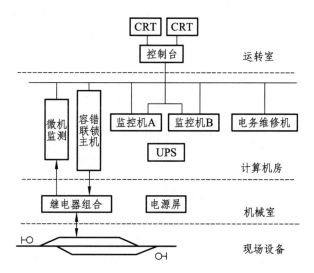

图 5.17 集中式容错计算机联锁系统结构框图

（三）二乘二取二计算机联锁

该计算机联锁系统的联锁机有两套，每套内有双 CPU，满足"故障-安全"要求。属于这类计算机联锁的有 EI32-JD 型计算机联锁和 DS6-K5B 型计算机联锁。

EI32-JD 型计算机联锁采用日本信号株式会社研制的硬件系统（EI32 电子联锁系统硬件），北京交通大学研制的软件系统。

1. 技术特点

（1）总线控制的双系统是二乘二取二结构，每个计算机系统由双 CPU 分别运算，比较一致后才作为该计算机系统的输出。

（2）采用"故障-安全"的操作系统 FSOS，在系统运行的每个周期都进行硬件单元诊断、ROM/RAM 诊断、内存保护诊断、运行周期监视，确保系统的安全性和实时性。

（3）采用"故障-安全"的输入系统。

（4）操作表示机双倍冗余，故障时能自动切换。

（5）联锁机、驱采机的通信采用局域网光接口，光缆通道双倍冗余，具有高速、高可靠性。

（6）驱动电路、采集电路双倍冗余，单路故障不影响系统工作；具有自诊断能力，出现故障立即报警或系统停止运行。

（7）系统直接驱动 JPXC-1000 型继电器，无需增加动态驱动电路。

2. 系统结构

EI32-JD 型计算机联锁系统属于分布式计算机控制系统，也称集散型测控系统，其特点是分散控制，集中信息管理。系统包括人机会话层（操作表示层）、联锁运算层、执行层。系统结构如图 5.18 所示。

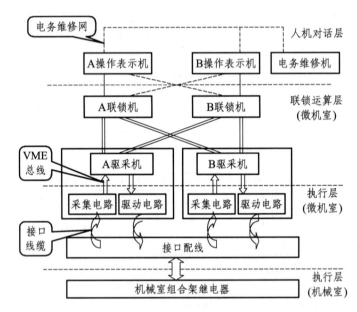

图 5.18　EI32-JD 型计算机联锁系统机构框图

在运转室，通过前台监视器、输入设备（鼠标）、音箱等为车站值班员（信号员）提供操作表示界面。还可以提供后台监视器，便于车站值班员监视前台操作及站场运行情况。

在微机室，有联锁机柜、综合机柜、电务维修终端。联锁机柜采用欧洲标准结构，机柜内有 24 V 开关电源、联锁机箱（包括 A 联锁机、B 联锁机、联锁机倒机单元）、驱动机箱（包括驱采机和驱动电路）、采集机箱（安装采集电路）以及和组合架间的配线接口。

综合机柜中有操作表示机、操作表示机倒机单元、网络集线器以及 UPS、隔离变压器。

电务维修终端用于电务维修人员查看电务维修信息，打印相关记录。电务维修终端包括电务维修机、23 英寸监视器、鼠标、打印机。

（四）用于平面调车的计算机联锁

平面调车区集中联锁（简称调车集中）是一种能满足各种平面调车作业的集中联锁新制式，它既保证了平面调车作业的安全，又提高了效率，填补了我国铁路平面调车集中的空白，弥补了一般电气集中不适应平面调车作业的缺陷。目前，编尾平面调车集中已有近 70 个采用了计算机联锁，占编尾平面调车集中的 70%。

1. 室外设备

（1）单钩溜放的室外设备。单钩溜放，室外不增加任何设备，只是调车信号机月白闪光显示。进行溜放作业时，调车信号机显示月白闪光，它指示溜放进路一直锁到股道，有退路锁闭，允许机车后退。当车列在调车信号机前和内方第一个区段分钩后，调车信号机自动关闭。溜出车组后，即使车列占用接近区段，溜放进路也能随着溜放车组的通过逐段解锁。

（2）连续溜放的室外设备。用于连续溜放的区域，分路道岔要采用快动转辙机，并有道岔位置表示器。轨道电路采用高分路灵敏度轨道电路。

为分解溜放车组，判定分钩地点，将轨道电路划分为不小于 11 m（岔前保护区段所需长度），不大于 21.4 m（车组间距所需长度）的连续小区段。当车列分钩甩出一个车组，在车列和车组间出现一个空闲区段时，利用轨道电路动作记录分钩。

为保证道岔不中途转换，采用测速延时转换道岔方式（利用保护区段测速，根据不同速度的车组离开保护区段后，经不同的延时后转换道岔）和双区段锁闭方式（有车占用保护区段时不能转换道岔）。

为防止前缓后快两车组追钩而发生侧面冲突，有车组测速。

溜放方向的调车信号机，当其前方有车时，自动开动溜放信号（月白闪光），车列越过该信号机后，自动关闭信号。而股道上或退路方向的调车信号机，当车列完全进入股道或退路方向调车信号机外方后，经检查通向牵出线进路空闲、道岔位置正确并锁闭后自动开放。机车后退跨过信号机时，自动关闭信号。

2. 室内设备

目前发展的平面调车集中联锁即为带平面溜放功能的计算机联锁，它既完成车站的联锁功能，又具有单钩溜放和连续溜放功能。硬件设备就是计算机联锁的设备，只是控制台上还设有溜放用的按钮和表示灯。它和一般的计算机联锁的不同之处，就是必须编制进路命令程序和溜放程序。进路命令程序完成进路命令的储存、检查、修改、增加、删除和取消。溜放程序用以建立溜放作业方式；确定分钩地点；在溜放车组的作用下输出、执行道岔控制代码；进行溜放追踪，判定二次分钩（对于多组溜放）、追钩、错道等；预测侧冲报警和实现侧冲防护；控制溜放过程中的转线及折返。

第三节　闭塞设备

闭塞一词的本意就是封闭、隔绝之意，行车工作中的闭塞是指列车进入区间后，区间两端车站都不再向这一区间发车，以防止对向列车相撞和同向列车追尾。为实现"在同一个区间（闭塞分区）内，同一时间只允许一列车占用"而设置的铁路信号设备即为闭塞设备。

现行采用的闭塞制度为空间间隔法。空间间隔法控制两运行列车之间保持一定的距离，将铁路线路划分为若干个独立区间（称为"闭塞区间"），一个区间同时只允许一列列车运行。与时间间隔法相比，通过闭塞设备基本保障了安全，是一个很大的进步。

我国《铁路技术管理规程》规定行车的基本闭塞方法有半自动闭塞、自动闭塞。在实行上述闭塞方法时，需要装设相应的闭塞设备。当基本闭塞方法因故不能使用时，应根据调度命令采用电话闭塞作为代用闭塞方法。

一、半自动闭塞

在单线区段，一般采用半自动闭塞，繁忙区段可根据情况采用自动闭塞。

（一）采用半自动闭塞时列车占用区间的凭证

为了实现在同一时间一个区间只能有一列车占用，司机必须取得进入这一区间的行车凭证，才有权向该区间发车。因此，对于行车凭证必须严格控制。

采用半自动闭塞时，以出站信号机或通过信号机的进行显示作为列车占用区间的凭证。出站信号机不仅要和发车进路上的有关道岔互相联锁，而且要受闭塞机的控制。

（1）在单线铁路上，相邻两站的出站信号机，即使在发车进路已经准备妥当的条件下也不能任意开放。只有在区间空闲，取得对方车站值班员的同意，并办理必要的闭塞手续之后，发车站的出站信号机才能开放。

（2）当列车从车站出发进入区间，出站信号机就自动恢复定位。双方的闭塞机都处于闭塞状态，这时，两个车站的出站信号机都不可能开放。

（3）只有当列车到达对方站，使闭塞机复原以后，才可能为下一列车办理闭塞手续，并办理相关进路。

由于这种闭塞制度既需要人工操纵，出站信号机又具有自动恢复定位的特性，所以叫作半自动闭塞。

（二）半自动闭塞的主要设备

我国铁路上普遍采用的是继电半自动闭塞，主要有 64D 和 64F 两种型号。64D 型单线半自动闭塞（见图 5.19），其设备主要有：

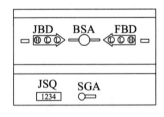

（a）操纵箱面板示意图

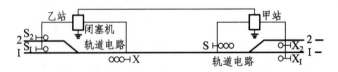

（b）半自动闭塞设备的锁闭关系示意图

图 5.19　半自动闭塞设备及锁闭关系示意图

1. 操纵箱

半自动闭塞的操纵元件（包括按钮、电铃和表示灯等），可以和联锁设备的操纵元件组装在同一个操纵台上，也可以单独设一个闭塞设备的小型操纵箱。

在小型操纵箱面板上，有闭塞按钮（BSA）、接车表示灯（JBD）、事故按钮（SGA）和计数器（JSQ），为车站值班员随时了解区间的占用情况和办理闭塞、复原等手续之用。

2. 继电器箱

两个相邻车站各有一个继电器箱，并用外部电线互相连接。闭塞设备的继电器都集中地设在箱内。

两个车站的出站信号机均受两站闭塞设备的继电器控制，只有当两站办理了必要的闭塞手续，使发车站继电器箱内的开通继电器吸起，才能在发车进路准备妥当的情况下，开放发车站的出站信号机。

3. 轨道电路

为了检查列车的出发和到达，在车站出站咽喉的外面至进站信号机内方，设有一段轨道电路。

出发列车经过出站信号机进入轨道电路区段时，由于轨道继电器的动作，使得开通继电器失磁落下，出站信号机自动关闭。

此外，继电半自动闭塞还必须有相应的电源设备。

（三）半自动闭塞的办理手续

现以 64D 型单线继电半自动闭塞设备为例，简单说明其办理手续。

1. 正常办理

设甲站为发车站，乙站为接车站，甲站值班员用闭塞电话征得乙站值班员同意后，还要办理如下手续（以图 6.9 中 I 道发车为例）：

（1）甲站值班员按压闭塞按钮，乙站铃响，接车表示灯亮黄灯；甲站铃响，发车表示灯也亮黄灯。

（2）乙站值班员按压闭塞按钮，甲站铃响，甲站发车表示灯和乙站接车表示灯都由黄灯改亮绿灯。

（3）甲站值班员准备发车进路，出站信号机 X_1 开放。

（4）列车出站，进入轨道电路区段后，出站信号机 X_1 自动关闭，乙站铃响。这时，甲站发车表示灯和乙站接车表示灯都由绿变红，表示区间已有列车占用。甲站值班员将手柄恢复定位，并用电话通知乙站列车出发。

（5）乙站值班员排列接车进路，进站信号机 X 开放。

（6）当列车进入乙站轨道电路区段时，乙站接车表示灯也亮红灯，表示列车到达（进站信号机自动恢复定位）。

（7）乙站值班员确认列车全部到达以后，将手柄恢复定位（进站信号机恢复定位），拔出闭塞按钮，接车表示灯即熄灭，乙站闭塞设备复原。甲站铃响，闭塞设备复原。

在有的半自动闭塞设备上还设有预办设备。有了预办设备，乙站就可以在甲站办理闭塞以后，预先为乙站发车同甲站办理手续。等甲站的列车到达乙站并办完复原手续后，就会自动完成乙站向甲站开车的闭塞手续，节省了时间，同时也提高了区间通过能力。

2. 正常取消复原

在办理闭塞的过程中或办理闭塞手续以后，如甲站由于某种原因不能发车时，只要甲站尚未开放出站信号机（在电气集中车站，则允许开放出站信号机），经过双方同意，甲站拉出闭塞按钮（当设有取消按钮时按压取消按钮），乙站铃响，两站的闭塞设备就恢复原状。

3. 事故取消复原

当闭塞设备断电后恢复供电时，或由于轨道电路发生故障和其他原因使闭塞设备不能正常复原时，经两站值班员一致同意，并共同确认区间内没有列车时，由发生故障的车站值班员办理事故取消复原：启开事故按钮的铅封，按下事故按钮，两站的闭塞设备就可以复原。

二、自动闭塞

自动闭塞是由运行中的列车自动完成闭塞任务的一种设备。将两个相邻车站之间的区间正线划分成若干个小段——闭塞分区（其长度一般为 1 200～1 300 m），每个分区的起点设置一个通过信号机进行防护。由于闭塞分区内装有轨道电路，因而能够正确反映列车的运行情况和钢轨是否完整，并及时传给通过信号机显示出来，列车运行安全有了进一步的保证。由于通过色灯信号机的显示是随着列车的运行由列车自动控制的，不需要人工操纵，所以叫自动闭塞。

（一）我国自动闭塞的发展

20 世纪 90 年代以来，我国自动闭塞取得了飞速发展，2008 年底，我国铁路现有自动闭塞 26 526 km，复线铁路中安装自动闭塞的已占 88%。

在京广线郑武段电气化工程中，引进了法国的 UM71 自动闭塞，并进行了二次开发，以适应我国铁路客货混运、股道没有保护区段等特点。在 UM71 国产化的进程中，我国自行开发具有自主知识产权的自动闭塞 WG-21A 和 ZPW-2000A 型无绝缘移频自动闭塞。WG-21A 型在 UM71 的基础上，用单片机和数字信号处理技术代替晶体管分立元件，提高了系统的可靠性。

ZPW-2000A 型对 UM71 进行了重大改进，除采用单片机和数字信号处理技术外，还解决了调谐区断轨检查、谐振单元断线、调谐区死区长度以及拍频干扰等技术难题，是目前性能最为先进的制式。

新一代的国产移频自动闭塞还有 8 信息的 ZP·Y1-8 型、ZP·Y1-18 型、ZP·Y2-18 型和 ZPW-18 型。8 信息移频自动闭塞采用集成电路，18 信息移频自动闭塞采用单片机和数字信号处理技术。但 8 信息、18 信息移频自动闭塞由于载频选择、调制频偏的固有缺陷，使得轨道电路存在传输特性差、邻线干扰、半边侵入等问题，尤其是没有断轨检查功能，必须进行技术改造。

在铁路跨越式发展的进程中，要以机车信号主体化和列车超速防护为重点，以适应提速、高速需求为目标，构建我国铁路的列车运行控制系统。ZPW-2000A 型自动闭塞，有较高的安全度，可靠的分路保证，具有断轨检查功能，能抗电气化大电流干扰，传输特性好，适用于无缝线路、双方向、四显示以及发展列车自动制动的要求。因此，采用 ZPW-2000 系列统一我国铁路自动闭塞制式，是今后一个时期自动闭塞发展的基本技术趋势。

（二）自动闭塞分类

1. 单向自动闭塞和双向自动闭塞

自动闭塞按行车组织方法可分为单线双向自动闭塞、双线单向自动闭塞和双线双向自动闭塞。

在单线区段，既要运行上行列车又要运行下行列车。为了调整双方向列车的运行，在线路两侧都要装设通过信号机，这种自动闭塞称为单线双向自动闭塞。

在双向区段，以前多采用单方向运行的方式，即一条线路只允许上行列车运行，而另一条线路只允许下行列车运行。为此，对于每条铁路线仅在一侧设通过信号机，这样的自动闭塞称为双线单向自动闭塞，如图 5.20 所示。

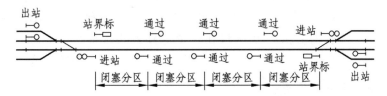

图 5.20　双线单向自动闭塞示意图

为了充分发挥铁路线路的运输能力，在双向区段的每条线路上都能双方向运行列车，这样的自动闭塞称为双线双向自动闭塞。其地面通过信号机的设置同双线单向自动闭塞，仅在基本运行方向侧设置地面通过信号机。

2. 三显示和四显示自动闭塞

三显示自动闭塞的通过信号机有 3 种显示，能预告列车运行前方两个闭塞分区的状态，它使列车经常按规定速度在绿灯下运行，并可得到运行前方通过信号机显示的预告。基本上能满足运行要求，又能保证行车安全，因此在列车未提速前应用广泛。

列车在三显示自动闭塞区段运行，越过显示黄灯的通过信号机时开始减速，至次架显示红灯的通过信号机前停车，因此要求每个闭塞分区的长度绝对不能小于列车的制动距离。随着列车速度和密度的不断提高，在一些繁忙的客货混运区段，各种列车运行的速度和制动距离相差很大，三显示自动闭塞不能解决这一矛盾，所以必须采用四显示自动闭塞。

四显示自动闭塞是在三显示自动闭塞的基础上增加一种绿黄显示，如图 5.21 所示。它能预告列车运行前方 3 个闭塞分区的状态。高速列车以规定的速度越过绿黄显示的通过信号机后必须减速，以使列车在抵达黄灯显示的通过信号机时不大于规定的允许速度，保证在显示红灯的通过信号机前停车。而对于低速、制动距离短的列车越过绿黄显示的通过信号机后不减速。

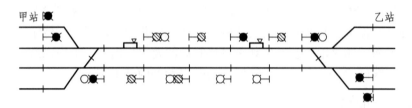

图 5.21 四显示自动闭塞原理图

由于增加了绿黄显示，加大了前方预告信息，使得提速列车的制动距离用 2 个闭塞分区来保证，未提速列车的制动距离仍用 1 个闭塞分区来保证，从而圆满地解决了提速带来的效率与安全的矛盾。

3. 轨道电路自动闭塞和计轴自动闭塞

自动闭塞按监测列车完整性和运行位置的方式可分为轨道电路方式和计轴器方式两大类。计轴式自动闭塞采用在闭塞的入口和出口装设车轮感应器，当离开分区的列车轴数与进入分区的列车轴数相等时，也就意味着列车占用过该分区并且已经完整离开，现处于空闲状态；反之则意味着该分区存在车辆占用状态。计轴式自动闭塞是非连续检查列车完整性与运行位置的方式，我国仅在轨道电路方式不能可靠运用的线路上有少量发展。

4. 有绝缘和无绝缘自动闭塞

自动闭塞按采用轨道电路的不同，分为有绝缘和无绝缘轨道电路。传统的自动闭塞在闭塞分区分界处均设有钢轨绝缘，以分割各闭塞分区。但钢轨绝缘的设置不利于线路向长钢轨、无缝化发展，钢轨绝缘损坏率高，影响了设备的稳定工作，且增加了维修工作量和费用。尤其是电气化区段，牵引电流为了通过钢轨绝缘，必须安装扼流变压器，缺点更显著。无绝缘轨道电路分为谐振式和感应式两种，取消了区间线路的钢轨绝缘，是今后自动闭塞发展的方向，可以满足铁路无缝化、电气化发展的需要。

三、ZPW-2000A 型无绝缘自动闭塞

（一）系统构成

ZPW-2000A 型无绝缘自动闭塞系统有电气-电气绝缘节（JES-JES）结构和电器-机械绝缘节（JES-BA//SVA'）结构两种。两者电气性能相同，现以后者为例予以介绍，其系统构成如图 5.22 所示。

ZPW-2000A 型无绝缘轨道电路将轨道电路分为主轨道电路和调谐区短小轨道电路两个部分，并将短小轨道电路视为列车运行前方主轨道电路的所属"延续段"。

发送器同时向线路两侧主轨道电路、小轨道电路发送信号。

接收器除接收本主轨道电路频率信号外，还同时接受相邻区段小轨道电路的频率信号。接收器采用 DSP 数字信号处理技术，将接收到的两种频率信号进行快速傅氏变换（FFT），以获得两种信号能量谱的分布。

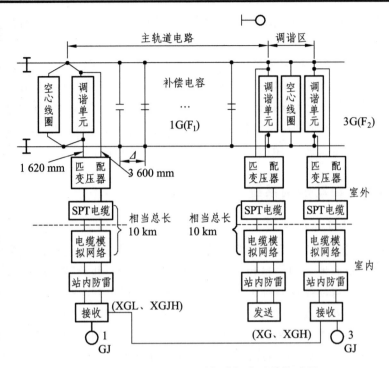

图 5.22　ZPW-2000A 型自动闭塞系统构成图

上述"延续段"信号由运行前方相邻轨道电路接收器处理，并将处理结果形成小轨道电路轨道继电器执行条件（XG、XGH）送本轨道电路接收器，作为轨道继电器（GJ）励磁的必要检查条件（XGJ、XGJH）之一。

这样，接收器用于接收主轨道电路信号，并在检查所属调谐区短小轨道电路状态（XGJ、XGJH）条件下，动作本轨道电路的轨道继电器（GJ）。另外，接收器还同时接收邻段所属调谐区小轨道电路信号，向相邻区段提供小轨道电路状态（XG、XGH）条件。

（二）系统设备

1. 室外设备

ZPW-2000A 型自动闭塞室外设备包括电气绝缘节、电气-机械绝缘节、匹配变压器、补偿电容电缆和引接线。电器绝缘节用于实现两轨道电路的电气隔离；机械绝缘节空心线圈设在进、出站口处，为取得与电气绝缘节同样的电气性能，空心线圈参数根据传输通道参数和载频频率设计；补偿电容器可以保证轨道电路传输距离，保证接收端信号有效信干比和对断轨状态的检查。

2. 室内设备

ZPW-2000A 型自动闭塞室内设备包括发送器、接收器、衰耗器、发送检测盘和电缆模拟网络等。发送器、接收器、衰耗盘、发送监测盘安装在移频柜上，电缆模拟网络等安装在综合柜上。

（1）移频柜。分为区间移频柜和站内移频柜。区间移频柜供区间自动闭塞用，一个区间移频柜含 10 套 ZPW-2000A 自动闭塞设备，每套设备包括发送器、接收器、衰耗器各一个以及相应的零层端子板和断路器。按组合方式配备，每架 5 个组合，每个组合内接收器按对构成双机并用。

站内移频柜供站内轨道电路电码化用，一个站内移频柜含 10 套 ZPW-2000A 站内电码化设备，每套设备包括发送器一个以及相应的零层端子板和断路器。按组合方式配备，每架 5 个组合。两个发送器合用一个发送检测盘，构成一个组合，分别监测上下两个发送器。

（2）综合柜。综合柜（网络接口柜）用来安装站防雷和电缆模拟网络、各种防雷组合单元（如灯丝防雷组合单元等）、站内隔离器托架和继电器组合。

四、列车运行自动控制系统

1. 列控系统的速度控制模式

列车运行自动控制系统就是对列车运行全过程或一部分作业实现自动控制的系统。其特征为：列车通过获取地面的信息和命令，控制列车运行，并调整与前行列车之间必须保持的距离。列车运行自动控制系统（简称列控系统）是保证列车按照空间间隔法运行的技术方法，它是靠控制列车运行速度的方式来实现的。运行列车之间必须保持的空间间隔首先是满足制动距离的需要，当然还要考虑适当的安全余量和确认信号时间内的运行距离。所以根据列控系统采取的不同控制模式会产生不同的闭塞制式。列车的追踪运行间隔越小，运输能力就越大。

从速度控制方式角度来看，对列车运行自动控制可分为以下几种模式：分级速度控制、目标距离速度控制。

2. 列控系统的系统构成

研发制造了适应我国铁路运输特点和具有自主知识产权的 CTCS-2 列控系统和列控中心设备，完成了列控车载设备、地面设备的技术引进、消化吸收和功能提升，实现了与国内设备的系统集成；在既有线时速 200 km 及以上线路采用 GSM-R 系统，实现了调度无线通信和数据传输；在繁忙干线上采用分散自律调度集中系统（CTC），实现了调度对列车运行的直接指挥和远程控制；在主要干线覆盖列车调度指挥系统（TDCS），实现了铁路总公司、铁路局运输调度对列车运行的透明指挥和对运行图的实时调整。我国编制的中国列车运行控制系统（简称 CTCS）的技术规范，着手全力发展和装备列车运行控制系统。CTCS 技术规范是参照欧洲列车运行控制系统（简称 ETCS）编制的。以下的介绍将以 CTCS 为主。

CTCS 系统有两个子系统，即车载子系统和地面子系统。

地面子系统可由以下部分组成：应答器、轨道电路、无线通信网络（GSM-R）、列车控制中心（TCT）/无线闭塞中心（RBC）。其中 GSM-R 不属于 CTCS 设备，但是其重要组成部分。

应答器是一种能向车载子系统发送报文信息的传输设备，既可以传送固定信息，也可连接轨旁单元传送可变信息。

轨道电路具有轨道占用检查、沿轨道连续传送地车信息功能，应采用 UM 系统轨道电路或数字轨道电路。

　　无线通信网络（GSM-R）是用于车载子系统和列车控制中心进行双向信息传输的车地通信系统。

　　列车控制中心是基于安全计算机的控制系统，它根据地面子系统或来自外部地面系统的信息，如轨道占用信息、联锁状态等产生列车行车许可命令，并通过车地信息传输系统传输给车载子系统，保证列车控制中心管辖内列车的运行安全。

　　车载子系统可由以下部分组成：CTCS 车载设备、无线系统车载模块。

　　CTCS 车载设备是基于安全计算机的控制系统，通过与地面子系统交换信息来控制列车运行。

　　无线系统车载模块用于车载子系统和列车控制中心进行双向信息交换。

　　CTCS 系统结构示意图如图 5.23 所示。

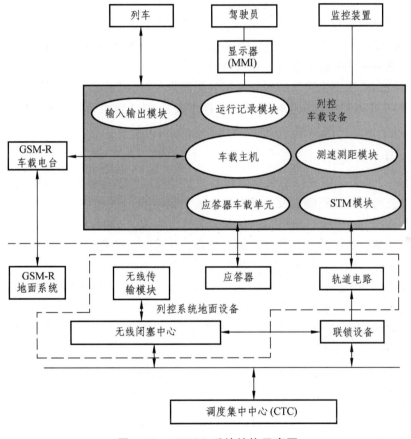

图 5.23　CTCS 系统结构示意图

第四节　行车调度指挥自动化系统

　　利用现代计算机、通信、信息、控制及决策系统，实现对列车远程实时监视、追踪、控制和管理，是行车调度指挥自动化的主要内容。主要包括列车运行计划编制和调整、列车运行监视和管理以及列车运行控制三大部分。其中前两部分是列车调度指挥系统（TDCS，即

DMIS）的主要内容，而列车运行控制则是调度集中的核心。因此，行车调度指挥自动化系统主要是由 DMIS 和调度集中系统构成的。

一、行车调度指挥自动化系统的发展

国内外铁路行车调度指挥自动化系统的发展历程，从技术上可以划分为继电器式、全电子化、微机化和计算机网络集成 4 个阶段。从功能上可划分为调度监督、调度集中及综合调度管理 3 种类型。总的来看，我国铁路行车调度指挥自动化系统的发展经历了传统调度集中和调度监督、DMIS 和新一代分散自律调度集中 3 个阶段。

1. 传统调度集中和调度监督技术的发展

调度监督和调度集中通过对车站信号设备状态的集中表示和控制，可以使调度员直观地掌握所辖区段列车的运行状况，从而起到提高运输效率、减轻劳动负荷及改善劳动条件的目的。随着计算机技术、通信技术和智能决策技术的发展，调度监督/调度集中系统逐步向综合化、智能化和网络化的大型信息管理系统发展。

但是，传统调度集中仍然没有很好地解决调车作业对行车的影响，因而没有得到应有的发展。1995 年，我国开始研制 DMIS 系统，调度监督/调度集中系统开始走向综合化、智能化和网络化。

2. DMIS 技术的发展

DMIS 是一个覆盖全国铁路的大型网络系统，是我国铁路运输调度指挥现代化建设的标志，由铁路总公司、各铁路局以及基层车站构成三级网络，将传统的以车站为单位的分散信号系统逐步改造成为一个全国统一的网络信号系统，实现全国铁路系统内有关列车运行、数据统计、运行调整及数据共享、自动处理与查询，从根本上改变了我国铁路信号在调度指挥手段、行车控制技术和信号技术设备功能等方面的落后面貌。

DMIS 的完成经历了 3 个时期。DMIS 一期工程，大多系统只是调度监督系统简单的规模扩展，在计算机辅助调度和运输管理模式方面没有形成突破。DMIS 二期工程在一期工程的基础上，于 2003 年 7 月全面建成第一个覆盖全局（兰州铁路局）的五全（全局全覆盖、功能全实现、系统全脱图、调度集中全开通）系统，为 DMIS 的发展开创了崭新的局面。DMIS 三期工程于 2007 年完成，覆盖全路 70 多条干线、全部路局、主要港口、口岸和大型企业等。

3. 新一代分散自律调度集中及发展

分散自律调度集中系统是综合了计算机技术、网络通信技术和现代控制技术，采用智能化"分散自律"设计原则，以列车运行调整计划控制为中心，兼顾列车与调车作业的高度自动化的调度指挥系统。分散自律调度集中系统采用计算机分布式网络控制技术、信息化处理技术，将列车运行调整计划下传到各个车站自律机中自主自动执行。在列车运行调整计划的基础上，解决列车作业与调车作用在时间与空间上的冲突，实现列车和调车作业的统一控制。

2003 年 8 月，我国正式开始研制新一代分散自律调度集中系统。2003 年 11 月，第一套新一代分散自律调度集中系统（FZk-CTC）在青藏公司西宁—哈尔盖调度区段投入试运行。2004 年 5 月通过铁道部技术审查，全面投入正式运用。

新一代分散自律调度集中系统是建立在 DMIS 技术平台上的自动控制系统，它的设计在世界上是独一无二的，具有世界先进水平。新一代分散自律调度集中系统的投入运用，标志着我国在行车调度指挥自动化领域进入了世界先进行列。

二、新一代分散自律调度集中系统

分散自律概念最初源自日本东京圈城市铁路控制系统。由于日本是地震多发国家，为了保证控制中心在遭受地震袭击瘫痪后，车站还能在一定时间内正常地接发列车，从而特别在车站设立了自律计算机，通过接收控制中心下达的运行计划，在和控制中心通信中断后自行接发列车。

为了解决行车和调车相互干扰的问题，系统必须实现在不影响列车运行的原则下，允许控制中心和车站通过调度集中系统自主进行调车的功能。这对于调度集中系统来讲是一种功能的分散，不同于传统意义上的调度集中系统的集中控制，而是出现了分布式控制的功能。因此，如果通过在车站设立自律机来完成按列车运行计划和《站细》进行正常接发列车作业并完成协调列车和调车冲突的功能，将完全可以实现列车和调车作业的统一控制。

（一）分散自律调度集中系统的整体结构

1. 系统硬件结构

分散自律调度集中系统控制中心一般设在铁路局调度所，负责控制整个调度区段列车的运行。如图 5.24 所示，控制中心主要由数据库服务器、CTC 应用服务器（双机热备型）、通信前置服务器、大屏显示系统、行调工作站、助理调度员工作站、综合维修工作站、CTC 维护工作站、网管工作站、打印设备、远程维护接入、TMIS 接口计算机以及局域网等设备组成。

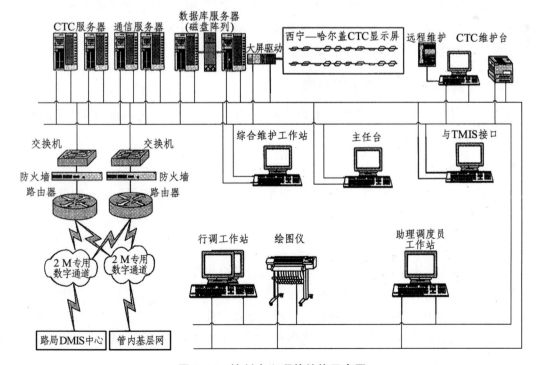

图 5.24　控制中心硬件结构示意图

车站系统主要设备包括车站自律机、车务终端、打印机、综合维修终端、电务维护终端、网络设备、电源设备、防雷设备、联锁系统接口设备和无线系统接口设备等,如图 5.25 所示。

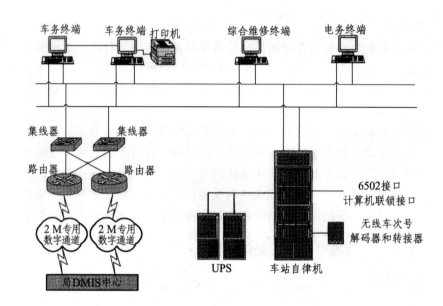

图 5.25　车站系统硬件结构示意图

2. 系统软件结构

分散自律调度集中系统的软件主要包括: 通信服务子系统、信息表示子系统、自律控制子系统、控制计划编制子系统、列车控制子系统、调车控制子系统、综合维修子系统、车务终端子系统、网络安全防护子系统和车地信息传输系统等。

(二)分散自律调度集中系统功能

分散自律调度集中系统涵盖了 DMIS 的所有功能,在此基础上还具备调度集中的控制功能和分散自律控制等特点。

1. 行车调度功能

在 DMIS 的基础上,分散自律调度集中系统还具备列车进路和调车进路的自动/人工排路,从而实现了行车指挥自动化。

2. 控制模式

分散自律调度集中系统具有两种控制模式:分散自律控制模式和非常站控模式。

分散自律控制的基本模式是用列车运行调整计划自动控制列车运行进路,同时在分散自律条件下调度指挥中心具备人工办理列车、调车进路功能,车站具备人工办理调车进路的功能。分散自律控制模式从进路控制的方式出发,定义了两种进路控制方式:计划控制方式和人工按钮控制方式。

当分散自律调度集中系统故障或发生其他紧急情况时，车站操作员可以按下 6502 控制台上的紧急站控按钮，切断分散自律调度集中系统控制输出继电器的电源，直接通过控制台按钮进行控制。此种方式为非常站控模式。

3. 列车计划和列车进路控制功能

分散自律调度集中系统的进路控制功能包括列车进路的控制和调车进路的控制。列车进路的控制分为自动按图排路和人工排路。

当系统处于自控状态时，即自动按图排路状态，自律机能按阶段计划自动排列列车进路。当计划中的接车股道安排不当时，自律机能够给出报警，由人工修改；当接车进路存在变更进路时，自律机选基本进路；当接车进路有延续进路时，自律机自动选排延续进路。人工可修改计划中的股道安排。

4. 调车计划和调车进路控制功能

调车计划的制订和调车进路的控制纳入到调度集中系统，是新一代分散自律调度集中系统的特点之一。调度指挥中心的助理调度员负责编制无人车站的调车作业计划，系统监测调车进路的办理与列车计划的冲突，一旦监测有冲突，弹出对话框报警，并询问是否继续办理。

5. CTC 显示及控制功能

对于双线自动闭塞无人车站，在通信中断且未转为非常站控模式前，车站自律机按原已收到的列车运行调整计划和列车实际运行情况继续自动执行；列车运行调整计划执行完毕后，通信仍未恢复正常的，系统将该站设置为自动通过状态。

6. 综合维修管理

系统在中央设置综合维护工作站，主要用于设备日常维护、天窗修、施工以及故障处理方面的登、销记手续办理，并具有设置临时限速，区间、股道封锁等功能。

7. 系统维护监视

具备可视化的维护环境，可对系统进行全面监视，全面记录管理系统报警和内部时间以及操作员和维护人员的任何操作。

复习与思考题

1. 信号与通信设备有何作用？铁路信号设备分为哪几类？其特点是什么？
2. 简述进站、出站、通过信号机的用途及显示方式，并图示各信号的设置地点。
3. 道岔表示器、警冲标、预告标的作用是什么？其具体设置在何地点？
4. 什么是联锁？联锁设备应满足什么要求？
5. 继电联锁的主要设备有哪些？各起什么作用？继电联锁有哪些优缺点？
6. 绘图说明直线地段轨道电路的组成和基本原理？

7. 什么是闭塞？继电半自动闭塞有什么优缺点？

8. 为什么说四显示自动闭塞能更大地提高区间通过能力？

9. 什么是调度集中？它有哪些功能？

10. 列车调度指挥系统（DMIS）的三层指挥体系各自的功能是什么？

11. 什么是分散自律原则？

12. 新一代分散自律调度集中系统的功能有哪些？

第六章　铁路车站

第一节　车站基础知识

车站既是铁路办理客、货运输的基地，又是铁路运输的基层生产单位。在车站上，除了办理旅客与货物运输的各项作业外，还要办理与列车运行有关的作业，如列车的接发、会让与越行，车列的解体与编组，机车的换挂与整备，车辆的检修等。

一、车站的定义及分类

（一）车站的定义

为了保证行车安全和必要的线路通过能力，以满足人们对运输的需要，铁路上每隔一定距离需要设置一个车站。两相邻车站间的线路称为区间。而车站就成为相邻区间之间的分界点，因此，区间和分界点是组成铁路线路的两个基本环节。如图 6.1 所示，图中甲、乙、丙、A、B、C、D、E、F、G、H 车站都是分界点。

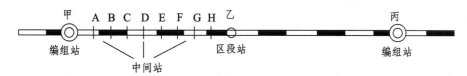

图 6.1　铁路线路车站示意图

车站上除了正线以外，还配有其他线路（到发线、调车线、牵出线、货物线及站内指定用途的其他线路等），所以把车站定义为在铁路线上设有配线的分界点。此外，还有无配线的分界点，它包括非自动闭塞区段两车站间设置的线路所和自动闭塞区段两车站间划分为若干个闭塞分区处所设置的通过色灯信号机。车站与车站之间的区间称为站间区间（见图 6.2）；车站与线路所之间的区间称为所间区间（见图 6.3）；自动闭塞区段上通过色灯信号机之间的段落称为闭塞分区（见图 6.4）。

图 6.2　单线铁路站间区间

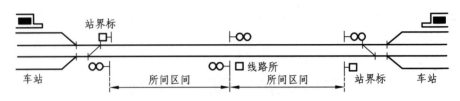

图 6.3　双线铁路所间区间

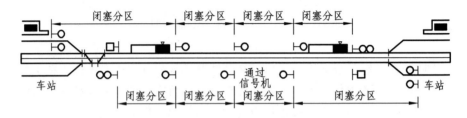

图 6.4　双线铁路自动闭塞分区

区段是指两相邻技术站间，包含若干个区间和分界点的铁路线段。区段的长度一般取决于牵引动力的种类或路网状况。

（二）车站的分类

截止 2014 年底，全路共有车站 5 255 个，其中，特等站 53 个、一等站 243 个、二等站 437 个、三等站 910 个。车站中，办理客运业务的 1 530 个，办理货运业务的 2 796 个，办理集装箱业务的 426 个。这些车站因所担负的任务量、业务性质和技术作业的类型不同，而有不同的分类。

1. **按业务性质分**

车站按业务性质可分为客运站、货运站、客货运站和不办理客、货运业务的车站。

客运站是专门办理售票、行李与包裹送运、旅客乘降等客运业务和旅客列车的始发、终到、技术检查等行车工作以及客车整备等作业的车站，通常设在作为全国或地区政治、经济、文化中心的大城市和旅游胜地等有大量旅客出行、中转和到达的地点，如北京、北京西、上海、广州、郑州、西安等车站。

货运站是专门办理货物承运、交付、中转、装卸和货物列车到发、车辆取送，以及货物联运、换装等作业的车站，一般设在大城市、工矿地区和港口等有大量货物装、卸和中转的地点，如广安门、上海东、郑州东等车站。

客货运站是既办理客运业务又办理货运业务的车站，我国绝大多数车站都属于客货运站。

此外，路网上还有一部分不办理客运业务、也不办理货运业务，专为列车交会和越行而设立的车站，称为会让站（单线）和越行站（双线）。

2. **按技术作业性质分**

车站按技术作业性质可分为编组站、区段站和中间站。

（1）编组站。编组站通常设置在大城市或大厂矿所在地或衔接3个及以上方向铁路线、有大量车流集散的地点，其主要工作是改编车流，即解体和编组各种货物列车，以及机车换挂、整备，乘务组换班，列车的技术检查、车辆检修等。

（2）区段站。区段站设在机车牵引区段的分界处，它的主要工作是办理货物列车的中转作业，进行机车的更换或机车乘务组的换班，以及解体、编组区段列车和摘挂列车。

由于区段站和编组站拥有较多的技术设备，并主要办理货物列车和车辆的技术作业，故又统称为技术站。铁路线以技术站划分为区段。

（3）中间站。中间站是为沿线城乡人民及工农业生产服务，提高铁路区段通过能力，保证行车安全而设的车站。一般设在技术站之间区段内或支线上，它主要办理列车的接发、会让和越行、摘挂列车的调车作业以及客货运业务。有些中间站还办理市郊列车的折返和列车的始发和终到作业。

3. 按客货运量和技术作业量的大小分

无论哪种车站，按照所担负的任务量及在国家政治、经济中的地位，车站共分为特等站，一、二、三、四、五等站6个等级。车站数量每年都在变化中，当新线开通时，会增加若干车站；当旧线改造后，也可能减少若干车站。核定车站等级应依据《铁路车站等级核定办法》相关规定。车站等级是车站设置相应机构和配备定员的依据。

二、车站线路种类与线间距

1. 车站线路种类

车站应设有正线，根据车站作业的需要还需配置各种用途的站线，正线是直接与区间连通的线路；站线包括到发线、牵出线、调车线、货物线及站内指定用途的其他线，如图6.5所示。

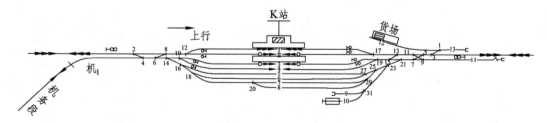

图6.5　车站线路图

1、3—到发线；Ⅱ—正线；4、5、6、7、8—调车线；9、10—站修线；
11、13—牵出线；12—货物线；机₁—机车走行线

到发线：用于接发旅客列车与货物列车的线路；
牵出线：用于进行调车作业时将车辆牵出的线路；
货物线：用于货物装卸作业时货车停留的线路；
调车线：用于车列解体和编组并存放车辆的线路。
站内指定用途的其他线路主要有机车走行线、车辆站修线、驼峰迂回线及驼峰禁溜线等。

此外有些车站还连接有某些段管线和特别用途线。所谓段管线是指机务段、车辆段、工务段、电务段等专用并由其管理的线路;特别用途线是指安全线和避难线。岔线、段管线与正线、到发线接轨时,均应铺设安全线。为防止在长大下坡道上失去控制的列车发生冲突或颠覆,应根据线路情况,计算确定在区间或站内设置避难线。

2. 线间距

线间距是指相邻两线路中心线间的距离(简称线间距),它一方面要保证行车及车站工作人员进行有关作业的安全与便利性,另外还要考虑通行超限货物列车和在两线间装设行车设备的需要。

线间距的大小通常由机车车辆限界、建筑限界、超限货物装载限界、设置在相邻线路间有关设备的计算宽度、在相邻线路间办理作业的性质等因素确定。

在新建或改建车站时,线路的直线地段,站内两相邻线路中心线的间距应满足表6.1、表6.2所列数值。

表 6.1　客货共线铁路线间距

顺序	名　　　称			线间最小距离/mm
1	区间双线	$v \leqslant 120$ km/h		4 000
		120 km/h $< v \leqslant 160$ km/h		4 200
		160 km/h $< v \leqslant 200$ km/h		4 400
2	三线及四线区间的第二线与第三线			5 300
3	站内正线			5 000
4	有列检作业或上水作业	无列检作业		5 000
		$v \leqslant 120$ km/h	一般	5 500
			改建特别困难	5 000
		120 km/h $< v \leqslant 160$ km/h	一般	6 000
			改建特别困难	5 500
		160 km/h $< v \leqslant 200$ km/h	一般	6 500
			改建特别困难	5 500
5	到发线与相邻到发线			5 000
6	站内相邻两线均需通行超限货物列车			5 300
7	站内相邻两线只有一线通行超限货物列车			5 000
8	铺设列检小车轨道的两到发线			5 500
9	换装线			3 600

表 6.2　客运专线铁路线间距

顺序	名　　称		线间设施	线间最小距离 /mm
1	区间正线	$v \leqslant 200$ km/h		4 400
		200 km/h $< v \leqslant 250$ km/h		4 600
		250 km/h $< v \leqslant 300$ km/h		4 800
		300 km/h $< v \leqslant 350$ km/h		5 000
2	正线与其相邻线		无	5 000
			声屏障	5 940 + 结构宽
			接触网支柱	5 200 + 结构宽
			雨棚柱	4 590 + 结构宽
			有站台	3 830 + 站台宽
3	到发线或到发线与其相邻线		无	5 000
			接触网支柱	5 000 + 结构宽
			雨棚柱	4 300 + 结构宽
			有站台	3 500 + 站台宽
4	正线与其他线			5 000

三、站界、股道与道岔的编号及股道有效长

（一）站界及警冲标

为了保证行车安全和分清工作责任，车站和它两端所衔接的区间以进站信号机或站界标分割明确的界限，通常称为"站界"。在单线铁路车站，以车站两端进站信号机柱的中线为界，外方是区间，内方则属于车站范围（见图 6.6）。在双线铁路车站，站界则按上、下行正线分别确定，即一端以进站信号机柱中心线为界，另一端以站界标中心线为界（见图 6.7）。

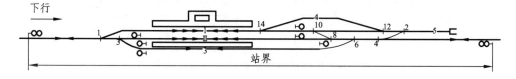

图 6.6　单线铁路中间站布置图

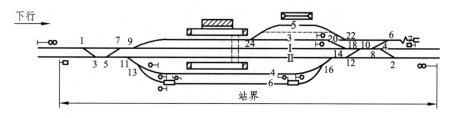

图 6.7　双线铁路中间站布置图

警冲标是信号标志的一种,设在两会合线路道岔角平分线距每一边间距各2m的地点,用来指示机车车辆不得侵入的安全停留位置,其作用是有效防止机车车辆的侧面冲撞(见图6.8)。

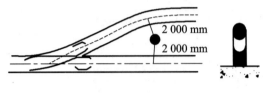

图 6.8 警冲标

(二)股道和道岔编号

为了作业和维修管理上的方便,站内线路和道岔应有统一的编号。同一车站或车场内的线路和道岔不得有相同的编号。

1. 股道编号方法

大站上车场较多时,应分别按车场各自编号。站内正线用罗马数字(Ⅰ、Ⅱ…),站线用阿拉伯数字(1、2、3…)编号。

(1)在单线铁路上,应当从站舍一侧开始依次连续编号,如图6.6所示。

(2)在双线铁路上,从正线开始依次向外分上、下行股道分别编号,且下行一侧用连续的单数、上行一侧用连续的双数,如图6.7所示。

(3)尽端式车站,站房位于线路一侧时,从靠近站房的线路起,向远离站房方向顺序编号,如图6.9(a)所示;站房位于线路终端时,面向终点方向由左侧线路起顺序向右编号,如图6.9(b)所示。

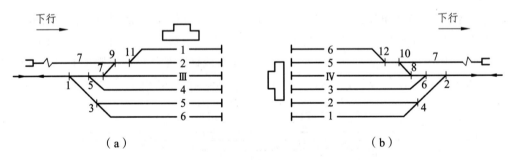

图 6.9 尽端式铁路车站线路、道岔编号

2. 道岔编号方法

(1)当车站有几个车场时,每一车场的道岔必须单独编号,当车站道岔数量在100以下时,此时道岔号码应使用3位阿拉伯数字,百位数字表示车场号码,十位和个位数字表示道岔号码;当车站道岔数量在100及其以上时,道岔号码应使用4位阿拉伯数字,千位数表示车站号码,百位、十位和个位数字表示道岔号码。从而避免在同一车站内有相同的道岔号码。当车站仅有一个车场时,可使用1位或2位阿拉伯数字对每一道岔分别单独编号。

(2)站内道岔,一般以车站站舍中心线作为划分单数号和双数号的分界线。上行列车到达一端用双数，下行列车到达一端用单数，自车站两端由外向里依次编号，并且尽可能先编正线、到发线，后编货物作业线等。对于渡线、交分道岔等联动道岔，也应编为连续的单数或双数，如图 6.6 和图 6.7 所示。

（三）股道的有效长

1. 有效长定义

有效长是指在线路全长范围内可以停留机车车辆而不妨碍邻线行车的部分。

2. 股道有效长度影响因素及起止范围

（1）警冲标。

（2）道岔基本轨接头处的钢轨绝缘 a（有轨道电路时）或道岔的尖轨尖端 a_0（无轨道电路时），如图 6.10 所示。

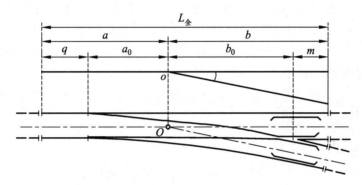

图 6.10　单开道岔几何要素

（3）出站信号机（或调车信号机），是用来指示列车可否进入区间的信号装置。

（4）车挡或挡车器。车挡的位置表明为线路的尽头。

（5）减速器。

上述各项因素怎样确定股道有效长度，视股道的用途及连接形式而定，其基本原则应保证本道及相邻股道的停留与作业安全。对于双向使用的线路，应分上、下行分别确定其有效长，如图 6.11 所示。设置轨道电路的车站，（a）图表示各股道下行方向有效长，（b）图表示各股道上行方向有效长。

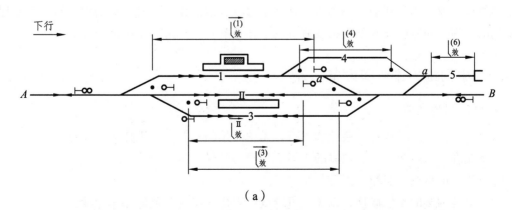

（a）

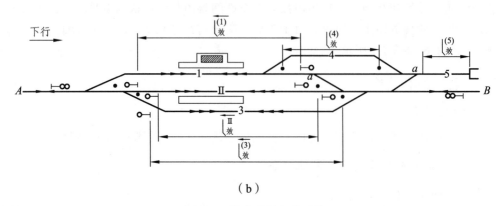

（b）

图 6.11　股道有效长的确定

货物列车到发线的有效长度，应根据规定的列车长度及列车停车时的附加距离等因素确定。

我国铁路采用的货物列车到发线有效长度在Ⅰ、Ⅱ级铁路上为 1 050 m、850 m、750 m、650 m，Ⅲ级铁路上为 850 m、750 m、650 m 或 550 m。开行重载列车为主的铁路可采用大于1 050 m 的到发线有效长度。

至于具体采用哪一种有效长度，应配合运输能力要求，结合地形条件，并考虑与相邻各铁路到发线有效长度相配合确定。

第二节　中　间　站

中间站是为沿线城乡人民及工农业生产的需要，提高铁路区段通过能力，保证行车安全而设的车站。中间站主要办理列车的到发、会让、越行以及客货运业务。

中间站设备规模虽然较小，但是数量很多，它遍布全国铁路沿线中、小城镇和农村。在发展地方工农业生产，沟通城乡物资交流中起着很重要的作用。中间站的设置位置，既要符合线路通过能力的要求，又要适当满足地方工农业生产发展的需要，并应考虑地形、地质等自然条件。

我国铁路中间站可分为：无货场的中间站，一般只办理列车的通过、会让和越行以及少量的客货运作业，不设货场，不办理摘挂列车甩挂车组的作业；有货场的中间站，除办理与无货场的中间站同样的作业外，另设有货场，办理摘挂列车甩挂车组的作业。

一、中间站的作业和设备

1. 中间站的主要作业

（1）列车的到发、通过、会让和越行，是中间站的主要行车工作。

（2）旅客的乘降和行李、包裹的承运、保管与交付。

（3）货物的承运、装卸、保管与交付。

（4）摘挂列车的车辆摘挂，以及向货物线、专用线取送车辆的调车作业。

有的中间站如有工业企业线接轨或加力牵引起终点以及机车折返时，尚需办理去专用线取送车、补机的摘挂和机车整备等作业。

另外，在客、货运量较大的个别中间站，还应有始发、终到旅客列车及编组始发货物列车的作业等。

2. 中间站的主要设备

为了完成上述作业，中间站应根据作业的性质和工作量大小而设置以下设备：

（1）客运设备：包括旅客站舍（售票房、候车室、行包房）、旅客站台、雨棚和跨越设备（天桥、地道、平过道）等。

（2）货运设备：包括货物仓库、货物站台和货运室、装卸机械等。

（3）站内线路：包括到发线、牵出线和货物线等，它们分别用于接发列车、进行调车和货物装卸作业。

（4）信号及通信设备：包括信号机、信号表示器、站内电话、对讲机械、广播及扩音设施等。

图 6.6 和图 6.7 分别为单线和双线铁路中间站布置图。

二、会让站和越行站

在我国，还有数量不多、主要用来提高线路通过能力而设置的车站，称为会让站和越行站。根据《铁路技术管理规程》规定，会让站和越行站均包括在中间站之内。

1. 会让站

会让站设在单线铁路上，主要办理列车的到发和会让，也办理少量的客货运业务。因此，会让站应铺设到发线、旅客乘降设备，并设置信号及通信设备、技术办公用房，但没有专门的货运设备。在会让站上，既可以实现会车，也可以实现越行。两列反向列车互相交会，即先到的列车在本站停车，等待反方向的列车到达或通过本站后，再继续开行，叫作会车。两列同向列车先后到达，先行列车在本站停车，等待后行列车通过本站或到达本站停车后变为先行，称为越行。图 6.12 是会让站的一种布置图。

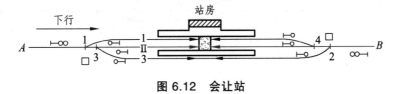

图 6.12　会让站

2. 越行站

越行站设在双线铁路上，主要办理同方向列车的越行业务。必要时办理反方向列车的转线，也办理少量的客、货运业务。因此越行站应有到发线、旅客乘降设备、信号及通信设备、技术办公房屋等。图 6.13 所示为越行站。

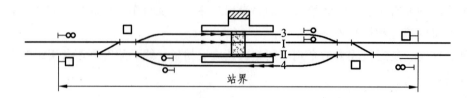

图 6.13　越行站

在正常情况下，双线铁路的每一条正线规定只开行某一方向的列车，车站上的到发线是按方向分别设置的。相对方向运行的列车，在区间内或车站上都可以交会。每一方向等待越行的列车可停在到发线上（见图中的 3 或 4 道），不用跨越正线。车站两端设有渡线，在必要时作为调整列车运行方向或车站实行反方向接发列车之用。

三、中间站布置图

中间站布置图按到发线的相互位置，主要分为横列式和纵列式两种。

1. 横列式中间站布置图

横列式中间站布置的特点是到发线沿正线横向排列。这种布置图具有站坪长度短，工程投资省，设备布置紧凑，便于管理，到发线使用灵活等优点。因此在中间站上广泛采用此种布置图，如图 6.6 和图 6.7 所示。

2. 纵列式中间站布置图

纵列式中间站布置图的特点：到发线沿正线纵向排列，通常逆运转方向错移一个货物列车到发线的有效长度。纵列式中间站布置图有利于组织列车不停车会车，提高区间通过能力；适应重载列车到发的需要；便于车站值班员与司机交接行车凭证。但这种布置图站坪长度长、工程投资大，且增加了中间咽喉，车站定员多，管理也不方便；车站值班员瞭望信号确认进路也不方便，车长与值班员联系工作走行距离长。因此这种布置利少弊多，故一般只在山区因地势陡窄或需组织不停车会让才采用，如图 6.14 所示。

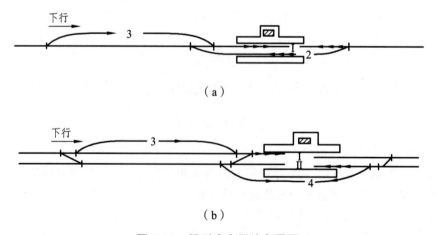

（a）

（b）

图 6.14　纵列式中间站布置图

第三节　区　段　站

区段站多设在铁路网上牵引区段（机车交路）的起点或终点。区段站的主要任务是为邻接的铁路区段供应或整备机车及更换机车乘务组，并为无改编中转货物列车办理规定的技术作业。此外，还办理一定数量的列车解编作业及客货运业务。在设备条件具备时，还进行机车、车辆的检修业务。区段站位于铁路网上各牵引区段的分界处，其设置位置主要取决于3个因素，即牵引区段长度、路网的技术作业要求、地区及城镇发展规划。

一、区段站的作业与设备

区段站的作业和设备尽管在数量和规模上都不是最大的，但是作业和设备的种类是比较齐全的。

1. 区段站的作业

根据区段站所担负的任务，主要办理的作业可以归纳如下：

（1）客运业务：与中间站办理的客运业务大致相同，只是数量较大。

（2）货运业务：与中间站办理的货运业务大致相同，但一般作业量更大。

（3）运转作业：

① 与旅客列车有关的运转作业，主要办理通过旅客列车的接发作业及机车更换、技术检查等。有的车站还办理局管内或市郊旅客列车的始发、终到作业及个别车辆的甩挂作业。

② 与货物列车有关的运转作业，主要办理无改编中转列车的接发及有关作业。对区段列车和摘挂列车，要进行解体和编组作业。同时还办理向货场、工业企业线取送作业车等。某些区段站还担当少量的始发直达列车的编组任务。

（4）机车业务：主要是换挂机车和更换乘务组，对机车进行整备、修理和检查等。

（5）车辆业务：办理列车的技术检查和车辆的检修任务。在少数设有车辆段的区段站上，还办理车辆的段修业务。

所有到达区段站的货物列车，按它在该站所进行的作业性质，可以分为两类：一类是到达本站不解体，只作技术检查和机车换挂等作业，然后继续运行的列车，叫作无改编中转列车；一类是到达本站后，要将车列解体，这种列车叫作解体列车或改编列车。

所谓解体，就是把车列中不同去向的车辆分别送入调车场的指定线路上；所谓编组，就是把停留在调车线上同一去向的车辆，按有关规定与要求连挂起来，编成一个新的车列。编组应按货物列车编组计划进行，对于重车来说大多是对到达某一范围内车流的一种界定，对于空车而言是指定其编组的车种。

由此可知，区段站所办理的作业，无论从数量上或种类上，都远较中间站繁多。而在所办理的解、编及中转列车中，又以无改编中转列车所占的比重为大，成为区段站行车组织的重要环节。

2. 区段站的设备

为了保证上述作业的完成，在区段站上设有以下设备：

（1）客运业务设备：主要有旅客站房、站台、雨棚及跨越线路设备等。

（2）货运业务设备：货场及其有关设备。如装卸线、货物站台、仓库及装卸机械等。

（3）运转设备：主要有旅客列车到发线；货物列车到发线、调车线、牵出线（有时设简易驼峰）、机车走行线等。

（4）机务设备：机务段或机务折返段。在机务段所在的区段站上，如采用循环运转制时，在到发场应设有机车整备设备。采用长交路轮乘制时可设置机车运用段或换乘点。

（5）车辆设备：包括车辆段、列车检修所和站修所等。

除上述设备外，还有信号、通信、照明、办公房舍等设备。

二、区段站的布置图

由于受地形、城市规划、运量及运输性质、正线数目等因素的影响，可以形成多种多样的布置图形。常见的有横列式、纵列式及客货纵列式区段站 3 类。

（一）配置主要设备的基本原则

（1）旅客列车到发线应紧靠正线，以便使旅客列车到发有顺直的进路。所有客运设备应设在靠城镇的一侧，以利客运业务的组织及旅客出入车站。

（2）货物列车到发场也应尽可能紧靠正线，以便使无改编货物列车到发有顺直便捷的进路。

（3）调车场应尽量靠近到发场，使车列转线的行程较短，干扰较少。

（4）机务段（或机务折返段）的位置尽可能接近到发场，并且要有便捷的通路，以利机车及时出入段。

（5）货场的位置，一方面希望设于靠城镇一侧，便于货物搬运；另一方面又希望靠近调车场，以减少车辆取送时间及干扰。工业企业线应尽可能从调车场或货场接轨，以利车辆的取送。

（6）站修所（或车辆段）要靠近调车场，以缩短扣修车辆的取送行程。

区段站是为相邻牵引区段服务的，主要办理无改编中转列车的作业，因此区段站设备的布置主要应考虑如何缩短中转列车的停站时间和提高车站的通过能力。

（二）区段站的基本图型

1. 横列式区段站布置图

当上、下行到发线（场）平行布置在正线一侧，编组场在到发场的一侧时，称为横列式区段站布置图。

图 6.15 所示为单线铁路横列式区段站布置图。图中 Ⅱ 道是正线。1、Ⅱ、3 道是旅客列车到发线，在必要时也可以接发货物列车。4、6、7 道是货物列车到发线。车站到发线的布置，可以保证从上、下行两个方向同时接发列车。5 道是机车走行线，下行出发和到达的货物列车机车，可经由 5 道出入段。8～11 道是调车线。调车场两端均有牵出线，并设有一个

简易驼峰，以保证解体、编组和取送车辆等调车作业的顺利进行。

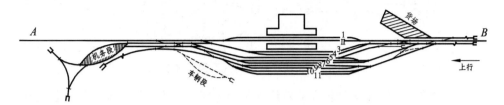

图 6.15　单线铁路横列式区段站布置图

两端咽喉区可以保证下列平行作业：

A 端咽喉区可以保证列车到（发）、机车出入段、调车 3 项平行作业；

B 端咽喉区可以保证列车到（发）、机车出入段两项平行作业；或列车到（发）、调车两项平行作业。

单线铁路横列式区段站布置图的优点是：布置紧凑，站坪长度短，占地少，设备集中，投资省，管理方便，作业灵活性大，对部分改编中转列车的甩挂作业较方便；对各种不同地形的适应性强，并便于进一步发展。缺点是一个方向的列车机车出入段走行距离长，货场取送车和正线有交叉干扰，并且对与站房同侧的工业企业线接轨不方便。

我国大部分单线铁路区段站均采用横列式图型。其适宜于客货运量不大、地形受限的单线铁路。部分运量不大的双线铁路也采用横列式布置图，如图 6.16 所示。

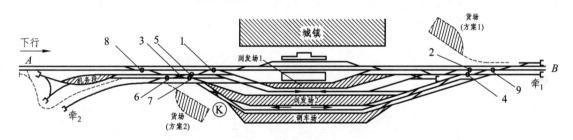

图 6.16　双线铁路横列式区段站布置图

2. 纵列式区段站布置图

其基本布置形式为上、下行到发场分设在正线两侧，并逆运行方向全部错移，在其中某一到发场一侧，设一个双方向共用的编组场。

图 6.17 所示为双线铁路纵列式区段站布置图。图中，客运业务设备、客运运转设备、货场、机务设备、车辆设备的位置大体与横列式区段站的布置图相似。其不同之处是上、下行两个方向的到发场分设于正线两侧，且逆行车方向全部错移。A 端咽喉区可以保证两项平行作业：列车到和列车发；B 端咽喉区可以保证 3 项平行作业；列车到、列车发和调车作业；中部咽喉区能保证 4 项平行作业；下行列车发、上行列车发、机车出入段和调车作业。

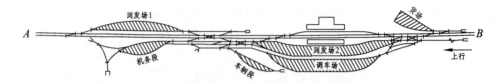

图 6.17　双线铁路纵列式区段站布置图

纵列式区段站布置宜在运量较大的双线铁路上采用，其优点是作业交叉干扰比横列式区段站要少。如疏解了下行中转货物列车与上行旅客列车在车站两端咽喉区进路上的交叉点；上下行机车出入段的走行距离都较短；当机车采用循环运转制时，到发线上的整备设备比较集中；同时对站舍同侧的工业企业线接轨比较方便；具有较大的能力。但是它占用地面较长，设备也比较分散，管理复杂。

3. 客货纵列式区段站

在双线铁路，当客运量很大，需要建立专用的客运车场。否则，若仍采用纵列式区段站布置图形，各项作业的相互干扰则很难同时保证客、货列车的正常运营及货物列车的解编工作。

在我国既有区段站改建工作中，有时车站的横向发展往往受到城市既有建筑物、线路纵断面或地形的限制，为了充分利用既有设备，不得已将原有站场改为专门办理客运之用，而另建与客运设备纵列的货物运转设备，既构成客运转设备（主要指旅客列车到发场）与货运运转设备（主要指货物列车到发场）纵向配列，以保证各自工作的正常进行。这种区段站称为客、货纵列式区段站，其基本布置图如图 6.18 所示。

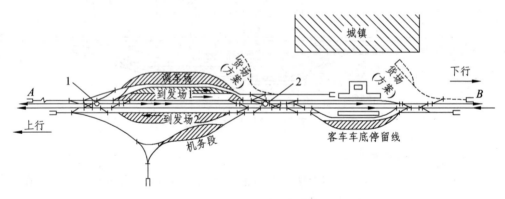

图 6.18　客货纵列式区段站布置图

由于这种图型往往是在改建时逐步形成的，故客、货运转设备和机务设备相互位置的配置形式很多。其优缺点与纵列式图型大致相同。

第四节　编　组　站

编组站是指在铁路网上办理大量货物列车解体和编组作业，并为此设有比较完善的调车设备的车站。它是铁路运输的主要基本生产单位，在完成铁路货物运输任务中，起着十分重要的作用。

编组站和区段站统称为技术站。它们办理的技术作业种类大致相同，都办理列车的接发、解编、机车乘务组的更换、机车整备及车辆检修等作业。但二者又有区别，区段站以办理无中转列车为主，改编列车较小，办理少量区段列车和摘挂列车的改编作业；而编组站按照编组计划要求，除办理通过列车外，主要是解体和编组直达、直通、区段、摘挂及小运转等各种货物列车，以办理改编列车为主，所以编组站又叫"货物列车制造工厂"。

编组站通常设在几条主要干线的汇合处，也可以设在有大量装卸作业地点的大城市、港口或大工矿企业附近。

一、编组站的分类

由于运输组织变化和区域经济发展不平衡，有的编组站工作量明显减少、作用明显降低，原有关于路网、区域和地方性的编组站定位和分工不适应延长机车交路、减少改编次数、压缩周转时间等运输组织要求，自 2008 年 1 月 1 日起，铁道部掌握的编组站由 49 个调整为 40 个，分为路网性和区域性两类。

1. 路网性编组站

路网性编组站位于几条铁路干线的汇合点，编组 2 个及以上远程技术直达列车，年度日均改编车数一般在 6 000 辆以上。设有单向或双向纵列式抑或混合式编组站，其驼峰设有自动或半自动控制设备。

2. 区域性编组站

区域性编组站分布在铁路干线交会的重要地点，是路网重要支点。主要编组相邻编组站间直通列车，年度日均改编车数在 4 000 辆以上，具有半自动或机械调车设备。

中国现有编组站 40 处，其类别及名称见表 6.3。

表 6.3　编组站类别及名称表

性　质	数　量	名　称
路网性	20	郑州北、兰州北、成都北、襄阳北、株洲北、徐州北、阜阳北、武汉北、沈阳西、丰台西、济南西、向塘西、哈尔滨南、柳州南、贵阳南、南京东、安康东、新丰镇、苏家屯、南仓
区域性	20	包头西、乌鲁木齐西、武昌南、怀化南、芜湖东、昆明东、宝鸡东、衡阳北、石家庄、南翔、乔司、鹰潭、江村、兴隆场、迎水桥、三间房、四平、山海关、通辽、大同、哈南

若在一个铁路枢纽内设有两个及以上的编组站，则根据作业分工和作业量，将其分为以下两类：

（1）主要编组站。主要编组站主要担当路网上中转车流的改编任务，以解编直达、直通列车为主。

（2）辅助编组站。辅助编组站协助主要编组站作业，以解编地区小运转车流为主，个别情况也编组少量直达列车。

二、编组站的主要作业及设备

1. 编组站主要作业

（1）改编货物列车作业。这是编组站最主要的作业，包括解体列车的到达作业、解体作业、编组作业及出发作业。这几项作业的数量多而且又复杂，是分别在相应不同地点和车场办理的。

（2）无调中转列车作业。这种列车作业比较简单，其主要作业是换挂机车和列车的技术检查，时间短，办理地点只限于在到发场（或专门的通过车场）。

（3）货物作业车作业。货物作业车是指到达本站及工业企业线或段管线内进行货物装卸或倒装的车辆。其作业过程比改编中转列车增加了送车、装卸及取车3项作业。

（4）机车整备和检修作业。这项作业与区段站相同。

（5）车辆检修作业。编组站上的车辆检修作业包括在到发线上进行的车列技术检查及不摘车维修；在列检或调车过程中发现车辆损坏需摘车倒装后送往车辆段或站修所进行修理（即站修）；根据任务扣车送段维修（即段修）。

此外，根据具体情况，编组站有时还需办理以下少量作业：

（1）客运作业，包括旅客乘降或换乘。

（2）货运作业，包括货物装卸、换装等。

（3）军用列车供应作业。

为了减少对编组站解编作业的干扰，确保主要任务的完成，应尽量不在编组站上办理或少办理客、货运业务。

2. 编组站主要设备

（1）调车设备。是编组站的核心设备，包括调车驼峰、调车场、牵出线、辅助调车场等几部分，用以办理列车的解体和编组作业。

（2）行车设备。即接发货物列车的到发线，用以办理货物列车的到达和出发作业。根据其作业量的大小和不同的作业性质，可设置到发场、出发场（包括通过车场）。

（3）机务设备。即机务段。编组站的机务段规模比较大，供本务机车和调车机车办理检修和整备作业。

（4）车辆设备。包括列检所，站修所和车辆段。

（5）客运设备。编组站客运业务很少，一般利用正线接发旅客列车。当客车对数较多时，也可设置1~2条到发线和1~2个旅客站台。

（6）货运设备。编组站一般不设专门的货运设备，按照具体情况可设零担中转换装站台、冷藏车加冰设备以及牲畜车、鱼苗车的上水换水设备。

此外，编组站还必须有信号、联锁、闭塞、通信和照明等设备。

三、编组站布置图型

编组站的主要工作是进行列车的解编作业，而列车的到达、解体、编组和出发等一系列作业过程，又是在编组站的各个车场上完成的。因此，到达场、编组场（又名调车场）、出发场就成为列车改编作业的主要场地。调车设备是编组站的核心设备。调车设备的数量与规模及各车场的相互位置，就构成了编组站不同形式的布置图。

（一）按照调车设备的套数及调车驼峰方向分类

（1）单向编组站。只有一个调车场，上、下行合用一套调车设备（包括驼峰、调车场、牵出线），其驼峰溜车方向一般朝向主要改编车流运行方向（也称顺向）。

（2）双向编组站。有两个调车场，上、下行各有一套调车设备。两系统的调车驼峰应朝向各自的上行和下行调车方向。

（二）按照每一套系统内车场的相互位置和数目分类

（1）横列式编组站。上、下行到发场与调车场并列配置。
（2）纵列式编组站。到达场、调车场、出发场主要车场顺序纵向排列。
（3）混合式编组站。主要车场纵列、另一部分车场横列。

我国编组站布置图的基本类型，归纳起来共有6类，其他类型都是在这个基础上派生的，并且数量很少。为了更清楚地表述编组站布置图形的基本排列特征和车场个数，在我国铁路设计单位及现场对编组站图型有所谓"几级几场"的称呼。所谓"级"可以理解为车站中轴线上车场排列形式，即车场处于纵向不同的"台级"，因而横列式又称为一级式，混合式又称为二级式，纵列式又称为三级式；所谓"场"是指车场个数。同样是双向纵列式，根据车场数量的不同，又可能会产生双向三级六场、双向三级八场等各种形式的布置图形。我国编组站部分常见布置类型及名称见表6.4。

表 6.4　编组站布置类型及典型布置形式

单向	类型	单向横列式	单向混合式	单向纵列式
	典型布置形式	单向横列式一级三场	单向混合式二级四场 单向混合式二级五场	单向纵列式三级三场
双向	类型	双向横列式	双向混合式	双向纵列式
	典型布置形式	—	双向混合式二级四场 双向混合式二级五场	双向纵列式三级六场 双向纵列式三级八场

（三）典型编组站布置图及作业流程分析

1. 二级四场编组站

图6.19所示为单向二级四场编组站布置图。图形中各衔接线路方向的共用到达场和编组场（调车场）纵列配置；而上、下行的出发场分别并列在编组场两侧，供编组成列的列车停放、技检并按列车运行图规定时间发车；办理上、下行无改编中转列车作业的通过车场或股道，分别设在两出发场的外侧。到达场与调车场间大多设有机械化驼峰供解体用，编组场尾部设有两条牵出线供编组用。

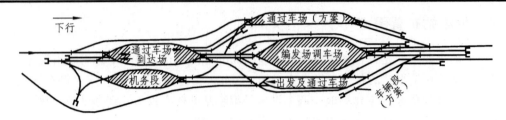

图 6.19　单向二级四场编组站布置图

二级四场编组站的作业过程，可用图 6.20 所示作业流程图来说明。

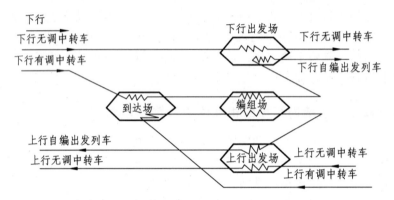

图 6.20　单向二级四场编组站作业流程图

（1）改编中转列车。顺驼峰方向改编中转列车接入峰前到达场，经到达技术作业后由解体调车机车推上驼峰解体，解体后的车辆在调车场集结，尾部调机编组出发列车，并将其转线至下行出发场；该列车在出发场进行出发技术作业并等待出发。

反驼峰方向改编中转列车接入共用峰前到达场。其后，解、编、发过程与顺驼峰方向相同，只是编成车列转入反向（图 6.20 中上行）出发场而已。

（2）无改编中转列车。双方向无改编中转列车分别进入各自的通过车场，技术作业完毕后出发。由于通过车场设在到发场外侧，无改编中转列车接发与改编中转列车转线互不干扰且与调车场连通，有成组甩挂作业时也很方便。

（3）本务机车出入段。反驼峰方向到达解体列车的本务机车经到达场入口咽喉由机务段尾部入段，走行距离短而且方便。反向无改编中转列车和自编出发列车的本务机车出入段，在上行（反向）出发场出口咽喉与机务段之间走行径路顺直。顺驼峰方向到达解体列车的本务机车由到达场出口咽喉经峰下机走线入段，进路交叉少。顺驼峰方向无改编中转列车的本务机车由出发场出口咽喉，沿出发场空闲线路至峰下机走线出、入段也很方便。顺向自编出发列车本务机出段径路与无改编中转列车本务机出段径路相同。

单向二级四场编组站图型的主要优点是：① 尾部能力较低。二级式编组站的驼峰解体能力较大。由于上、下行出发场与调车场并列布置，因此，自编列车都经牵出线转线，产生多余的折返行程，从而造成调车场头部和尾部能力不相适应，影响全站设备能力的发挥。② 反向改编列车到达与自编列车出发产生交叉。

单向二级四场编组站图型一般适用于解、编作业量较大或解、编作业量大而地形困难的区域性编组站。尤其是当顺向改编车流较大或顺、反向改编车流较均衡而顺向车流为重车流时，在运营上是有利的。当头部配置 2 台调机，实行双推单溜作业方式，尾部设 2 条牵出线和 2 台调机时，二级四场编组站图型可适应 4 500～5 200 辆/日的解编作业量。

2. 单向三级三场编组站

单向三级三场编组站布置图及作业流程图分别见图 6.21 和图 6.22。本布置图的特点是上、下行共用到达场、出发场、编组场，且各车场纵向排列，使到达解体与编组出发径路为"流水式"顺直作业；而且，各方向改编车辆在站内行程短，无多余的走行，缩短了车辆的在站停留时间，大大提高了改编能力。但这种布置图形反驼峰方向的改编列车走行距离长，占地较大，投资费用也较大。三级三场布置图尤其适用于作业量较大且顺驼峰方向改编车流较强的大型编组站。一般日均解编量达到 6 500～8 000 辆/日，采用现代化的驼峰调车设备，解编能力将进一步提高，可达到 8 000～10 000 辆/日。

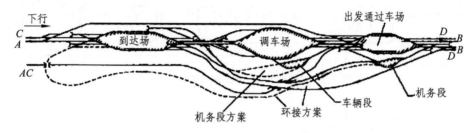

图 6.21　单向三级三场编组站布置图

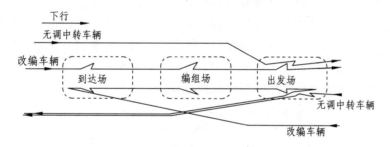

图 6.22　单向三级三场编组站作业流程图

3. 双向三级六场编组站

图 6.23 和图 6.24 所示为典型的双向三级六场编组站基本布置图和基本流程图。由图中可以看出，其特点是上、下行方向各有一套到达场、调车场、出发场，每套 3 个车场均依次纵列布置，并组成两个相应并列的独立系统。双向均为"流水式"作业，避免了一级三场一个方向解体转线折返走行距离长的缺点，使车站具有较大的改编能力和通过能力。该图型由于车场多、线路容量大，对于调整运行秩序和适应运量波动，有较大的潜力和机动性。采用机械化驼峰，其日均解编能力可达 12 000～14 000 辆/日；若采用自动化驼峰，其日均解编能力最大可达 20 000 辆/日。

但是，对位于 3 个以上衔接方向的编组站来说，产生了折角改编车辆的重复解体和转场作业，因而造成多余的走行和作业干扰，这是其运营上最突出的缺点。一般在两套调车系统间设置场间联络线处理交换车流。此外，由于这种编组站车场分散，股道数量多，工程费用和占地面积都很大。因此，只有当解编作业量很大时才考虑采用。

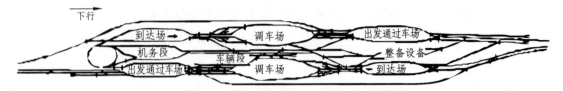

图 6.23 双向三级六场编组站布置图

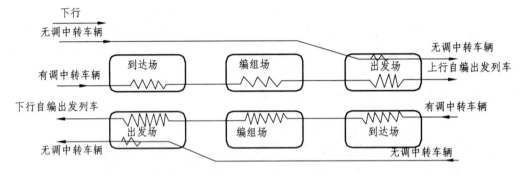

图 6.24 双向三级六场编组站作业流程图

四、调车驼峰

调车工作是铁路运输过程中的重要组成部分，对于编组站来说，更是日常运输生产的主要活动。调车工作按使用设备分为牵出线调车和驼峰调车。牵出线调车时，车辆的动力是靠调车机车的推力作用，适合车列的编组作业。驼峰调车时，是利用其高差的位能，车辆溜放的动力以其自身的重力为主，调车机车的推力为辅，适合车列的解体作业。

平面牵出线和几种常见驼峰纵断面比较如图 6.25 所示。

图 6.25 驼峰与牵出线纵断面比较图

（一）驼峰的组成

驼峰形似骆驼的峰背而得名。驼峰的范围是指峰前到达场至调车场头部的用于高效解体车列的部分，包括推送部分、溜放部分和峰顶平台等，如图 6.26 所示。

（1）推送部分：是指经驼峰解体的车列其第一钩车辆位于峰顶平台始端时，车列全长所在的线路范围。设置推送部分的目的是为了使车辆得到必要的位能，并使车钩压紧，便于摘钩。

（2）溜放部分：由峰顶至调车场头部各股道警冲标后约 100 m（机械化驼峰）或 50 m（非机械化驼峰）处的线路范围。这个长度叫作驼峰计算长度，计算长度的末端叫作驼峰的计算点。溜放部分一般分为 3 个坡段，即加速坡、中间坡和道岔区坡，以便保证车组有较快的溜放速度和充分的溜放间隔。

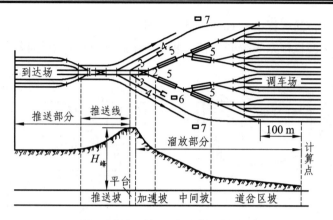

图 6.26　机械化驼峰平纵断面图

1—推送线；2—溜放线；3—禁溜线；4—迂回线；
5—缓行线；6、7—信号楼

（3）峰顶平台：推送部分与溜放部分的连接处，设有一段便于调车人员进行摘钩作业的平坦地段，叫作峰顶平台。

此外，驼峰部分为了便于作业，还设有从到达场往峰顶推送车列用的推送线；从峰顶往调车场溜放车组用的溜放线；存放禁止溜放车辆的禁溜线和迂回线等。

（二）驼峰调速工具的作用及原理

1. 调速工具的作用

车列在驼峰编组场进行解编作业时，为了保证作业安全和作业效率，必须在规定地点设置一定种类的调速工具用以调控溜放车辆速度。调速可分为间隔调速和目的调速两种。

（1）间隔调速：确保溜放过程中前后钩车之间有足够的间隔，该间隔距离应满足减速器制动与缓解位置的及时调整和道岔的及时转换，从而避免前后钩车在溜放过程中追尾或错入股道或进入相邻线路时在警冲标处发生侧面冲突。

（2）目的调速：保证各钩车以一定的安全速度溜放到调车场指定地点并与停留车安全连挂，以避免超速（>5 km/h）连挂和过大"天窗"的产生。

2. 驼峰调速工具及其简单原理

（1）调速工具的种类。驼峰调车场调速工具，是为了提高驼峰的改编能力，保证作业安全所必需的设备。目前，我国铁路上常用的主要调速工具有减速器、减速顶、加速顶、加减速小车、制动铁鞋及手闸等。在机械化驼峰上，除调车场内使用铁鞋制动外，在驼峰溜放部分均采用车辆减速器，而在自动化驼峰上，根据车辆的走行性能、重量、预定的停车地点以及溜放速度等条件，由自动化装置控制减速器的制动能力。

（2）减速器。减速器主要有压力式减速器和重力式减速器两种形式。压力式减速器是利用压缩空气作为动力，由钢轨两侧的制动夹板挤压车轮进行制动。重力式减速器主要借助于车辆本身的重量使制动夹板产生对车轮的压力而进行制动。

图 6.27 所示是压力式钳形减速器的构造简图，当需要对车辆进行制动时，操纵制动按钮，

使压缩空气进入气缸，活塞杆5和杠杆4的末端即被压向下方，而缸体6连同杠杆3的末端则上升。这样，由于两杠杆末端分开，使夹板1合拢而挤压车轮进行制动。

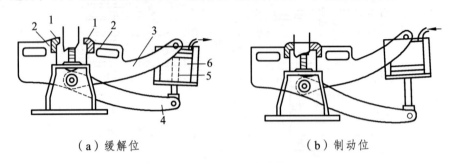

（a）缓解位　　　　　　　　　　　　（b）制动位

图 6.27　压力式钳形减速器外形图

1—夹板；2—制动梁；3、4—杠杆；5—活塞杆；6—缸体

（3）减速顶。减速顶是一种不需要外部能源，可以自动控制车辆溜放速度的小型目的调速工具，其灵敏度高、性能良好、维修简便，在各编组场普遍使用。减速顶一般安设在钢轨内侧或外侧，由外壳、吸能帽、活塞组合件和止冲装置等组成，如图6.28所示。车轮经过减速顶时，吸能帽斜对轮缘部分，对高于临界速度的车辆可起减速作用，对低于临界速度的车辆不起减速作用，在线路上安装许多这种装置，就能对车辆进行连续的速度控制。

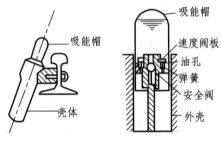

图 6.28　减速顶

第五节　铁路枢纽

一、概　述

在铁路网上，几条铁路干线相互交叉或接轨的地点，需要修建一个联合车站，或修建几个专业车站以及连接这些车站的联络线、进站线路、跨线桥等设备，由这些车站和设备组成的整体称为铁路枢纽。铁路枢纽是铁路网的主要组成部分，它是客、货流从一条铁路到各衔接铁路的中转地区，也是所在城市客、货发及联运的地区。因此，它除办理枢纽内各种车站的有关作业外，还担负着枢纽各衔接方向间车流转线，枢纽内小运转列车的交流及城市范围内的各种联运任务。

铁路枢纽是在铁路网建设和城市、国民经济和社会发展中逐步建设形成的。各个铁路枢纽的结构、布局和设备，均有其地理特征、历史特点和发展条件，一般都经历由小到大、由简单到复杂、由不合理到合理的发展过程。

二、铁路枢纽内设备

（1）铁路线路：包括引入线路、联络线、环线、工业企业专用线等。

（2）车站：包括客运站、货运站、编组站、工业站、港湾站等。

（3）疏解设备：包括铁路线路与铁路线路的平面和立交疏解、铁路线路与城市道路的立交桥和道口以及线路所等。

（4）其他设备：包括机务段、车辆段、客车整备所等。

三、铁路枢纽的类型

（1）按在路网上的地位和作用，分为路网性（北京、郑州等枢纽）、区域性（太原、蚌埠等枢纽）和地方性枢纽（秦皇岛属港湾铁路枢纽等）。

（2）按衔接线路、车站数量和规模，分为特大、大、中、小型枢纽。

（3）按主要服务对象，分为工业、港湾、综合性枢纽。

（4）按布置图型，分为一站、三角形、十字形、顺列式、并列式、环形、混合形和尽端式铁路枢纽等。图 6.29 为环形铁路枢纽示意图，图 6.30 为混合形铁路枢纽示意图。

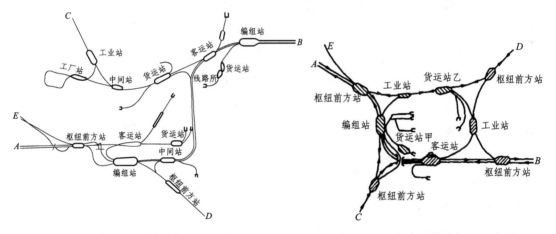

图 6.29　环形铁路枢纽示意图　　　　　图 6.30　混合形铁路枢纽示意图

四、铁路枢纽实例

北京铁路枢纽（见图 6.31），是我国北方最大的铁路枢纽，京九、京广、京沪、京哈、京包、京承、京原、京通、京秦等我国主要铁路干线汇集北京。其中，丰台西、丰台、双桥等为编组站；北京、北京西、北京北、北京南等为大型客运站；广安门、北京东等为大型货物站。枢纽有很多联络线。北京铁路枢纽到发的旅客列车达到 170 多对，通往 88 个城市、4 个国家；年旅客发送量达到 5 322 万人次。现在，北京铁路局跨局特快列车平均旅行速度将达到 100.85 km/h，跨局快速列车平均旅行速度将达到 74.77 km/h。快速列车和特快列车，运行的最高时速达 160 km。北京西客站建于 1996 年，主站房正面长 740 m，高 90 m，主站区建筑面积约 50 万 m^2，是我国目前最大的客运站，也是亚洲最大的客运站，各客运设施也是最先进的。

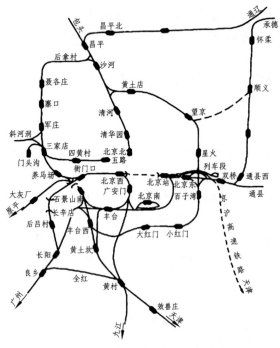

图 6.31　北京铁路枢纽示意图

复习与思考题

1. 车站分类方式有哪些?
2. 简述区间与分界点的定义和种类。
3. 简述车站线路名称及用途。
4. 简述中间站的任务、作业及设备。
5. 股道、道岔编号的基本原则是什么?
6. 何为线间距? 决定线间距的因素有哪些?
7. 简述股道有效长的概念和决定因素?
8. 简述区段站办理的作业及设备特点?
9. 铁路开行的货物列车的种类有哪些?
10. 区段站布置图应遵循的基本原则有哪些? 基本图型有哪几种? 各有何特点?
11. 简述编组站作业特点和设备内容。
12. 在编组站布置图中, 什么叫横列式? 什么叫纵列式? 什么叫几级几场?
13. 画图说明二级四场及三级六场各项作业的流程。
14. 调速工具有哪些? 作用是什么?
15. 驼峰包括哪几部分? 简述驼峰自动化的主要内容。

第七章 高速铁路与重载运输

近半个世纪以来，发达国家的铁路运输竞相采用高新技术，在货运重载、客运高速和信息技术等方面取得了重大突破，开始了从传统产业向现代化产业的转变。重载铁路和高速铁路是一个国家铁路技术和运输技术综合水平的重要标志。因此，世界铁路依靠科技进步在各种现代化交通运输方式的激烈竞争中得到了振兴和发展。

第一节 高速铁路

高速铁路技术是当今世界铁路的一项重大技术成就，它集中反映了一个国家铁路牵引动力、线路结构、高速运行控制、高速运行组织和经营管理等方面的技术进步，也体现了一个国家的科技和工业水平。高速铁路在经济发达、人口密集地区的经济效益和社会效益尤为突出。

一、高速铁路概述

1. 高速铁路的产生和发展

20 世纪 50 年代以来，世界进入了交通运输工具现代化、多样化时期，高速公路和汽车的快速发展，航空运输的兴起，使铁路受到长短途运输的两面夹击，铁路在西方发达国家首先陷入"夕阳产业"的被动局面，一度处于停顿状态。它迫使人们提高对铁路行车速度重要性的认识。

而提高列车运行速度是铁路求得生存和适应社会发展采取的主要措施。为此，从 20 世纪初至 50 年代，德、法、日本等国都开展了大量有关高速列车的理论研究和实验工作。1930 年 10 月 27 日，德国用电动车组首创了试验速度达 210 km/h 的世界纪录；1955 年 3 月 28 日，法国用两台电力机车牵引 3 辆客车试验速度达到了 331 km/h。但直到 20 世纪 60 年代，高速铁路技术才进入实际运用阶段。

为迎接第 18 届奥运会在日本东京举行，1964 年 10 月，世界铁路运营史上第一条高速铁路——日本东海道新干线——在奥运会开幕前正式投入运营，列车运行速度达到 210 km/h。高速铁路与民航展开了竞争，曾迫使东京至名古屋的航班停飞。继东海道新干线之后，又陆续建成山阳、东北、上越、北陆、秋田等新干线，形成了纵贯日本国土的新干线网(2 175 km)。高速铁路被誉为日本"经济起飞的脊梁"。

20 世纪 80 年代，随着世界性能源危机、环境污染等问题的愈演愈烈，有关高速铁路的一系列新技术、新工艺、新设备的研究和取得的新突破，以及各国铁路运输管理体制改革的深入，世界铁路开始进入"第二发展期"——高速铁路的大发展期。

欧洲是目前全球高速铁路投入运用最多的地区。欧洲的高铁建设始于法国。法国在 1981 年开通了 TGV 东南线（417 km），列车时速达到 270 km；1989 年又建成了 TGV 大西洋线（282 km），时速达到 300 km；至此后的 TGV 北方线（333 km）、TGV 东南延长线（148 km）、TGV 巴黎地区联络线（128 km）和 TGV 地中海线（295 km），完成了纵贯法国的高速铁路干线。法国的高速铁路后来居上，在技术、经济指标上超过日本而居世界领先地位，现在已有高速铁路 1 600 多 km，而且由于 TGV 列车可以延伸到既有线上运行，因此 TGV 总通车里程已超过 6 000 km，约占法国铁路网的 20%，覆盖大半个法国国土。

在日本、法国修建高速铁路取得成效的基础上，世界上许多国家掀起了建设高速铁路的热潮。意大利、德国、英国、西班牙以及苏联等国也先后新建或改建了高速铁路，就连只重视货运重载对客运高速不积极的美国也开始起步。韩国和我国及我国台湾也积极着手修建高速线。

我国铁路发展快速运输，是从既有线提速开始的。1991 年开始对广深铁路进行技术改造，设计目标时速客运 160～200 km，货车 100～120 km，为客货共线的双线电气化铁路。后又从瑞典引进 X2000 摆式列车，客车的实际运行时速已超过 200 km，为研究筹建京沪高速铁路打下了基础。此外，我国自 1997 年 4 月以来，已经进行了 6 次大提速，对路网中的繁忙区段进行了重大改造来提高列车运行速度，部分既有干线提速目标达到时速 200 km，与客运专线、城际铁路等结合起来，将形成中国铁路的快速客运网络。

我国将建成以北京、上海、广州、武汉为中心，连接绝大部分人口 100 万以上城市的"四纵四横"八个高速客运主通道，即北京至哈尔滨和大连通道，北京至上海通道，北京至广深通道，上海至广州通道，青岛至太原通道，徐州至兰州通道，上海至成都通道，上海至昆明通道。已建成的京沪、武广、郑西等高速铁路列车运行设计时速 450 km，实际运行最高 350 km，标志着我国已跻身世界高速铁路大国。

2. 高速铁路的概念

一条铁路线是否能称为高速铁路，即高速铁路的定义，有一个产生、发展、形成的过程。1970 年 5 月，日本在第 71 号法律《全国新干线铁路整备法》中规定："列车在主要区间能以 200 km/h 以上速度运行的干线铁道称为高速铁路。"这是世界上第一个以国家法律条文的形式给高速铁路下的定义。

目前，世界上把不同速度的铁路划分为几个档次，一般定为时速在 100～120 km 时，称为常速铁路；时速在 120～160 km 时，称为中速铁路；时速在 160～200 km 时，称为准高速铁路或快速铁路；时速在 200～400 km 时，称为高速铁路；时速在 400 km 以上时，称为特高速铁路。

对于"高速"的界定，随着技术进步也将会有所变更。例如西欧一些国家把新建时速达到 250～300 km、旧线改造时速达到 200 km 时，称为高速铁路。1985 年联合国欧洲经济委员会在日内瓦签署的国际铁路干线协议规定：新建客运列车专用型高速铁路时速为 300 km；新建客货运列车混用型高速铁路时速为 250 km。

3. 高速铁路的模式

发展高速铁路采用什么途径，不同的国家根据本国的国情和路情，作出了不同的选择。

归纳起来，高速铁路有以下几种模式：

（1）日本新干线模式：全部修建新线，旅客列车专用。

（2）法国 TGV 模式：部分修建新线，部分旧线改造，旅客列车专用。

（3）德国 ICE 模式：全部修建新线，旅客列车及货物列车混用。

（4）英国 APT 模式：既不修建新线，也不对旧有线进行大量改造，主要靠采用有摆式车体的车辆组成的动车组；旅客列车及货物列车混用。

日本的各系高速列车，属动力分散型、独立式转向架；法国的 TGV 高速列车，属动力集中型、铰接式转向架；德国的 ICE 高速列车，属动力集中型、独立式转向架。此外，瑞典、西班牙的高速列车主要是摆式列车。

二、高速铁路系统构成

高速铁路是多种高新技术的系统集成，融合了交流传动技术、复合制动技术、高速转向架技术、高强轻型材料与结构技术、减阻降噪技术、密封技术、现代控制与诊断技术等一系列当代最新科技成果。高速铁路系统主要由 6 大核心系统构成，分别是基础设施、动车组、牵引供电、通信信号、运营调度及客运服务系统。这 6 大系统之间既自成体系，又相互关联、相互影响，其具体的关系如图 7.1 所示。

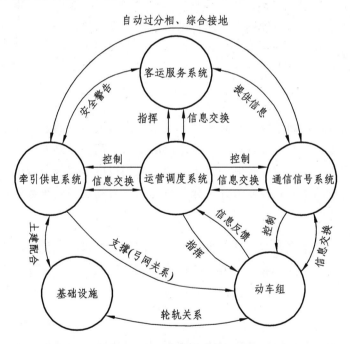

图 7.1 高速铁路系统关系图

1. 基础设施

高速线路技术是实现高速的基础，高速铁路要求线路的空间曲线平滑，即平纵断面变化尽可能平缓；要求路基、轨道、桥梁具有高稳定性、高精度和小残余变形；同时，要求建立严格的线路状态监测和保障轨道持久高平顺性的科学管理系统。

2. 动车组

动车组是运送旅客的移动设备，与普通机车车辆相比，高速动车组需要性能良好的转向架、制动系统、低噪声及优良的空调设施。国外高速列车技术随着各国高速铁路的迅速发展而不断提高，在一些高速列车的主要制造国家，如德国西门子交通运输集团、日本联合等，已从第 2 代向第 3 代甚至更先进的高速列车迈进。高速列车的发展趋势具有以下特点。

（1）车体结构和动力设备不断轻量化，大量采用铝合金、高分子复合材料和航空结构，以控制自重，尽量降低轴重，提高车体气密性。

（2）不断进行转向架动力学性能优化设计，改进一系、二系悬挂系统的参数，越来越多的车型采用了半有源或有源悬挂装置，取得良好的效果。

（3）随着速度的提高，车头流线型进一步完善，车厢表面及车下设备更加平滑化，促使列车空气阻力及噪声的有效下降，会车压力波明显降低，改善乘坐舒适性，降低能耗。

（4）列车控制系统向网络通信技术方向发展，采用 ATP 安全防护，黏着控制技术不断改进，设有列车控制、监测、诊断计算机系统，包括牵引控制，各种制动方式和防滑器在内的复合制动系统控制，配合列车运行防护控制系统，保证了列车更安全地运行。

3. 牵引供电

牵引供电系统由牵引供变电系统、接触网系统、SCADA 系统、检测系统等构成。牵引供电系统的主要功能是为高速铁路列车运行提供稳定、高质量的电流。与常速列车的电力牵引相比较，高速列车电力牵引具有牵引功率更大、所受阻力更大、受电弓移动速度快、电流易发生波动性等特点。

4. 通信信号

高速铁路的信号与控制系统，是高速列车安全、高密度运行的基本保证，世界各国发展高速铁路都非常重视行车安全及其相关支持系统的研发。高速铁路的信号与控制系统是集微机控制与数据传输于一体的综合控制与管理系统，采用以电子器件或微电子器件为主的集中管理、分散控制为主的集散式控制方式，分为行车指挥自动化与列车运行自动化两大部分。

5. 运营调度

高速铁路运营调度系统是基于计算机、通信、网络等技术的现代化综合系统，完成列车的计划、运行控制等一系列任务，一般包括运输计划管理系统、动车管理系统、综合维修管理系统、车站作业管理系统、调度指挥管理系统、安全监控系统、系统运行维护体系。

6. 客运服务

客运服务系统的主要功能是处理与旅客服务相关的事件，包括发售车票、信息采集、信息发布、日常投诉、紧急救助、旅客疏散、旅客赔付等工作；另外还有统计分析功能，为管理层提供决策参考。客运服务系统由订售票系统、决策支持系统、自动检票系统、旅客信息服务系统等构成。

下面将就基础设施、牵引供电、通信信号等有关高速铁路运输设备的 3 个方面进行详细阐述。动车组详见第五章。

三、高速铁路基础设施

高速铁路线路应保证列车按规定的最高速度，安全、平稳和不间断地运行。因此，铁路线路，不论就其整体来说，或者就其各个组成部分来说，都应当具有一定的坚固性和稳定性。

（一）线路标准

高速铁路的高平顺性要求线路的空间曲线应尽可能地平滑，即线路的平纵断面的变化尽可能地平缓。因为曲率变化快的地段，轮轨间的相互作用力就会增加，产生轨道不平顺，极大地影响行车的安全与稳定。因此高速铁路的线路标准较之普通铁路有特殊的要求。

1. 超高与欠超高值

在最高设计速度和运营速度确定以后，首先需要确定影响舒适度的参数——实设超高与欠超高。

车辆在曲线上运行时，会产生离心力。为了平衡所产生的离心力，必须把曲线线路的外股钢轨加高，称为超高。计算曲线外轨的理论超高度，一般都用下列公式：

$$h = 11.8 \frac{v_{平}^2}{R} \quad (\text{mm}) \tag{7.1}$$

式中　$v_{平}$——通过曲线的各次列车的平均速度。设计新线时，采用 $v_{平} = 0.8 v_{max}$。

可以看出，超高与平均速度关系密切。超高设置得是否合适，在很大程度上取决于平均速度选用得是否恰当，另外还要根据现场的轨道稳定和钢轨磨耗等情况适当调整。

实设超高允许值 $[h_m]$ 取决于列车在曲线上停车时的安全、稳定和旅客舒适度要求。据我国试验表明：当列车停在超高为 200 mm 的曲线上时，部分旅客已感觉到站立不稳，行走困难且有头晕不适感。因此，我国京沪高铁规定实设最大超高允许值为 180 mm。国外各高铁国家中，日本新干线、德国 ICE 线和法国 TGV 线的实设最大超高也为 180 mm。

在我国，铁道科学研究院通过环形铁道进行了广深准高速客车运行试验和广深线开通后进行的旅客舒适度的不同等级试验，提出我国京沪高速铁路的欠超高允许值采用表 7.1 所示值。考虑到京沪高铁的高、中速列车共线的运营模式是以高速为主，重点在保证高速列车的旅客舒适度，因此取过超高与欠超高的最大允许值一致。

表 7.1　京沪高铁最大欠、过超高允许值（mm）

条　件	舒适度良好	舒适度一般	舒适度较差
最大欠超高 $[h_q]$	40	80	110
最大过超高 $[h_e]$	40	80	110

2. 曲线半径

线路平面曲线半径的确定，取决于铁路运输要求和所在地区自然条件等因素，曲线半径是限制行车速度的主要条件之一，应随速度提高而相应加大。高速铁路的最小曲线半径（R_{min}）应按下列公式确定：

$$R_{\min} = 11.8 \frac{v_{\max}^2}{h + h_Q} \quad (m) \tag{7.2}$$

式中　$v_{\max}$ ——列车最高速度（km/h）；

　　　　h ——外轨超高（mm）；

　　　　h_Q ——允许欠超高（mm）。

各个国家高速铁路最小曲线半径值因地理条件各异而不同，如表 7.2 所示。

表 7.2　几个国家高速铁路的最小曲线半径值（m）

法国		德国	意大利	日本			
TGV 东南线	TGV 大西洋线			东海道	山阳	东北	上越
4 000（3 200）	6 000（4 000）	7 000（5 100）	3 000	2 500（2 000）	4 000（3 000）	4 000	4 000

3. 缓和曲线

缓和曲线线形有三次、四次、五次抛物线和三角函数线 4 种线形。根据列车-线路动力学的研究和国外高速铁路的运行经验，缓和曲线的线形不是影响行车的决定性因素，因此传统的三次抛物线形缓和曲线仍可适应高速列车运行的要求，关键是缓和曲线长度。因此，缓和曲线长一般为 350～700 m。而准高速铁路和普通铁路缓和曲线长度仅为 20～180 m。

我国拟建高速铁路区段缓和曲线长度可按表 7.3 选用。

表 7.3　高速区段缓和曲线长度

曲线半径/m	缓和曲线长度/m		
	较长	一般	困难
14 000	350	290	210
12 000	410	330	260
11 000	450	370	290
10 000	500	410	330
9 000	560	470	380
8 000	640	540	450
7 000	700	570	460
6 000	700	580	480
5 500	700	600	490

4. 线路坡度与竖曲线

高速列车重量较小，机车功率较大，可在较大线路坡度上高速运行。国外高速铁路最大线路坡度为 40‰，如法国的 TGV 东南线采用 35‰。在长隧道内考虑到空气阻力的影响，线路坡度不应超过 20‰。日本除东海道新干线上采用 20‰ 外，山阳、东北、上越新干线均为 15‰。

高速铁路要求相邻坡度大于 1‰ 时，设置竖曲线，以保证列车运行平稳和安全。竖曲线半径与行车速度有关，行车速度越高，竖曲线半径也就越大。

法国 TGV 东南线的竖曲线半径采用 25 000 m；TGV 大西洋线采用 16 000 m；而日本除东海道新干线采用 10 000 m 以外，其余各线均采用 15 000 m。

我国拟建的高速铁路上竖曲线半径可根据所处区段远期设计最高速度按表 7.4 选用。

表 7.4　竖曲线半径采用标准

v_{max}/（km/h）	300 以下	300 以下 250 以上	250 以下 160 以上	160 以下
竖曲线半径/m	25 000	20 000	15 000	10 000

（二）轨　道

高速铁路轨道结构的主要类型有有砟轨道和无砟轨道。有砟轨道是铁路的传统结构，随着行车速度的提高，有砟轨道的缺点逐渐显现，无砟轨道由于其线路状况良好、使用寿命长、高速行车时不会有石砟飞溅等优点，在国外高速铁路上获得了越来越广泛的应用，其铺设范围已从桥梁、隧道发展到土质路基和道岔区。我国高速铁路主要采用无砟轨道。武广和郑西客运专线应用的是双块式无砟轨道，京津城际铁路应用的是板式无砟轨道。

无砟轨道由钢轨、道岔、扣件和轨下基础组成，如图 7.2 所示。

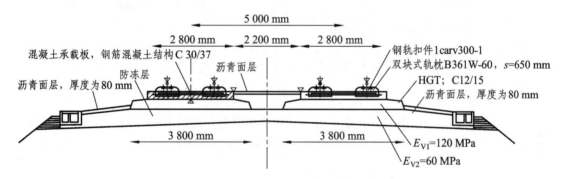

图 7.2　高速铁路无砟轨道结构断面图

1．钢　轨

钢轨是轨道结构的主要部件之一。钢轨支承并引导机车车辆的车轮，直接承受来自车轮和其他方面的力并传递给轨枕，同时为车轮的滚动提供阻力最小的表面，如图 7.3 所示。

图 7.3　武广客运专线钢轨实物图

高速铁路钢轨在技术上要能保证足够的强度、韧性、耐磨性、稳定性和平顺性，在经济上要能保证合理的大修周期，减少养护维修工作量。

2. 扣　件

扣件是连接钢轨和轨枕使之形成轨排的部件，在保证轨道稳定性、可靠性方面起着重要作用，如图 7.4 所示。

高速铁路的扣件要求具有足够的扣压力以确保线路的纵、横向稳定，降低日常维修工作量。还要求弹性好，以保证良好的减振、降噪性能；绝缘性能好，以提高轨道电路工作的可靠性，延长轨道电路长度，降低轨道电路投资。

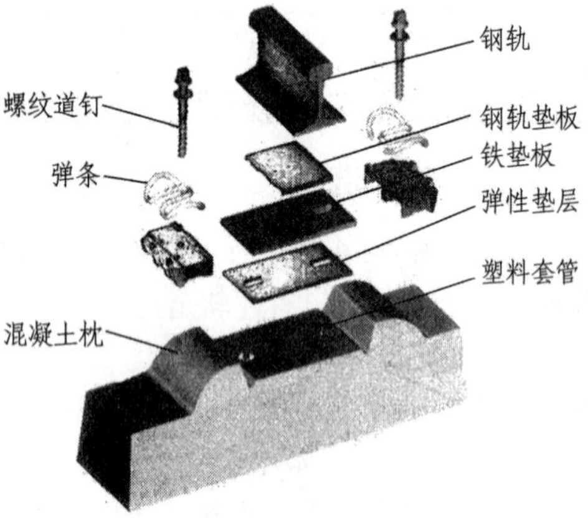

3. 道　岔

道岔是轮轨相互作用中一切最不利因素的集中载体，为此高速道岔必须具备保障列车按额定的速度平稳又安全地行走所必要的强度、稳定性、坚固耐用性和经济性。

图 7.4　高速铁路钢轨扣件

高速道岔具有下述特点：道岔侧股道的几何线型为圆曲线或放射螺旋线型；为消除有害空间，采用可动心轨或可动翼轨结构；增强道岔的强度与稳定性；根据道岔号数与辙叉角成反比关系，在高速铁路上均采用大号码道岔。

4. 轨下基础

轨下基础是轨道结构的重要组成部分。它承受来自钢轨的各种作用力，并弹性地将作用力传布于道床，同时有效地保持轨道的轨距、方向和位置。高速铁路的轨下基础采用混凝土、沥青混合料等整体基础取代散粒体碎石道床，即无砟轨道。

（三）路　基

路基是轨道的基础，是铁路线路的重要组成部分。路基的稳定性与坚固性直接关系到线路的质量、列车的正常运行与安全，特别是高速列车，运行时更需要有良好的路基基础。与普通路基相比，高速铁路路基工程具体表现在具有强度高、刚度大的基床，控制路基的容许沉降或没有沉降及保证路基刚度沿线路方向变化缓慢等方面。为保证路基状态的完好，保证线路质量和列车的安全、正常运行，路基应满足下述要求：

（1）路基面必须平顺并应有足够的宽度，路基面的上方应形成与铁路限界规定相符的安全空间，不得侵入铁路建筑限界，以保证列车运行与线路作业安全的要求。

（2）路基应具有抵御各种自然因素影响的足够的坚固性与稳定性。

（3）妥善的路基排水设施。

（4）路基的设计、施工与养护应符合经济合理的原则。

路基由路基本体、路基防护和加固建筑物以及排水设备 3 部分组成，如图 7.5 所示。

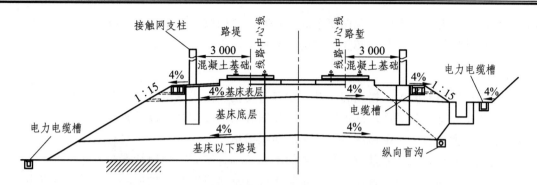

图 7.5　高速铁路路基断面图（单位：mm）

（四）桥　梁

高速铁路设计参数限制严格，曲线半径大，坡度小，并需要全封闭行车，导致桥梁建筑物数量远多于普通铁路，如京津城际铁路桥梁累计长度占正线总长的 86.6%，京沪高铁桥梁占线路总长的 80.5%，武广客运专线桥梁占线路总长的 42.14%。由于速度大幅度提高，高速列车对桥梁结构的动力作用大于普通列车，造成结构物承受很大的冲击力，因此对桥梁结构的刚度和整体性提出了更为严格的要求。

我国高速铁路桥梁结构形式特点主要有以下几个方面：

1. 桥跨布置

高速铁路宜采用多孔等跨的布置方式，桥跨布置要充分考虑地形地质条件，兼顾换梁的可能性和快捷性，合理布置支座以及纵向连接器等设备。我国《京沪高速铁路设计暂行规定》规定，除受控制点影响外，尽量按等跨布置，且以 32 m、24 m 等标准梁跨为主，一座桥尽量同一梁跨布置；特长桥梁必须采用两种及以上常用跨度梁时，相同梁跨宜集中布置。

2. 结构材料

考虑到噪声影响、结构变形、造价、养护维修量等因素，高速桥梁宜采用钢筋混凝土、预应力混凝土和部分预应力混凝土结构形式。

3. 梁型及结构形式

梁型在满足静力及动力分析等各项指标的前提下，结合经济、地质、地形地貌、施工机械、工期等条件进行综合比选。宜采用混凝土简支梁、混凝土连续梁和混凝土钢架桥。在建筑高度受限时，也可采用钢板梁上设混凝土板的结合梁。

4. 桥墩形式

高速铁路采用的桥墩形式分为圆端型实体墩、矩形双柱墩等。桥墩形式的选择首先要保证强度、刚度、偏心、稳定性以及自振特性等方面均满足相关规范要求；其次应根据桥梁所处的地形、地势、水文条件、立交条件及桥高等具体情况选用。目前，我国采用的轻型桥墩主要有双柱式和板式两种，从力学性能和造价上考虑，我国多采用双柱式桥墩。

5. 支座形式

合理的桥梁支座可以减少和降低列车荷载作用下引起的桥梁振动。目前，国内外广泛采用减振性能良好的橡胶支座。我国京沪高铁在既有的橡胶支座基础上进行了改进,提高了其减冲、减振性能,并且可有效防止结构的横向移动。

6. 减振降噪措施

随着高速铁路的诞生,振动和噪声问题日益突出。由于噪声污染严重危害人的健康,世界各国在修建高速铁路时都逐渐加以重视。我国《京沪高速铁路设计暂行规定》中也规定,当桥梁位于城市和居民集中地区时,应采取防噪措施。

根据研究,桥梁结构因其类型和形式的不同而具有不同的噪声特点。因此,一般从两方面考虑:一是从噪声源上进行治理,对桥梁来说就是尽量减小结构振动,降低噪声发生源的振动和噪声声强;二是从传播途径上加以控制,如设置声屏障、隔音板等。

(五)隧　道

隧道是高速铁路基础设施的又一重要组成部分。列车运行速度的提高导致线路曲线半径变大,使得高速铁路在选线设计中,必将涌现大量的隧道工程。

高速铁路隧道与普速铁路隧道最大的区别是与列车空气动力学相关。当列车以高速通过隧道时,原来占据空间的空气被排开,空气的黏性以及隧道壁面和列车表面的摩擦作用使列车前方的空气受到压缩,产生一个压力波动的过程,进而诱发对行车、旅客乘坐舒适度、车辆结构强度和环境等方面的不利影响。缓解空气动力学效应可采用放大隧道断面有效面积、在隧道洞口修建缓冲结构(见图 7.6)及增设辅助坑道等工程措施。

图 7.6　隧道洞口缓冲结构实景图

四、高速铁路牵引供变电设施

电力牵引和内燃电传动牵引同样都能满足牵引高速列车的要求。从目前各国发展高速铁路的情况看,大多数国家都采用电力牵引。虽然电力牵引需要较大的投资,而电力机车具有能源来自外部供电系统,不受能源条件的限制,机车功率较大,且轴重小,经济性能好,对环境污染少等优点。所以电力牵引是高速铁路的最佳选择。

1. 牵引供变电系统构成

牵引供变电系统是指从三相电力系统接受电能向单向交流电气化铁道行驶的列车输送电

能的电气网络，高速铁路牵引供变电系统主要由牵引变电所和接触网组成。牵引变电所将电力系统通过输电线路送来的三相高压电能变换为单相 27.5 kV 的交流电，经馈电线送至接触网；接触网沿铁路上空架设，动车组升弓后便可从其取得电能，牵引列车不间断地、高速地运行，如图 7.7 所示。

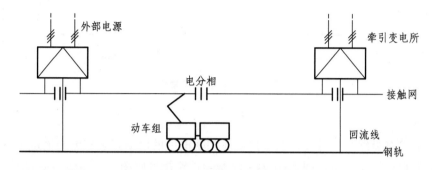

图 7.7　牵引供电系统组成示意图

2. 牵引网供变电方式

为保证向动车组提供合格的电压，同时减少电气化铁道对邻近通信线路的干扰影响，牵引网有不同的拓扑结构。高速铁路牵引网一般采用带负馈线的直接供电方式和 AT 供电方式。

带负馈线（也常被称作回流线）的直接供电方式牵引网拓扑结构如图 7.8 所示。电流从牵引变电所馈线通过接触网流向动车组，从动车组下到钢轨上，回流分为 3 部分：一部分直接沿钢轨流回变电所，约占 40%；一部分从钢轨通过吸上线流向负馈线，通过负馈线返回变电所，约占 30%；剩余电流从钢轨漏泄至大地，沿大地流向牵引变电所，在变电所附近，返回钢轨或变电所接地网。

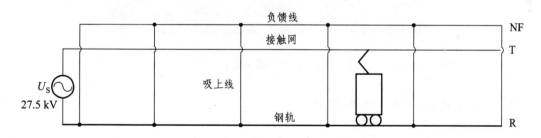

图 7.8　带负馈线的直接供电方式牵引网

AT 供电方式牵引网络拓扑结构如图 7.9 所示。沿线路设置变比 2∶1 的并联自耦变压器，接触网、钢轨与正馈线构成 2×25 kV 系统，接触网与正馈线间的额定电压为 55 kV，动车组运行的接触网与钢轨间额定电压保持 27.5 kV 不变。由于自耦变压器的电压平衡、电流吸上作用，AT 牵引网电源供出的电流只有动车组电流的一半，由于提高了工作电压，AT 牵引网的电压损失降低、电能输送能力增强，并且其对通信线路的干扰防护能力要优于带负馈线的直接供电方式，特别适于重载、高速运输。我国新建的 250 km/h 及以上高速铁路普遍采用 AT 供电方式。

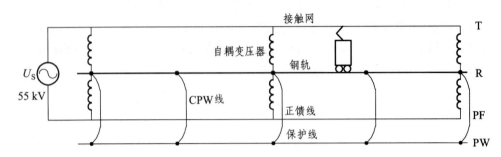

图 7.9　AT 供电方式牵引网

3. 高速铁路接触网

接触网沿铁路沿线露天敷设，通过接触线和受电弓的滑动接触把电能输送给电力机车，是高速铁路的重要供电设施，图 7.10 为京津城际铁路接触网图片。接触网主要由接触悬挂、支持与定位装置、补偿下锚装置、支柱与基础以及辅助供电设施等构成。高速铁路的接触线要求抗拉强度高、电阻率低、耐磨性能好，一般采用铜或铜合金材质。

图 7.10　高速铁路接触网示例

五、高速铁路信号与控制系统

高速铁路信号与控制系统是保障高速列车运行安全，提高运输效率的关键技术设备。世界各国在高速铁路的发展中，非常重视高速铁路信号与控制技术的研究和开发。

高速铁路信号与控制系统是集计算机技术、通信技术和控制技术为一体的行车指挥、列车运行控制和管理自动化系统。它是现代保障行车安全、提高运输效率的核心，也是标志一个国家轨道交通技术装备现代化水准的重要组成部分。高速铁路信号与控制系统通常被称为基于通信的列车控制系统（CBTC，Communication Based Train Control System）或先进列车控制系统（Advanced Train Control System）。

（一）高速铁路信号与控制系统的发展

世界各国高速铁路采用的列控系统，主要有欧洲 ERTMS/ETCS 系统，德国和西班牙高速铁路使用的 LZB 系统，法国 TGV 铁路使用的 TVM300 和 TVM430 系统，日本新干线 DS-ATC，意大利高速铁路的 9 码列车自动控制系统及瑞典铁路的 EBICA900 系统。

欧洲是世界轨道交通最为发达的地区，欧洲现有的列车运行控制系统种类繁多，为克服各国信号制式复杂、互不兼容，保证高速列车在欧洲铁路网内互通运行，在欧共体的支持下，欧洲各信号厂商联合制定了 ERTMS/ETCS 技术规范。ERTMS/ETCS 是一个先进的列车自动防护系统和机车信号技术规范，安装符合 ERTMS/ETCS 技术规范的列车运行控制系统，不仅能提高列车的安全性，并且能够在欧洲境内穿越国境实现互通运营。

德国铁路早在 20 世纪 60 年代就开始研究用于最高行车速度 200 km/h 的连续式列车运行自动控制系统 LZB，它是德国铁路、西门子公司及劳伦茨公司合作研究的成果，70 年代后期开始推广。LZB 系列是目前世界上典型的连续式列车速度控制系统之一，这种连续式列控系统不但能反映地面信号的显示，而且能自动控制列车的牵引和制动。德国科隆—法兰克福 300 km/h 高速铁路采用 LZB 连续感应式 ATC 系统。

TVM 系列是法国 CSEE 公司研制的列车运行控制系统。法国高速铁路（TGV）东南干线列车最高速度为 270 km/h，大西洋新干线为 300 km/h，列车追踪间隔为 4 min，采用 TVM300 型列车速度监督设备。TVM300 系统速度监督采用人控为主的阶梯控制方式。1992 年我国京广线郑武段引进了 TVM300 系统。

法国 CESS 公司在 TVM300 基础上，开发了一种先进的列车速度控制系统——TVM430 系统。该系统采用了分段模式曲线控制方式，地面设备采用了数字式的编码轨道电路。TVM430 车载设备与 TVM300 系统方案相同，TVM430 系统采用大规模集成电路替代了 TVM300 的分离元件。该系统目前已在法国北部的 TGV 高速铁路、英吉利海峡的隧道线、韩国釜山至普松的高速铁路线运用，我国秦沈客运专线已引进了 TVM430 系统。

DS-ATC 系统是面向高速度、高密度运行的安全可靠的、对应多种类车辆的、可在舒适的乘车感觉下实现减速控制的 ATC 系统。DS-ATC 系统采用设备优先的制动控制方式。常规制动率减速曲线是事先通过理论计算得出的。车载控制设备沿着该减速曲线平滑地完成制动控制。因此，总能得到理想的速度变化，很好地执行间隔控制与计划运行曲线，有利于按图乘车。此外由于采用了一次制动控制方式，列车能够按照适合于各自制动性能的制动模式曲线实施最佳运行，能够缩短运行间隔时间和提高列车速度。

（二）我国高速铁路信号与控制系统构成

高速铁路信号与控制系统是一套完整的行车安全制式，主要由列车运行控制系统、计算机联锁系统、行车指挥系统和代用信号设备、专用通信设备等组成，如图 7.11 所示。以上设备主要布置在调度中心、车站、区间信号室、车辆段、维修基地、线路旁以及列车上。

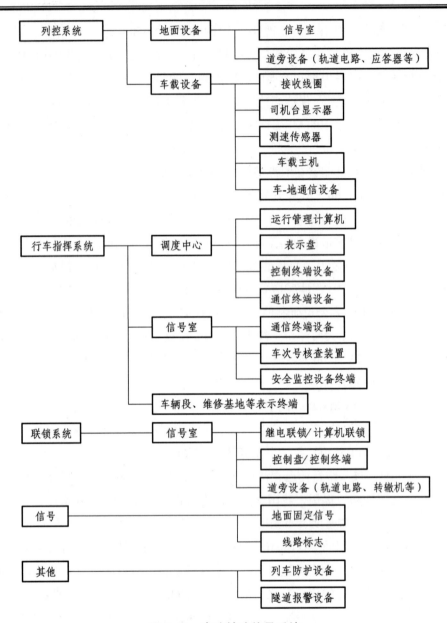

图 7.11　高速铁路信号系统

（三）我国高速铁路列车运行控制系统

2007 年 4 月 18 日我国铁路既有线第六次提速后，开行速度为 200～250 km/h 的 CRH 动车组，标志着我国进入高速铁路时代。随着既有线提速、客运专线建设和高速铁路的发展，对我国信号技术的研发提出了新的挑战。京津、武广、郑西、京沪等客运专线已实现 350 km/h 的运营速度。列车速度提高以后，再依靠传统设备，靠司机瞭望地面信号显示行车已不能保证安全。因此，发展适合我国国情的信号与控制系统（CTCS）已提到重要的议事日程。

CTCS 是中国列车运行控制系统（Chinese Train Control System）的英文缩写，它以分级的形式满足不同线路运输需求，在不干扰机车乘务员正常驾驶的前提下，有效地保证列车运行的安全。

1. CTCS 系统构成

参照国际标准，结合国情，从需求出发，按系统条件和功能划分等级。CTCS 体系的构建原则是以地面设备为基础，车载与地面设备统一设计。系统结构如图 7.12 所示。

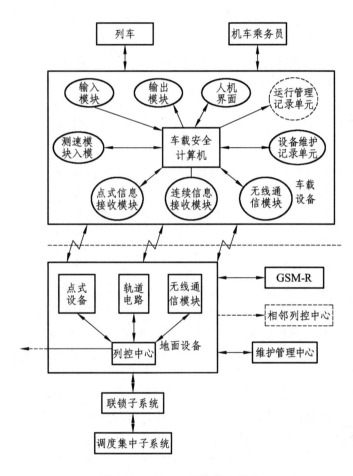

图 7.12　CTCS 系统基本结构

2. CTCS 系统分级

CTCS 列车运行控制系统包括地面设备和车载设备，根据系统配置按功能划分为 CTCS-0 级 ~ CTCS-4 级共 5 级。其中 CTCS-2 级 ~ CTCS-4 级列车运行速度大于 200 km/h。

（1）CTCS-0 级。CTCS-0 级适合既有线的现状，由通用机车信号和运行监控记录装置构成，面向 120 km/h 以下的区段。

（2）CTCS-1 级。CTCS-1 级由主体机车信号和安全型运行监控记录装置组成，面向 160 km/h 以下的区段，在既有设备基础上强化改造，达到机车信号主体化要求，增加点式设备，实现列车运行安全监控功能。

（3）CTCS-2级。CTCS-2级是基于轨道传输信息的列车运行控制系统，面向提速干线和高速新线，采用车-地一体化设计，适用于各种限速区段，地面可不设通过信号机，机车乘务员凭车载信号行车。

（4）CTCS-3级。CTCS-3级是基于无线传输信息并采用轨道电路等方式检查列车占用的列车运行控制系统，面向提速干线、高速新线或特殊线路，基于无线通信的固定闭塞或虚拟自动闭塞，适用于各种限制区段，地面可不设通过信号机，机车乘务员凭车载信号行车。

（5）CTCS-4级。CTCS-4级是基于无线传输信息的列车运行控制系统，面向高速新线或特殊线路，基于无线通信传输平台，可实现虚拟闭塞或移动闭塞，由RBC和车载验证系统共同完成列车定位和列车完整性检查，地面不设通过信号机，机车乘务员凭车载信号行车。

3. CTCS 各级间关系

符合CTCS规范的列车超速防护系统应能满足一套车载设备全程控制的运用要求；系统车载设备向下兼容；系统级间转换应自动完成；系统地面、车载配置如具备条件，在系统故障条件下应允许降级使用；系统级间转换应不影响列车正常运行；系统各级状态应有清晰的表示。

4. 高速铁路列控系统特点

铁路沿线设置的闭塞分区长1.5～2 km，当列车运行速度超过200 km/h时，司机每20多秒就要辨认一次信号显示，识别信号的错误率会显著增加，以地面信号为主的闭塞制式已不可行。为防止司机失误影响行车安全，需要使车载信号设备把地面传送上来的信号命令直接转变为对列车制动系统的控制，由高可靠、高安全的智能设备来保证列车安全运行。

高速铁路列车运行控制系统根据车站进路、前行列车的位置、安全追踪间隔等向后续列车提供行车许可、速度目标值等信息，由车载列控设备对列车运行速度实施监督和控制。列控系统具备了高速铁路行车所需要的以速度信号代替色灯信号，以车载信号作为行车凭证，车载信号设备直接控制列车减速或停车这三大安全要求。高速铁路一般不再设地面信号机，但仍然使用固定信号机（如调车信号、引导信号）、临时信号、手信号、特殊信号（如烟火信号、响墩）、表示器（如发车表示器）、标志（如停车标、预告标）等。

（四）我国高速铁路计算机联锁系统

高速铁路信号与控制系统实现了联锁与列控一体化、车站与区间一体化。高速列车进路控制由车站延伸到区间，统一以区段为对象进行控制，不再区分车站联锁和区间闭塞。

计算机联锁由联锁控制用计算机、各种接口、输入/输出通道及外部设备，通过系统总线连接在一起，是实时控制系统。由于涉及行车安全，系统的软、硬件设计必须遵循闭环工作原理，如图7.13所示。

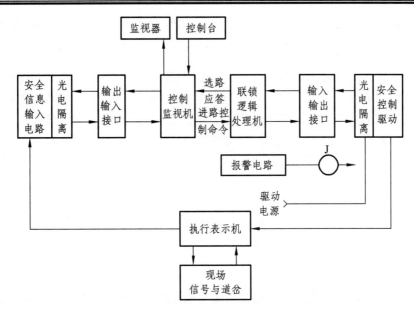

图 7.13　计算机联锁系统的工作原理

硬件实现模块间的闭环沟通，软件使整个系统闭环运转。例如，执行表示机在输出控制命令时，一是要通过驱动板实现驱动信号、道岔、转辙机等现场设备；二是为了实现对现场设备执行情况进行监视，通过输入口采集回读信息。闭环控制中，系统中任何一部分发生故障，系统即可诊断处理并采取措施，进行记录和报警，直至切断输出控制电源以确保安全。

由于高速铁路运行间隔小，运行速度高，为提高系统对各种运行信息的响应速度，计算机联锁系统具有进路自动排列和进路储存功能。随着计算机技术发展，强化了人机工程的研究，提高现代化的声、像、图文显示，改善操作人员的工作环境和提高工作效率，控制方式已由传统的控制盘，改为键盘、数字化仪、鼠标等。各国高速铁路均设立集中的维护管理中心，以保证高速铁路的不间断运转。车站设维护管理终端，与中央调度所的维护管理中心联系，传送各种信号设备状态、联锁系统的运行信息、故障报警信息等，以便维修人员及时对设备进行干预和维护。

六、高速铁路通信系统

通信主要是用来完成各种信息的传输。铁路通信系统是铁路运输的重要基础设施，在铁路运输中起着神经系统及网络的作用。

（一）高速铁路信号专用通信系统

高速铁路信号专用通信系统主要包括区段数据通信、区间通信及无线数据通信系统。

1. 区段数据通信

高速铁路设有综合调度中心，在车站信号室内有调度集中分机，在电务、工务、机务、水电维修部门也设有分机或控制终端，他们之间通过主干传输系统提供数字通道互联，形成专用通信。综合调度系统专用的数据通信加上传统的调度电话业务以及图像业务综合成区段数据通信，采用现代数据通信技术（如 IP 技术、VPN 技术等）来实现多媒体业务。

2. 区间通信

由于高速铁路站间距可达 20~70 km，区间通信更为必要，区间通信主要包括以下内容：

（1）车站信号室之间，车站信号室与区间信号室之间，区间信号室之间列控安全数据传输。

（2）区段联锁系统主站与相邻从站或区间渡线控制点之间的安全数据传输。

（3）天气、地震、线路安全监测站与站终端的数据传输。

（4）列车轴温监测站数据传输。

（5）电力遥控终端数据传输。

（6）区间工务人员及应急抢险通信。

（7）常设线路监视系统及救灾监视用图像传输。

（8）通信、信号维护用通信通道等。

3. 高速列车无线数据通信

高速列车无线数据通信用来进行高速列车与地面的无线数据传输，以实现高速铁路的行车安全、运输管理、旅客服务，具体包括以下内容：

（1）文本方式的调度命令。

（2）车次号、列车速度、列车位置核查。

（3）列车运行时的安全状态。

（4）车辆维修信息。

（5）旅客服务信息等。

（二）高速铁路无线通信系统（GSM-R）

高速铁路通信系统属于铁路通信系统，包括有线通信部分和无线通信部分，其中有线通信部分与非高速通信系统区别不大，区别主要体现在无线通信部分。我国铁路目前正在推广铁路综合数字移动通信系统（GSM-R）。

GSM-R 是根据铁路需求设计，并为铁路服务的专用无线通信技术，具有高安全可靠性，可以满足多项铁路新业务需求，如图 7.14 所示。

1. 铁路应用

（1）区间移动通信。区间移动通信代替区间通话柱，满足紧急救援、应急抢险通信指挥的需要，也可实现区间作业人员的移动通信。

（2）尾部风压检测。尾部风压状态由车尾装置移动设备获取，通过 GSM-R 网络传输数据信息，司机可以随时查询、反馈车尾工作状态。

（3）在 CTCS-3 级列控系统中，GSM-R 系统用来实现车、地之间信息的传输，如图 7.15 所示。其中，RBC 无线闭塞传送给车载通信单元的信息有移动授权、线路数据及指令等；车载通信单元传送给 RBC 无线闭塞中心的信息有列车位置、速度、状态、类型等。与传统的系统相比，无线列控系统实现了车-地信息的双向传输，去掉了大量分布于沿线的轨旁设备，同时信息传送内容愈加丰富。

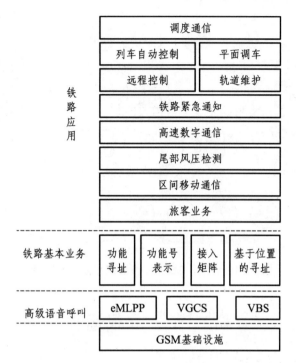

图 7.14　GSM-R 系统业务模型示意图

图 7.15　GSM-R 与 CTCS-3

（4）在分散自律调度系统中，传送调度命令、接车进路预告信息、调车作业通知单、车次号校核等。

（5）旅客业务。如购票服务、预订服务、时刻表信息以及公网通信等，可增加旅行的舒适性。

2. 我国 GSM-R 建设概况

GSM-R 的规划建设工作是与 CTC、CTCS 建设同步的，远期建设目标是在已建成的 GSM-R 核心网的基础上，根据各线实际需求和技术发展，进行其他干线网络建设。目前，结合京津城际、武广客运专线、京沪高速等建设，已通过北京、武汉、西安、上海、广州 5 个核心网建设初步设计鉴定。

GSM-R 核心网络规划如图 7.16 所示，采用二级网络结构，设立 3 个 TMSC 大区汇接中心及 19 个 MSC 汇接的移动业务本地网端局。其中，北京、武汉、西安兼做 MSC 及 TMSC。

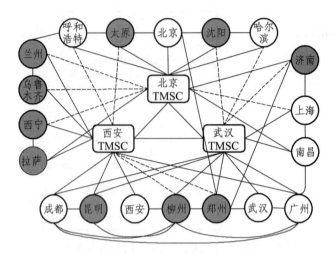

图 7.16 我国 GSM-R 核心网络规划示意图

第二节 重载运输

重载运输代表了铁路货物运输领域的先进生产力，有着非常高的运输效率和效益，适用于大宗散装货物，特别是铁矿石、煤炭等大宗物资运输。无论是与常规铁路还是其他运输方式相比，重载铁路都存在着很大的优势，从经营的层面来讲，其巨大的发展潜力能保障投资者的收益；从技术的层面来讲，重载技术发展迅速，能使铁路生产体现成本优势；从运行速度的层面来讲，在中长距离上又能保持铁路的速度优势。

重载运输还可以增加铁路运能，缓解铁路运能紧张的状况，极大地提高铁路劳动生产率，降低货物运输成本。因此，自 1985 年国际重载运输协会（IHHA）正式成立以来，重载运输率先在美国、加拿大、澳大利亚等几个国家得以蓬勃开展，我国于 1987 年加入该协会。目前重载运输已被国际上公认为未来铁路货运发展的方向，至今发展重载运输的国家已经遍及五大洲和几乎所有的铁路大国。

一、铁路重载运输的定义

在重载运输发展的早期，各国对于重载列车的重量并没有做出统一的规定，通常是开行重载列车的各个国家根据其具体技术条件和运营需要，对比于该国家的普通列车重量和长度来确定的。国际重载运输协会成立之后，对于重载运输技术的标准进行了统一和更新。

1986 年 10 月在加拿大温哥华召开的第三届国际重载会议上，在综合了各国铁路重载运输发展水平的基础上，国际重载协会通过了铁路重载运输的定义：

（1）线路年运量在 2 000 万 t 及其以上。

（2）列车牵引重量至少为 5 000 t。

（3）列车中车辆轴重达到 21 t。

具备上述 3 个条件之二者，可视为铁路重载运输。

1994 年 6 月的国际重载运输年会上，又对铁路重载运输的定义作了一些修改。规定凡具备以下 3 个条件之二者，可视为铁路重载运输线路：

（1）经常、定期或准备开行总重最少为 5 000 t 的单元或组合列车。

（2）在长度至少为 150 km 的铁路区段上，年计费货运量最少达到 2 000 万 t 及其以上。

（3）经常、定期或准备开行轴重 25 t 及以上的列车。

在 2005 年国际重载协会理事会上，对新申请加入国际重载协会的重载铁路，要求满足以下 3 条标准中的至少两条：

（1）列车牵引重量不小于 5 000 t。

（2）轴重达 27 t 以上。

（3）在长度不小于 150 km 线路上年运量不低于 4 000 万 t。

不难看出，重载运输是一个具有时代意义的概念，随着技术的不断发展，其涵盖内容也在不断地进行更新和修正。总体而言，目前存在两套标准，根据制定标准的时间不同，可分别称之为 94 标准和 05 标准。以我国重载运输为例，大秦铁路满足国际重载协会 2005 年的重载铁路新标准，朔黄、京广、京沪、京哈等干线满足 1994 年的标准。

二、大秦铁路概述

大秦铁路是我国北方煤炭外运的主要通道，线路全长 653 km，西起北同蒲线的韩家岭车站，向东经山西省大同县、阳高至河北省的阳原、宣化、涿鹿、怀来与京包线相交，进入北京市的延庆、昌平后，在怀柔又与京承铁路相接，然后再经平谷、河北三河、天津蓟县，再至河北省的玉田、遵化、迁安、迁西、卢龙、抚宁等县市，最后抵达秦皇岛枢纽的柳村南站，全线途经 20 个县市。

大秦铁路是我国第一条单元重载双线电气化铁路，担负着山西、陕西、内蒙古西部（简称"三西"）煤炭外运的重要任务。1988 年第一期工程韩家岭至大石庄投入运营；1992 年二期工程大石庄之柳村南竣工，全线开通。大秦铁路为 I 级铁路，原设计能力年运量 1 亿 t。限制坡度上行（重车方向）4‰，下行 12‰，如图 7.17 所示。

2002 年，大秦铁路在全线建成运营十周年之际，年运量达到 1.034 亿 t，实现了设计能力的远期目标。2004 年，大秦铁路年运量突破 1.5 亿 t，并对大秦铁路进行了 2 亿 t 扩能改造。随后几年，大秦铁路每年增运 5 000 万 t，2007 年运量突破 3 亿 t，2008 年完成运量 3.4 亿 t，2010 年更是突破年运量 4 亿 t，有效缓解了晋煤外运紧张状况，为国民经济又好又快发展做出了重要贡献，同时也标志着中国铁路重载运输技术达到了世界先进水平，并成为目前世界上运输能力最大的现代化专业煤炭运输线路。

以下将以大秦重载铁路为例来说明铁路重载运输设备问题。

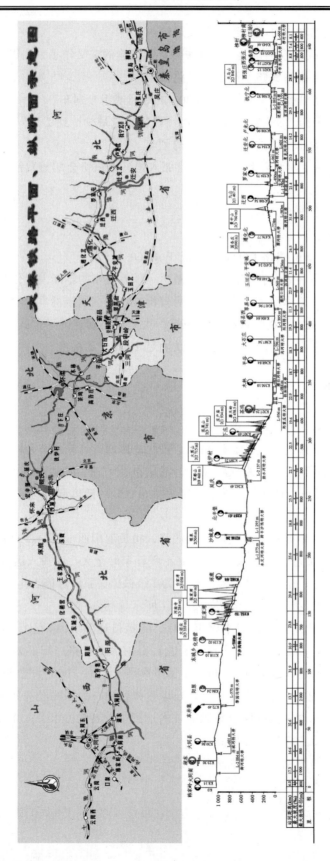

图 7.17 大秦铁路平面、纵断面示意图

三、铁路重载运输设备及技术

重载运输是在一定的铁路技术装备条件下，扩大列车编组长度，大幅度提高列车重量，采用大功率内燃机车或电力机车（或双机、或多机）牵引的列车方式。为了安全行车、提高线路通过能力，实现多运快运货物的目的，对铁路运输组织和技术装备都提出了新的要求。

（一）重载铁路线路技术标准

开行重载列车必须有与之相适应的线路，主要是指线路的承受能力、几何尺寸、站线长度、线路坡度等，它们必须符合列车在运行中静动荷载对线路所产生的各种力的要求，也就是使线路与列车协调配套。

1. 限制坡度

新建或改建重载运输线路限制坡度的选择与基本建设投资、列车牵引重量、列车速度和运营支出有直接影响。最合适的限制坡度应该是在保证运输要求的基础上，达到最佳的经济效益。重载铁路的限制坡度与所经地段的地形条件、线路等级、牵引类型等因素有关，需经技术经济比选后确定。一般按重、空车方向分别确定。重车方向最大限制坡度为 4‰~10‰。空车方向为 12‰~30‰。我国大秦铁路的限制坡度：重车方向为 4‰，空车方向为 12‰。

2. 最小曲线半径

在重载运输的线路上，无论新建或改建，曲线半径的选择既影响基建投资又影响列车运行速度、轨道使用寿命以及线路的输送能力和运输成本。因此，选择最小曲线半径应充分重视重载铁路的特点，结合地形、行车速度、养护维修和运行安全等条件，通过技术经济比选尽可能采用较大的曲线半径。国外的重载铁路一般为 400~1 200 m，困难地段可取 300 m。我国大秦铁路最小曲线半径一般地段为 800 m，困难地段取 400 m。

3. 到发线有效长度

列车重量和长度的增加，在很大程度上受车站到发线有效长的限制。而重载列车运行区段上站线需要延长的长度，又要根据组织开行的重载列车的主要方式确定。由机车在头部牵引重量超过 5 000~6 000 t 的整列式重载列车，站线要延长到 1 050~1 250 m；在开行两个普通货物列车合并编组而成的组合列车时，其牵引吨数达 7 600~8 000 t 时，股道有效长应延长到 1 500~1 700 m；若牵引吨数达到 8 000 t 以上时，则有效长应延长到 1 700 m 以上。在我国大秦铁路上，重车方向到发线有效长度延长至 5 600 m，满足两列 2 万 t 重载组合列车停留条件。

（二）重载轨道结构

重载铁路的基本特征是运量多、轴重大。尤其是轴重，它是车辆每一轮对加于轨道上的重力，对轨道结构与线路状态产生着广泛而严重的影响。国际铁路联盟试验局经过大量试验研究调查后认为，轨道破损与运量和轴重有密切关系，其中，轨道的破损与轴重的 3 次方成正比。可见重载列车的荷载对轨道的破坏性是相当严重的。

重载铁路线路应选用重型和特重型的轨道标准。钢轨应采用 60 kg/m 及以上的新轨。为了延长轨道使用寿命，减少养护维修工作量，宜采用超长轨条无缝线路和可动心轨道岔。此外，在曲线地段、长大下坡制动地段和长隧道内，应采用全长淬火钢轨和轨头硬化钢轨、承载力大的轨枕、扣压力大的弹性扣件等，以减少钢轨由于接触应力所引起的损伤。

为了提高轨道结构的强度，适应大轴重、大密度和运量提高的需要，大秦线轨道结构重车线现已全线铺设区间无缝线路，采用 75 kg/m PD3 型钢轨、弹条 Ⅱ 型扣件、混凝土 Ⅲ 型轨枕（轨枕长度 2.6 m 或 2.7 m），直线地段轨枕数量为 1 840 根/km，在半径 800 m 及以下的曲线地段、长度为 300 m 及以上的隧道内，轨枕数量为 1 920 根/km。钢轨联结配件采用 6 孔接头鱼尾板，隧道内采用宽混凝土枕，轨下铺设厚 10 mm 的 TB 缓冲橡胶垫板。重车正线道岔为 12 号 AT 可弯藏尖式尖轨、高锰钢固定式铸造辙叉、分开式护轨结构的可动心轨无缝道岔。道床顶面宽为 3.0 m，半径为 600 m 及以下的曲线地段在外侧加宽 0.1 m，道床边坡为 1：1.75。土质路基采用双层道床、面砟采用碎石道床（厚 300 mm），底砟采用粗砂、中砂（厚 150 mm），砂石路基采用单层碎石道床（厚 350 mm）。土质路基轨道高度为 0.99 m，预留特重型轨道高度为 1.01 m；石质路基轨道高度为 0.74 m，预留特重型轨道高度为 0.76 m。

（三）重载用机车车辆

1. 重载用机车

（1）主要机型。机车作为重载列车的牵引动力，首先要求牵引功率尽量大。然而，即使再大的牵引功率也不可能用一台机车拉动长 2 000 多米，重 2 万 t 的长大列车，因此，机车的同步控制系统对机车至关重要。原则上内燃机车和电力机车都可以胜任重载列车的牵引，而电力机车的牵引功率远大于内燃机车。因此，电力机车相对更加适合牵引重载列车。大秦铁路重载运输全部采用电力机车。2006 年以前，大秦铁路运输主要使用 SS₄ 型直流传动电力机车，以后引进国外先进技术通过消化、吸收、再创新自主生产了大功率 HXD1 型交流传动和 HXD2 型电力机车。下文以 HXD1 型为例说明其各项技术特性。

（2）转向架技术。HXD1 型电力机车转向架采用了比较先进的技术，如轮盘制动、滚动抱轴承传动、二系高扰钢弹簧、单轴箱拉杆轮对定位、整体免维护轴箱轴承、沙箱加热及计量等，这些先进技术的采用保证了机车在重载牵引条件下以较高的速度运行。

（3）总体动力学评价。每节 HXD1 电力机车由 1 个车体、两个构架、4 个牵引电动机和 4 个轮对组成。车体和构架间由二系悬挂装置连接，二系悬挂装置由高圆弹簧（每侧三组，横向布置于构架中梁上）、构架端部布置的两个斜对称横向减振器、二个垂向减振器构成；构架和轮对之间由一系悬挂装置连接，一系悬挂装置由一系弹簧、轴箱拉杆和垂向减振器组成。牵引电动机与轮对采用圆锥滚子轴承连接，同时通过一根吊杆悬挂在构架上。图 7.18 所示是 HXD1 机车的物理模型。模型总计 54 个自由度。电机装配与吊杆悬挂点用三向平动刚度和阻尼连接。

动力学计算中考虑了一系垂向阻尼、二系垂向阻尼、二系横向阻尼、一系横向刚度和二系横向止挡的非线性特性，还考虑了轮轨接触几何关系，以及蠕滑力的非线性。

HXD1 型机车可通过一系、二系调整垫和车体压铸铁方便实现轴重 23 t 和 25 t 之间的转换，总体动力学性能评价分别考虑了两种不同轴重的机车动力学性能。

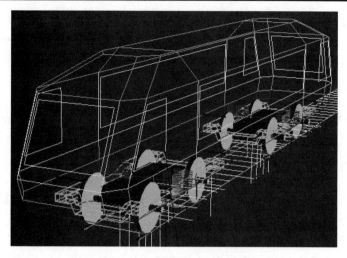

图 7.18　HXD1 电力机车物理模型

（4）牵引技术。HXD1 型电力机车电传动系统按 AC 25 kV/50 Hz 牵引供电制式设计，并能适应我国铁路接触网电压范围较宽的特点。两节车上都配备了独立的、相同的电传动系统，其网侧电路可通过车顶高压连接器相连，既可固定重联运用，也可解编后各自独立运用。

（5）车体。车体采用整体式承载结构。车体各部件主要由钢板和钢板压型件组成，其中司机室、底架、侧构、隔墙及后端墙等主要钢结构部件组焊成一个箱形壳体结构，顶盖设计成可拆卸的形式，以便于车内设备吊装。车体外形设计成粗犷有力的大棱角并有适度的圆角过渡，并设置有车钩缓冲装置、排障器、车体各室门和司机室侧窗等附属部件。

2. 重载用车辆

铝合金和不锈钢货车具有自重轻、载重大、耐腐蚀性能高，是世界重载运输车辆发展的趋势。为快速提高大秦铁路煤炭运输能力，中国北方机车车辆集团公司齐车公司组织攻关研制轴重 25 t、载重 80 t 级铝合金和不锈钢运煤敞车。2001 年完成了 25 t 轴重转 K6 型低动力作用交叉支撑转向架和转 K5 型摆式转向架的研制并投入运用考验。2003 年通过对铝合金重载货车车体关键技术的引进、消化吸收和再创新，完成了 C_{80} 型铝合金运煤敞车用 10 种铝合金专用型材和高强度冷弯中梁的开发；完成了 RFC 型牵引杆、弹性胶泥大容量缓冲器等关键配件研制和铝合金运煤敞车样车试制、各项试验。2004 年完成了 25 t 轴重转向架改进、完善，建成了交叉杆、制动梁、弹簧、斜楔、磨耗板、枕架加工等 6 条关键配件生产线和交叉支撑转向架组装生产线，形成了 25 t 轴重新型转向架批量生产能力；完成了铝合金专用拉铆机研制和铝合金拉铆接工艺试验研究，建成了 4 条铝合金货车制造生产线，形成了铝合金货车批量生产能力，并开始投入批量生产。

2005 年完成了 TCS 经济型不锈钢新材料和配套焊接材料、8 种不锈钢专用型材开发；TCS 经济型不锈钢焊接工艺试验研究，制定了 TCS 不锈钢焊接工艺技术规范和质量检验规程，为不锈钢运煤敞车研制成功奠定了重要技术基础；完成了不锈钢运煤敞车样车和 120-1 型空气控制阀、摩擦组合式缓冲器等关键配件试制、各项试验；建成了 5 条不锈钢货车组装生产线，形成了不锈钢货车批量生产能力。

截至 2008 年上半年，中国已生产 C_{80} 型铝合金运煤敞车 5 400 余辆，最长的投入运用 5

年多，运行里程超过 100 万 km；生产 C$_{80B}$ 型不锈钢运煤敞车 15 000 余辆，投入运用以来，运行里程超过 40 万 km。目前，两种轻量化重载货车运行状态良好，为大秦铁路实现 4 亿 t 运量提供了装备保障。

3. 重载列车牵引控制技术

开行 2 万 t 重载列车、实现年运量 4 亿 t 的运量目标，确保 2 万 t 重载组合列车的安全运行，首先必须解决多台机车同步操纵牵引长大列车这一核心技术问题。

长大列车安全运行解决两方面的问题：一是减少列车运行特别是制动和缓解时的纵向冲力，减小车钩受力；二是缩短列车的再充风时间，保证列车再制动的能力。解决列车同步操纵问题，上述问题就会迎刃而解。当前世界上主要采用两种技术，一种是机车无线同步操纵技术（以下简称 Locotrol），另一种是电控空气制动技术（以下简称 ECP）。

（1）机车无线同步操纵技术（Locotrol）。机车无线动力分布式控制就是把多台机车分散布置在长大列车的适当部位，通过基于无线通信的控制系统，遥控协调多台机车，在主控机车上可操纵整个列车。这种方式很像把长大列车分解为多列协调运行的列车，能减轻车钩的受力，通过列车中的各个从控机车提供空气制动的操作从而改善制动性能，由于制动和缓解由分散布置的多台机车协调控制，能在一定程度上加快长大列车的制动和缓解的实施。这种方式下，可以不对车辆进行改造，但需要在隧道和无线通信的关键段加装地面中继设备。

另外，系统把贯穿全列车的列车管空气通路同时作为备用通信链路。

机车无线动力分布式系统为司机提供了通过本务机车对从控机车的动力牵引和对从控机车制动进行控制的能力。从控机车的牵引控制功能主要包括受电弓控制、主断路器控制、方向控制、牵引步骤控制和动力制动控制等。从控机车空气制动功能包括列车自动制动、机车单独制动、紧急制动、列车的缓解和充风等。

Locotrol 系统主要提供机车遥控功能，由主控机车遥控分布在列车中的其他机车，使他们置于同步牵引、制动或缓解工况，做到优化整列车的动力分配和制动控制，加快制动波速和缓解波速，并最大限度地做到同步。其原理如图 7.19 所示。

Locotrol 分布式动力系统为司机提供了以同步方式在主控列车中控制从控机车的能力，在这种模式中，主控机车和从控机车被设置为按照同一牵引或动力制动命令运行。

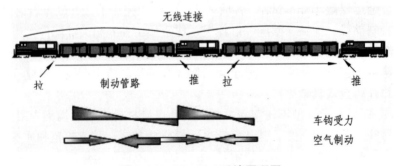

图 7.19　Locotrol 系统原理图

另外，系统也可以采用独立运行模式，在这种独立运行模式中，主控机车和从控机车可以被控制为不同的牵引或动力制动状态。利用这些操作特性，以及机车分开布置制动和充风作用，为司机提供了更好的控制列车的能力，减少充风时间和制动距离，降低列内作用力。

（2）ECP制动系统。ECP系统由机车和每辆车辆上的控制单元及列车网络组成，通过列车网络传递控制信息，使每节车辆同步制动或缓解，最大程度减少列车纵向力。其系统如图7.20所示。

机车控制单元　　　车辆控制单元　　　车辆网络单元

图 7.20　ECP 系统示意图

ECP制动系统主要是采用了网络技术，在货车上实现了电控制动。ECP是用微机系统直接控制副风缸内的压力空气向制动缸充风，空气是制动力的来源，而不作为制动指令传递的介质。电控制动比起传统的空气制动，全列车中车辆的同时制动和同时缓解，极大地提高了列车的制动和缓解波速，最大限度地降低了车辆间车钩力的相互作用，减少了车钩断裂发生的几率。

另外，ECP电控制动为直通式，也就是说在列车制动时由副风缸直接充气到制动缸，列车管不减压，减少了制动时空气的损耗，并且在制动过程中，保持列车管、副风缸的充风，与传统空气制动必须在列车缓解时才能充风的条件相比，列车的再制动能力得到了保障。ECP制动系统应具有如下基本功能：实现列车的阶段制动和阶段缓解；在施行ECP制动时，列车管持续向副风缸充风；根据车辆载荷调整车辆制动力；连续故障检测和设备状态监视；用空气制动系统作为备用。

（3）技术比较。采用Locotrol系统实现了机车在长大列车中分散布置时处于同步工况，有效减少了纵向冲动和纵向力，缩短了制动距离和制动时间，使列车起动和停车更加迅速、平稳，提高了列车运行的安全和效率。ECP技术采用电控制动系统，可以做到每辆车同步制动和缓解。两种技术都能满足开行2万t重载列车的需要。

与ECP技术相比，Locotrol系统由于采用无线同步控制方式，牵引动力分布在列车不同位置，具有以下优点：① 结构简单，列车控制系统都集中配置于机车，减少了货车改造工作量，成本较低；② 有利于运输组织，列车不需要用有线网络连接，有利于列车按不同目的地解编；③ 易于维护和管理，更适应中国铁路的特点，在全路更具有推广意义。因此，经过充分的技术经济论证大秦线决定采用Locotrol技术。

（四）通信传输平台

2万t重载组合列车由多台机车牵引，采用Locotrol技术，机车控制命令由主控机车通过无线方式传输给各从控机车。机车的同步性十分关键，如果不同步，将产生很大的纵向力，影响列车安全。大秦线地处山区，多隧道，不利于无线信号的传播。采用无线通信方式传输列车控制指令，通信必须做到准确、不间断。这对通信可靠性的要求很高。

结合以2万t重载组合列车同步操控功能为主的各项应用，大秦线主要进行了铁路数字移动通信系统（GSM-R）、固定接入交换系统（FAS）和800 MHz无线数据传输地面补强系统的通信改造。

1. 大秦线 GSM-R 无线通信系统

大秦线 GSM-R 系统改造主要包括网络子系统、无线子系统、传输系统和电源配套系统的建设。GSM-R 网络子系统与固定接入交换系统（FAS）、机车同步操控系统地面应用节点（AN）、CTC 等应用系统互联，实现了调度通信和机车同步操控、列车尾部风压、调度命令、车次号等信息的传送；与铁通设置在太原的 PSTN 专网交换机相连，实现了与铁通专网的互联，并可通过该交换机实现与其他通信网络的互联。

GSM-R 实现了主控机车与从控机车的同步操控，使它们置于同步或独立工况，如图 7.21 所示。

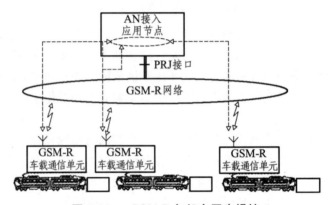

图 7.21　GSM-R 与机车同步操控

2. 固定接入交换（FAS）系统

大秦线 FAS 系统在太原局 GSM-R 交换中心设置了一套路局级 FAS 主系统设备，规格为 1 024×1 024，等效用户线 768 线；在大同、大同南、湖东、大同县、阳原、化稍营、涿鹿、沙城东、北辛堡、延庆、下庄、茶坞、平谷、大石庄、蓟县西、翠屏山、遵化北、迁西、迁安北、西张庄、后营、秦皇岛北、秦皇岛东及玉田北、卢龙北、柳村、柳村南、汤和桥共 28 处设置站段级 FAS，规格为 512×512，等效用户线 384 线。

大秦线 FAS 系统的终端是列调、电调的固定终端，包括设置在太原局调度指挥中心的 5 个列调台，设置在大同的 4 台电调台，还包括大秦沿线 15 个保留车站设置的车站台及站内原有集中机用户。GSM-R 系统与 FAS 系统通过太原路局级 FAS 与太原 MSC 的互联，实现了有线调度与无线调度的统一。

3. 大秦线 800 MHz 无线数据传输地面补强系统

800 MHz 无线数据传输地面补强系统也是承载机车同步操控信息传送的通信系统，与 GSM-R 系统互为备用，适用于主机和从机距离在 650 m 以内的万 t 和 2 万 t 组合列车。

800 MHz 无线数据传输系统，是在每一列 4×5 000 t 两万 t 重载组合列车的 4 台机车上配备 800 MHz 无线数据传输设备（RDTE），这些设备通过无线信道在主控机车和各从控机车之间传输操控命令和状态信息，从而达到机车同步操控的目的。采用 800 MHz 无线数据传输设备，在绝大部分区段均能可靠、有效地进行数据传输，但在某些隧道区段，尤其是在多个连续隧道构成的隧道群处，主控机车和从控机车之间常常无法有效地建立通信。为保证隧道区段内通信的可靠性，需在地面加装地补设备来解决盲区问题。

800 MHz 无线数据传输地面补强系统组成如图 7.22 所示。

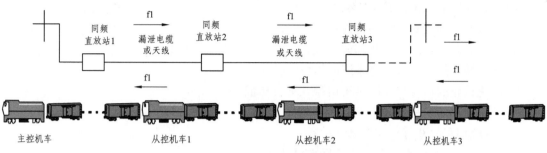

图 7.22　800 MHz 无线数据传输地面补强系统组成示意图

（五）重载单元列车的装卸设备

重载单元列车是把装、运、卸形成一套完整单元体系，即整个列车在同一站装车后，把列车作为一个整体，中途不更换机车、不解体的远距离运输，到站后卸车，并且在装卸车站要有与之相配套的装卸机具和站内线路。

1. 单元式重载列车的装车站

开行单元式重载列车时，装车必须可靠迅速，对装车站的设计应合理布置，目前采用以下两种布置图形：

（1）贯通式装车站。这种布置占地面积小，但增加了装车后的列车作业。只有地形狭窄时才采用。

（2）环线式装车站。在装车站修建环线，在环线上配有装车设备、轨道衡等。在环线上设 1‰ 的上坡，使车钩始终伸开。这种车站占地面积较大，但可以使列车在走行中装车，且不需要转向设备和作业。

2. 单元式重载列车的装车系统

单元式重载列车的装车系统要求较高，在装车点应设有高速定量装车系统。在装车时由控制室遥控列车进行移动，机车上装有恒速器，使列车移动速度按规定要求进行（如速度为 0.8 km/h，每装满一辆车约需 2 min）。全列装完后，机车乘务员方能开始操纵机车。

3. 单元式重载列车的卸车系统

为使单元式重载列车整列不停车卸车，在有条件的地区应设有环线线路。在条件受限制的地区则采取分组卸车的办法。按列车编组的车型不同，卸车主要采取漏卸式和翻卸式。漏卸即漏斗车在高架栈桥或卸车坑道上打开车门直卸；翻卸则是将专用敞车固定在翻车机内旋转倾覆卸车。采用翻卸式的专用卸车必须在（每辆车或两辆一组）一端装有高强度旋转式车钩。在卸车站上需有拨车机，翻车机和解冻库等设备。我国大秦铁路的秦皇岛港即采用翻卸式。

复习与思考题

1. 高速铁路是如何定义的？
2. 高速铁路的发展模式有几种？

3. 高速铁路的优势主要体现在哪些方面?

4. 高速铁路的系统构成是什么?

5. 高速铁路的线路有哪些特性?

6. 高速铁路的轨道由哪几部分组成?

7. 高速铁路的牵引供变电系统的构成是什么?

8. 高速铁路的信号与控制系统由哪几部分构成?

9. 铁路重载运输是如何定义的?

10. 重载列车的开行模式有哪几种?

11. 重载运输的线路标准、轨道标准是什么?

12. 重载列车是如何进行牵引控制的?

第八章 铁路运输管理信息化与列车运行安全

铁路信息化是铁路运输现代化的主要标志，现代化的铁路运营管理离不开管理手段和管理方法的信息化。铁路信息化的根本目的就是将信息技术广泛应用于铁路生产经营与管理决策的各环节，从而提升铁路运输市场竞争力，提高铁路运输生产率与经济效益。

铁路信息化设备包括硬件设备与软件设备。硬件设备包括服务器、交换机、路由器、网络传输线、计算机、打印机、传真机、绘图仪、通信设施等。软件设备包括各种运营组织及管理信息系统，主要包括铁路运输管理信息系统、编组站综合自动化系统、货票信息管理系统、客票发售和预订系统、确报管理信息系统、集装箱追踪系统、车号自动识别系统、运输调度指挥管理信息系统、车站管理信息系统等。

第一节 铁路运输管理信息系统（TMIS）

一、TMIS 的总体结构

TMIS 由中央数据库系统、站段系统、基层站段应用系统和计算机网络（公用数据库）系统构成，其总体结构如图 8.1 所示。

（1）站段计算机系统。在全路 5 500 多个站、段中选取 2 200 个大的站、段与计算机网络相联，将列车、机车、车辆、集装箱及所运货物的信息实时地报告给中央处理系统，这些站、段称为联网信息源点。不直接联网的站段将所要报告的信息通过车务段或联网报告站上报中央系统，称为非联网报告点。这些站段的信息系统除了向中央系统报告信息之外还负责处理本站段的业务。

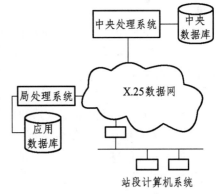

图 8.1 TMIS 的总体结构图

（2）中央处理系统。在铁路总公司一级建立中央处理系统，中央数据库将收到的来自各基层站段的列车、机车、车辆、集装箱及所运货物的动态信息实时加工处理后，提供给铁路总公司、铁路局及主要站段的运输生产人员，作为运输指挥的主要依据；同时将货物运输的动态信息提供给货主作为企业组织生产和适应市场变化的重要信息。

（3）铁路总公司、铁路局的应用处理系统。铁路总公司、铁路局及主要站段从中央处理系统获得有关信息，利用各自开发的应用程序，实现对列车、机车、车辆、集装箱及所运货物的实时追踪管理，实现货票信息、确报信息全路共享，实现现在车和车流推算信息自动化，有预见地进行车流组织，并实现日常运输统计自动化。

（4）公用数据通信网。由 X.25 节点机和传输包拆装器组成，将中央处理系统、铁路局处理系统、站段计算机系统联成一个整体，实现信息的交换和共享。

二、TMIS 的功能

作为世界铁路最复杂、最庞大的运输管理信息系统，我国的铁路运输管理信息系统 TMIS（Transportation Management Information System）主要涉及铁路运输生产中的机车车辆、集装箱等的货票信息，在技术站及货运站作业的现车情况与车流推算等基础信息的实时获取与传输。TMIS 是铁路运营管理信息系统（OIS）的基础信息源，也是铁路信息系统总体结构中的核心部分。

TMIS 系统以运输生产管理，特别以货运管理为系统目标，实时地组织和指挥运输生产、服务于货主。通过 TMIS 系统实时信息的生成与处理，可实现全路 2 万多列列车、76.4 万多辆货车（未含企业自备车）、60 多万个集装箱及货物的实时动态追踪管理，具体包括：

（1）列车运行动态信息：列车运行正晚点情况、晚点原因和各种实时运行基本信息的统计分析。

（2）机车动态信息：实时追踪每台机车的状态及位置变化。

（3）车辆动态信息：实时追踪每辆货车和所载货物的状态及位置变化。

（4）集装箱动态信息：实时追踪每个集装箱和所载货物的状态及位置变化。

（5）主要技术站信息：提供日（班）别、站别的出入车信息。如待解编列车数、待发列车数、到发场股道占用情况及站存车情况等。

（6）分界口信息：提供阶段别的出入列车、重空车数、集装箱数和车站股道使用情况等信息。

（7）装卸车信息：提供按局别、主要站别、重点货物品类别的装卸车数和待装卸车数等。

（8）现在车信息：以 3 小时阶段别为单位提供按局别、车务段别、区段别、主要站别的现在车实时信息。

（9）车流推算信息：推算路局别、限制口别、主要站别未来 3 天内车流情况和运用车保有量变化情况，同时提供重点站卸车车流和指定范围车流情况信息。

（10）篷布信息：提供按主要站别、车务段别的每 6 小时阶段的篷布使用、汇总统计。

（11）货票信息：将装车当日的装车信息采用微机印制货票，并建立货票信息库；为指定范围内的车站提供货票信息并实现运输、财务和统计部门共享货票信息。

（12）特种车信息：提供机械保温车、集装箱专用车、油罐车及特种平车的分布、使用及维护信息。

（13）车辆管理信息：提供车辆运用状态及新造车、报废车信息，到期检修车分布情况和车辆走行公里等。

（14）机务信息：机车有关工作指标、保有量、机车出勤等信息。

（15）空车调配信息：按空车车种的分布与装车计划需求信息制订空车二次使用计划。

（16）为军事运输部门提供的信息：提供军运车日装车数、货票、装车计划和列车运行情况等信息。

三、TMIS 系统的信息流程

TMIS 是铁路运输生产的重要组成部分，也是铁路信息系统总体结构中的一个核心系统。TMIS 可分为 3 部分，TMIS 系统的信息流程如图 8.2 所示。第一部分为信息源部分，其任务是将 2 200 个重要站段信息报告点通过分布全路的 X.25 公用数据网实地收集站段的列车、机车、车辆、货车装卸及集装箱等的信息，并报告中央数据库。第二部分为实时信息的收集、处理与存储。即在建立中央实时信息库的基础上，处理并存储站段列车、机车、车辆、货车装卸及集装箱信息等。联机系统的存储磁盘保留 45 天，实时信息超过 45 天的信息转储到磁带上。第三部分经过实时信息的收集与处理，从而实现对列车、机车、车辆、集装箱的实时追踪，以及货票信息、确报信息、计划信息、现在车信息及车流推算的管理等。

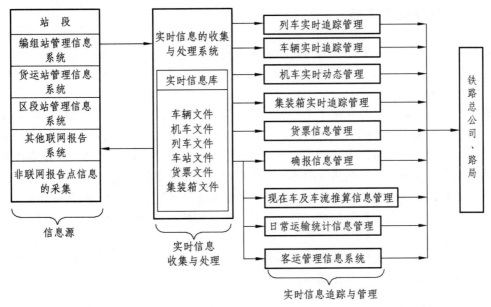

图 8.2　TMIS 系统的信息流程图

TMIS 是我国铁路信息化的重要内容和标志。TMIS 通过及时、准确、完整的信息采集、传输与处理功能，为各级铁路运输生产人员提供有计划、有预见的运输生产组织决策管理方案，也为铁路总公司宏观管理和决策提供重要依据；同时 TMIS 也大大改善了对货主的服务质量，大货主通过联网终端可直接申请要车计划、查询装车情况、到货情况及在途货物运输情况；TMIS 的应用加速了机车车辆的周转，不仅提高了运输效率和组织管理水平，同时也带来了良好的经济效益和社会效益。

第二节　编组站综合自动化系统

编组站综合自动化系统是指利用计算机、通信网络和自动控制技术，优化车站作业计划、实施调度指挥和统计分析，对车站接发列车和调车作业进行自动控制的系统，由信息管理系统和作业过程控制系统两大部分构成。编组站综合自动化系统把编组站运输生产的各部门连接为一个整体，在很大程度上实现了编组站运营管理信息化和作业控制自动化，目前铁路现场正在使用的编组站综合自动化系统产品有 SAM 系统和 CIPS 系统。

编组站综合自动化系统的硬件设备主要由安装在中心机房的数据库服务器、应用服务器和接口服务器，设立在调度中心和现场作业地点的客户终端、联结服务器和用户终端的信息网，以及编组站集中控制、微机联锁、驼峰控制、机车遥控和调车监控等设备构成。

为了便于工作联系和交流，通常在车站站调楼设综合控制中心，用大屏幕显示车站各车场的运用状况，把总站调、上下行站调、助调，上下行到达场、出发场车站值班员，集中在调度大厅；在上、下行到达场和出发场的车号室、商检室、列检所、驼峰信号楼、编尾信号楼设终端。

一、信息处理子系统

信息处理子系统的主要功能是实现站内货车追踪，辅助编制车站班计划、阶段计划和调车作业计划，自动进行 18 点统计报表编制并上报铁路局。为实现上述功能，系统内需要存储必要的基础数据和主体数据。

基础数据是在较长的时间内不变的、在作业管理中需要用到的数据。例如，装车后根据到站，系统应能确定该车的到局、所属组号；依据车号应能确定该车的车种、自重、换长等基本信息。基础数据通常以字典的形式存储，如全路站名字典、局名字典、货物品名字典、收发货人字典、车种字典、股道字典等。为实现以上功能，系统还需要存储并及时更新车站运输管理的基础资料，如本站及本站自编始发列车到站的列车编组计划，列车编组隔离限制，相邻区段各区间差别列车重量标准，禁止溜放、禁止过峰、限速连挂的规定，违编规定，调车场线路固定使用方案等。

主体数据是指处于变化中的运输实体的数据，如货车数据、到达和发送超限货物数据、班计划、阶段计划和调车作业计划等。

（一）站内货车追踪

站内货车追踪子系统是编组站货车信息处理系统的基础，它实时反映站内货车的数量、位置和状态，为系统编制阶段计划、调车作业计划、推算车流和进行 18 点统计提供数据。站内货车追踪子系统的核心是储存在车站计算中心数据库服务器中的车站货车数据库和储存在应用服务器中的维护和处理货车数据的应用软件，车站各相关作业地点的终端依据各自的权限实时更新货车数据，或启动应用程序获取统计信息。

1. 货车数据库

货车数据库用于存储站内货车数据，设置的字段应能满足车站、路局和总公司运输管理的需要，如车号、自重、换长、发站、到站、收货人、品名、去向、到局等，数据库的记录数应与站内实际货车数始终保持一致，每条记录记载的货车信息应能真实反映货车在站内的位置、运用状态和装载状态。

2. 货车数据库的实时更新

当列车到达时，位于进站咽喉的车号自动识别系统依次读取车列编组顺序，并与列车确报比对，在到达场车号员终端给出"匹配程度"的提示。如果未达到"100%"匹配，车号员需核对现车，经修改无误后"提交"给系统，使到达车列的车辆信息加入车站货车数据库，为助调（解体区长）编制解体调车作业计划提供依据。

当解体、编组和取送调车作业计划执行以后，信息处理系统接收到作业过程控制系统发出的作业结束信息，依据调车作业计划自动修改"车辆位置"字段，使货车数据库追踪车辆在站内的移动，反映货车停留的线路和顺序。

当货车在货物作业地点的装卸作业进行完毕、其空重状态发生变化时，由外勤货运员提交"装卸车清单（货统2）"，系统依据货票信息修改相关货车的品名、载重、发站、发货人、到站、收货人等字段的内容，反映货车的装载状态变化。

当货车被扣修或修竣时，系统依据"车辆检修通知单（车统23）"和"检修车辆竣工验收移交记录（车统33并车统36）"修改货车的"运用状态"字段。

当自编始发列车驶出车站时，设在车站出口咽喉的货车自动识别装置读取列车的编组顺序，与列车确报比对，给出车辆信息的"匹配程度"，由出发场车号员确认准确无误后"提交"，系统自动将出发列车信息存入出发列车确报数据库并删除货车数据库内相关货车的信息。

这样，货车数据库内的货车信息在数量、装载状态和运用状态上始终与现车保持一致，从而可以为车站现车查询、编制作业计划和进行18点统计提供准确的资料。

3. 实场和虚场

货车站内追踪系统可以提供任一时刻详尽的车流资料，例如显示指定组号的车流数量、停留股道及每辆货车在股道内的排列顺序和详细数据或显示指定站线上停留货车的顺序。车站调车作业计划的执行使货车在站内的位置发生变化。有时站调、助调、解体或编组调车区长等有关人员可能在调车计划执行以前就需要了解计划执行以后各车场及股道的现车情况，以便考虑编制下一步调车作业计划。为此，系统可以向作业人员提供"实场"和"虚场"功能。

"实场"反映的货车信息是当前车场内货车的实际情况；而"虚场"反映的是系统根据调车作业计划推演的计划执行以后的场内货车分布情况，不是当时的实际情况。这一功能为现场工作人员提前掌握车流变化提供了极大的方便。

（二）班计划、阶段计划、调车作业计划编制和施工管理

1. 班计划

系统协助值班站长（总站调或站调）编制班计划：自动接收铁路局调度所计划调度员下达的车站日班计划任务和机车运用计划；在具有双向调车作业系统的编组站，系统计算各到解列车的交换车比重，以此确定应接入的系统；推算各次自编始发列车车流来源，绘制日班计划大表。

2. 阶段计划

系统辅助站调编制阶段计划和记录阶段计划执行情况：自动接收路局阶段列车到发计划；编制到发线使用计划，确定超限、超长列车接入线路；确定列车解体作业、编组作业和取送作业顺序；推算车流、按阶段向路局调度所上报站存车；将阶段计划分解下达给车站值班员、车号员、商检员、列检员、调车区长、机务段运用车间值班员等作业人员；并根据到达场、

调车场和出发场作业人员（如助理值班员、车号、货检、列检调车长）利用系统终端反馈的作业完成情况，在车站技术作业表上记录作业实绩。

3. 自动或辅助编制调车作业计划

解体区长（助调）触发解体调车作业计划编制程序后，系统依据核实的到达列车确报、列车中车辆溜放的限制条件、到达场接车股道、调车场各调车线路的车辆集结和线路固定使用及活用情况，自动编制列车解体调车计划，经解体区长审核后传送到推峰调机乘务组、峰顶和驼峰楼、用票柜管理货运票据的主任车号员等作业地点执行。

编组区长依据阶段计划，触发直达、直通和区段列车编组调车作业编制程序，系统依据阶段计划检查待编列车的集结车流量、车辆的隔离限制，自动编制作业计划。编制摘挂、小运转列车编组调车作业计划时，系统为手工编制编组调车作业计划提供所需组号车流的当前位置、数量，列车牵引定数等资料，由编组区长输入作业计划。

取送区长依据阶段计划的要求，编制取送调车作业计划。

调车作业计划编制完成经确认以后，由计划编制区长选择发送地点，系统传送计划到调车区长、调车组和车站值班员等相关人员，并自动发送到作业控制系统。

系统依据编组调车作业计划和货车数据库信息，自动生成确报，经抄编车号员核对无误后，即可打印，并通过列车确报网向有关单位发送。

4. 施工管理

系统根据路局调度所施工日计划的安排，制订施工计划，指明施工性质、类别、停用的线路、设备及停用的起止时间。自动检查列车、调车作业计划，防止使用被停用线路和设备。

（三）18点统计

系统对18点统计所需原始资料建立数据库加以储存并及时更新。18点报表编制系统利用货车追踪数据库、到达及出发列车确报和其他统计资料，在18点当时启动统计程序，自动编制运报、货报各类18点统计报表，向铁路局调度所发送；生成旬报、月报、季报和年报及各种台账；定时转储历史数据；并分析车站及各班列车正晚点、中停时、办理车数、正点率、解体和编组列车数等。

二、作业过程控制子系统

编组站作业过程集中控制系统的基本功能包括：从车站信息处理子系统接收阶段计划、调车作业计划；并对计划内容进行正确性检查，对不合法的作业计划返回报警信息（如超限车接入股道检查、电力机车接入检查、客运列车线别使用检查、施工检查等），将其转换成可执行的指令序列；适时控制车站接发列车和调车作业；接收现场设备作业进度信息，作业结束后向车站信息处理系统反馈。

（一）接发列车进路的自动控制

1. 列车到达进路

系统依据阶段计划、后方站请求闭塞或列车出发的通知和列车进路表，排列接车进路、开放进站信号机；依据本务机去向排列机车入库进路、折返进路或转场进路。

2. 列车出发进路

依据出发列车线别，排列机车出库进路或机车折返进路、列车出发进路。

3. 列车通过进路

为通过列车排列通过进路、开放进站和出站信号。

4. 自动报点

系统依据列车压上进站方向轨道电路和出站方向轨道电路的时间，经简略计算，自动向邻站、调度所报点。

5. 自动填写《行车日志》

系统自动记录办理闭塞，列车到达、出发时刻，形成电子行车日志。

（二）驼峰溜放过程的自动控制

驼峰自动控制系统自动或人工输入车列解体计划，依据作业情况变更解体计划；驼峰溜放作业自动控制包括推峰机车推峰速度控制、溜放车组的速度控制和车组溜放进路的自动控制等项功能。

1. 推峰机车速度控制

作业控制系统根据货车信息处理系统送达的列车解体作业计划，根据调车场内安装的传感器测得的溜放车组长度、重量、溜放距离，计算确定合理的推峰速度，通过遥控装置自动控制驼峰机车的推峰速度，实现变速溜放。

2. 溜放车组速度控制

对溜放车组速度的自动控制是指利用钩车溜放距离、溜行速度的自动检测设备，依据驼峰平、纵断面参数及调速设备的性能，计算各制动位减速器的出口速度，并实施间隔制动和目的制动，以保证钩车之间的合理间隔和适当的停留位置。

3. 车组溜放进路的自动控制

驼峰自动集中设备依据解体作业计划、机内储存的进路表和钩车间隔，自动排列溜放进路；当发生"追钩"时，自动转换驼峰信号显示，要求调机暂停溜放、下峰连挂进入异道的车组，重新溜放。

（三）调车场尾部微机集中联锁系统

依据从信息处理系统接收的编组调车作业计划，自动排布调车作业进路，作业执行以后向数据处理系统返回结束信息，触发货车数据库更新操作。

三、系统内部和外部接口

编组站综合自动化系统通过计算机网络，在内部的信息处理系统和控制系统间，外部与

TMIS、TDCS 等系统间均有接口，可以实现信息传递。

（一）信息处理和控制系统间的内部信息交换

1. 信息系统向作业控制系统传送下列作业计划

（1）接发列车计划。

（2）解体、编组和取送调车作业计划。

（3）施工封锁计划。

（4）本务机车出入段计划。

（5）施工计划、线路封锁计划。

2. 控制系统向数据处理系统上传作业执行情况的信息

（1）调车作业执行情况。

（2）执行情况异常，请求处理的信息。

（二）与路局调度系统外部的信息交换

1. 与 TDCS 系统

（1）自动接收路局日班计划、阶段计划。

（2）向路局行调系统自动报点，按阶段上报车站现车信息。

（3）阶段推算站内车流。

（4）向 TDCS 发送到达场、出发场的站场实时信息。

（5）从 CTCS 取得列车邻站出发报点。

2. 与货车技术管理信息系统 HMIS

共享"车辆检修通知单（车统 23）""检修车回送单（车统 26）""检修车辆竣工验收移交记录（车统 36）"等信息。

3. 与危险品货物运输信息系统

提供危险品到发报告和装卸车报告。

4. 与特货危险品货物运输信息系统

提供特货危险品到发报告和装卸车报告。

5. 与确报系统

自动接收到达列车确报、发送自编始发列车确报，存储到、发列车确报信息。

四、系统通信保障

编组站综合自动化系统内部和与外部需要进行大量的数据交换，因而必须在有线通信网络和无线通信网络的支持下才能正常运作。

（一）控制信息网和综合信息网

在编组站各固定作业地点之间，可以利用有线通信网络传输信息。

1. 控制信息网

控制信息网为编组站集中控制系统（如控制接发列车和牵出线调车进路的微机联锁系统，驼峰自动控制系统，调车机车综合安全控制系统和编组站安全监控系统，到达场和出发场商检、车号、列检所等）提供信息通道，实现 TDCS 和 GSM-R 信息的安全接入。

2. 综合信息网

综合信息网是为编组站办公自动化系统、视频监控信息传输系统等提供车站与路局间及站内通信服务的局域网。

（二）GMS-R 无线通信网络

移动设备和现场作业人员与系统之间的通信需要利用无线通信设备来实现。铁路全球移动无线通信系统 GSM-R（Global System of Mobile Communication for Railways）是专用于铁路运营管理、实施调度指挥和列车运行控制的无线通信网络。在编组站综合自动化系统中，GSM-R 无线通信为驼峰调车机车综合安全控制系统，到达场、调车场和出发场作业人员（列检、商检、车号、列尾作业员等）、站场施工以及管理人员提供数字通信服务。

GSM-R 系统执行以下功能：

（1）在调度中心大楼内设置无线信息接口服务器，向牵出线调车机车综合安全控制车载设备发送调车作业计划单，利用 GSM-R 组呼功能实现调车组成员、调机乘务人员之间的信息传送，在到达场和出发场，为室内和现场作业人员之间，如车号、商检，提供信息服务。

（2）在调度中心大楼内设置调车机车综合安全控制系统接口服务器，为调车机车车载无线收发设备建立无线数据通道，完成调机监控信息和作业状态信息传送。

五、系统安全保障

编组站综合自动化系统集编组站运输生产的所有部门于一体，实现了调度指挥、作业计划编制、作业控制和统计分析的信息化、自动化，在车站运输生产的全程发挥着关键作用，一旦系统失效，后果十分严重，因而必须具有高度的可靠性。

为了增强可靠性，系统实施了一系列安全保障措施，包括：采用高可靠的工业控制计算机；主机和供电设备采用双机热备、故障自动切换冗余技术；有线网络一旦故障，关键信息可通过无线网络传输；调度集中控制系统失效时，各场微机联锁和驼峰可以改为现地操作；系统所有设备，均采用两路一级电源供电等。

1. 信息安全保障

影响车站综合自动化系统信息安全的主要因素在于硬件、系统软件、应用软件和数据库故障、黑客入侵等。系统采取的安全保障措施为：采用高品质的工业级设备；设备主机、供电设备采用双机热备、故障自动切换冗余技术；有线网络发生故障，立即切换到无线网络，保证信道畅通；系统一旦瘫痪或调度控制系统失效，各场微机联锁、驼峰可以立即改为现地操作，使现场生产活动得以持续进行；日班计划、阶段计划和调车作业计划都有人工调整，或转为人工编制、填写的功能，系统提供人工编制作业计划的界面和接口。

2. **过程控制系统的安全保障**

微机联锁系统采用分散联锁、集中操作和控制方式，当中央服务器或网络故障、调度集中失去控制时，可授权在各车场分散操作；微机联锁系统实行三重冗余，单套故障时，系统仍具有很高的可靠性；联锁系统的监控机采用双机热备，确保对联锁系统的不间断实时监控；联锁系统网络使用双服务器、双网络的主备网络模式。

调车机车综合安全控制系统采用：硬件数据校验和软件纠错双重措施，保证接收数据的正确。系统的无线数据传输，采用双向实时传输，并利用机车回执数据与发送数据比对，校核机车接收到的控制数据的正确性。如果连续发现数据传输错误，地面系统将停止向机车车载设备发送数据，使故障导向安全。系统在设计中也采取了冗余设计方案，地面设备双机热备，系统与微机联锁的通信也是双重的，不仅可以与现场各控制楼的微机联锁通信平台通信，还可以和中心控制楼的微机联锁系统通信平台通信，从而增加了系统的可靠度。

为保障驼峰自动控制系统的作业安全：控制计算机双机热备；系统内部采用双网结构，双网同时工作；解体调车作业计划可以人工输入等。

第三节　货票信息管理系统

一、系统的设计结构

铁路货票是货物运输生产的主要票据之一，是运输统计、财务管理、货流分析的原始资料，也是运输调度作业不可缺少的基础数据。

货票信息管理系统依据用户观点分为 3 级，即用户和站段级、路局级、铁路总公司级。从软件设计策略上侧重基层和中央处理这两级；基层系统侧重于信息采集和报告，中央系统侧重于建库和共享。货票信息管理系统的设计结构如图 8.3 所示。

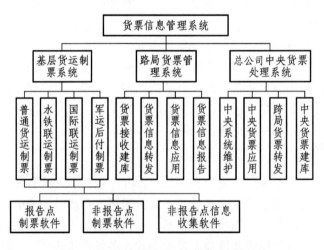

图 8.3　货票信息管理系统的设计结构图

二、系统功能

1. 基层站段货票系统功能

采用手工输入或网络接入计划运单信息，为制票提供共享数据。根据铁路运输规章填制货票，完成普通、国际联运、水陆联运、军运、集装箱运输一口价等的货票信息的输入、修改、径路里程计算、计费、打印、存储等一系列操作，采用预存或非预存方式制票，具有快速检索、计费和记事智能处理、完整或部分货票复制、联机帮助等辅助功能；还可实现货主结账、装车结账、收入统计、分类装车报告、保价运输、重车去向、集装箱运输一口价报表、货票查询、备份等，为铁路局收入审核、精密统计以及 TMIS 及时报告货票信息实现共享等。

2. 路局货票系统功能

接收基层车站的制票信息，在路局建立管内货票库，并报告铁路总公司中央货票系统。对管内发、到的货票进行整理，实现管内货票交换，接收中央系统转发的外局到达货票，由铁路局再将到达货票转发终到站；利用路局货票库实现管内货票信息共享等。

3. 中央货票系统功能

接收基层车站（路局）报告的货票信息，在铁路总公司建立中央货票库，并同步生成统计摘要库和修改轨迹库；修改轨迹库记录货票的作废或恢复、运输途中的变更、转装、径路变更等信息。对跨局发到货票信息按到达局进行分类整理，以标准格式按到达局组织文件，并转发至到达局，再由该局转发至终到站。

为全路各级业务和管理部门以及货主提供货票信息查询，主要包括：

（1）完整货票检索。按货票关键字、计划或运输号、收货人、发货人查询完整货票，以车、箱、施封、篷布与货票间的相互关联进行跟踪。

（2）摘要货票检索。按指定品名、票种、发站、到站进行查询。

（3）统计功能。局间各种装车统计、货物品类分析统计、集装箱使用统计、篷布使用统计、运输收入统计、保价和保险货物统计等。

生成共享文件提供给铁路总公司有关部门和各级用户，实现信息共享。提供共享文件的方式有两种，一类是按照规定格式生成共享文件，一类是根据实际需求，用户按照任意指定字段组合提取信息。

三、系统的效益

货票信息系统提高了制票的准确度，可利用货票系统作为实际装车和计划完成的考核依据，杜绝虚报漏报，强化运输管理；可以将货票转发至到站和中转站，为零担集装箱货物中转、装卸和货物配装以及终到站的卸车、货物催领、交付提供信息；可以利用货票信息综合考核货车、集装箱和篷布的使用情况，及时反映铁路各地区间的货物交流状况及运量的特点，满足运输调度指挥的需要，并为铁路核心部门宏观决策提供完整的基础信息；货票信息的集中处理可以为客户提供咨询、货物到达查询等服务。

第四节　车号自动识别系统

一、系统概述

铁路车号自动识别系统（简称 ATIS）是一个对全国铁路货车、列车和机车运行位置进行动态追踪管理的实时信息自动采集、报告和处理的系统。它涉及运输、机车、车辆、通信和计算机等各个部门。按照工程设计，在全路约有 76 万多辆部属货车、120 000 辆企业自备车和 2.1 万多台机车的底部安装记载有机车、车辆基本信息的电子标签。车辆的电子标签是只读的，车辆标签由地面编程器一次性写入车种、车型、车号和出厂日期等固定信息后不再更改。机车的电子标签是可读写的，机车标签中除包括机车型号、机车号、配属段等固定信息外，还可按不同的车次、牵引工种由车载编程器写入相应的可变信息。

在全路 560 多个主要车站（包括路局间分界站、编组站、大型区段站、大型货运站等）的进、出站信号机附近，安装自动的机车、车辆标签和信息接收设备（AEI）。AEI 设备包括控制读出主机和磁钢、天线等附属装置以及相关软件。当列车通过车站信号机接近点时，AEI 将立刻采集到机车、车辆电子标签的信息，并将信息传到与之相连接的远程机房处理系统（CPS）计算机中形成列车报文信息，传到 TMIS 车站系统，与相关系统的信息结合，进行车站级的应用。同时将报文信息逐级上传至路局和铁路总公司，在各级进行车号自动识别信息的应用。

二、系统的结构

车号自动识别系统的结构如图 8.4 所示。

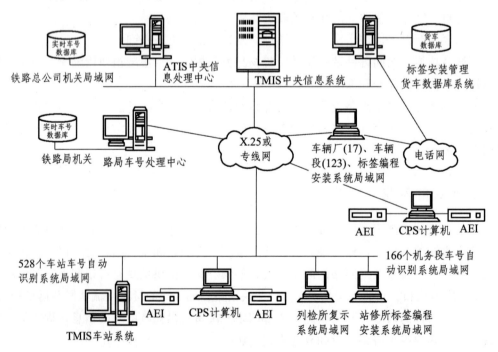

图 8.4　ATIS 结构图

由图 8.4 可知，铁路总公司、铁路局、站段三级网络系统采用广域网与局域网相连接的数据交换方式，广域网通过铁路 X.25 或专线网相连接，采用 TCP/IP 网络通信协议，用 MQ 通信软件逐级上传数据。在铁路总公司、铁路局的局域网上，用户端工作站通过 Client/Server 或浏览器模式访问车号数据库的数据。

三、系统的组成

ATIS 的组成如图 8.5 所示。

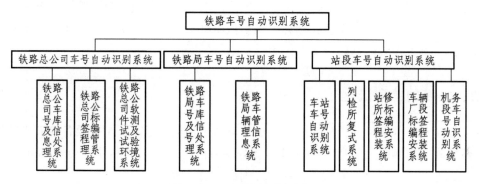

图 8.5　ATIS 的组成框图

（1）铁路总公司车号库及信息处理系统，实时收集和整理来自车站采集点的车号信息，在铁路总公司电子中心建立列车、机车、车辆基础数据库，保存历史信息，将所属局的分界站出、入车信息转发到相邻铁路局；计算出每个铁路局的使用车数和有偿占用车数及费用，进行货车使用费清算，并结合其他信息为运输组织和管理部门以及货主提供车辆、货物运输情况的实时查询。

（2）铁路总公司标签编程管理系统。该系统主要是将全路每辆车辆标签输入车号信息库，并保证车号的唯一性。同时根据车辆的技术履历及检修信息提供厂、段、辅修等信息进行铁路总公司车辆信息的动态管理。

（3）铁路总公司软件测试及试验环境系统。建立试验环境，利用模拟试验测试软件、硬件的各项技术指标以便及时完善系统功能。

（4）铁路局车号库及信息处理系统。铁路局建实时车号库，可提供铁路局现在车统计、分界站出入车统计、装卸车和使用车去向、重空车状态和运用车情况统计、运输成本核算、货车使用费清算等功能。

（5）车辆厂（段）、站修所标签编程安装系统。该系统是与铁路总公司标签管理系统相配套的工程，主要功能是向中央货车标签数据库系统申请并接收车号信息，然后由计算机控制便携式标签编程将车号信息录入货车标签。站修所系统的建立可在本站最短时间内换装损坏标签使车辆及时投入运行。

（6）车站车号自动识别系统。AEI 实时接收运行中的货车、机车上的标签信息，通过专线传送到 CPS 服务器，CPS 再将数据转发至列检所。系统通过进站口 AEI 对车号自动采集代替了人工抄录车号；对出站口的车号采集，可及时核对车站作业结果，并向下一站报告列车信息，为 TMIS 车站系统提供真实可靠的车次、车号等基础数据，克服了 TMIS 依靠人工上报数据的处理方式，避免了人工干预。

（7）列检所复示系统。车站 CPS 计算机接收 AEI 传送的消息报文和故障报文，转发给本站列检所。列检所通过复示车号信息和标签信息，及时掌握 AEI 设备和识别标签状态，有故障时通知维护部门做好日常维护。

（8）机务段车号自动识别系统。由计算机控制便携式标签编程器将全路每台机车的完整信息录入机车标签。在机务段闸楼处安装的 AEI 能自动采集机车信息，向机务段管理系统报告机车出库时间，并结合机车安全综合监控装置（黑匣子），可取得每一列车一个全路的全程车次代码，由机车上配置的车载式编程器动态地向机车标签写入车次，完成列车车次信息的输入，解决了列车识别的难题。

四、系统的信息流程

当安装了机车、车辆电子标签的列车经过车站信号机附近时，AEI 设备的天线接收到电子标签的机车、车辆相关信息，经 AEI 设备处理后传到 CPS 计算机中，由 CPS 的接收程序处理形成列车报文，再由传输软件将报文传到指定的目的地。

ATIS 系统信息流程如图 8.6 所示。

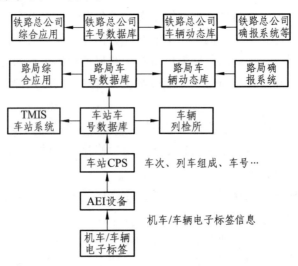

图 8.6　ATIS 系统信息流程图

第五节　铁路行车安全保障体系

铁路作为一种重要的交通运输方式，确保安全不仅是对其生产作业环节的基本要求，而且也是铁路运输服务质量的重要体现。世界各国铁路企业和政府历来都十分重视铁路运输安全，把预防铁路事故放在重要位置，并为此进行着持久不懈的努力。

铁路运输安全包括旅客运输安全、行包运输安全、货物运输安全、行车安全、道口安全等，也就是所有运输对象在整个运输生产过程中的安全。而行车安全，即列车运行安全，是铁路运输安全最重要、最核心的部分。线路上轨道设施的损伤，信号故障或性能不良，机车车辆主要部件破损或失灵，往往会导致严重行车事故的发生。为了保证行车安全，各国铁路和政府主要通过加强行车安全管理、建立健全安全法规和提高技术设备安全保障性能等几条途径不断完善铁路运输安全状况。

当然，严密的组织、严格的纪律、娴熟的业务素质是保证铁路运输安全的重要主观因素；科学健全的铁路法律法规是保证铁路运输安全的有力保障；而各种性能良好、效果显著的现代化安全保障技术及设备是运输安全的重要物质基础。

随着行车密度的加大和行车速度的提高，无论是已经多次提速且实行"客货混跑"的既有铁路，运行高速动车的客运专线铁路，还是要专为开行重载大列而修建的重载运输线路，"大密度、高负荷"的运输现实对行车安全的要求标准越来越高。经过几十年的不懈努力，尤其是近十多年来，我国的行车安全保障体系正在逐步形成，并日趋完善。

一、行车安全保障体系简介

现代化的安全基础设施与监控设施的建设仍将是我国近期及未来安全技术进一步发展与提高的目标与方向。根据我国铁路运输组织的发展特点，尤其应加强动态安全监测网络的建设，实现通过分设于线路、机车、车辆上各种移动的安全监测设备分别对线路、机车、车辆等设施进行连续、动态的监测。具体来说，就是要建立一个"车对地""地对车""地对地""车对车"的监测预警体系。该体系的实现，将进一步完善我国行车安全技术系统，使我国行车安全工作取得新的成就。

该体系的基本架构简述如下：

1. "车对地"安全监测

应用安装在移动设备上的安全监测系统，实现对线路及其他固定设备每一处的连续动态安全监测。如应用轨道检测车、钢轨检测车和安全综合检测车，利用网络化的车载计算机数据分析系统，实现各子系统的同步综合监测与评价。

2. "地对车"安全监测

应用安装在行车线路上的安全监测系统，实现对客货运机车、车辆的连续动态安全监测。如已投入使用的机车车辆运行状态及超偏载的安全监测系统、机车车辆机械故障诊断仪器及系列红外线轴温探测仪和轴温报警装置等。

3. "地对地"安全监测

应用各种地面设置的安全监测装备，实现对重点线路、桥梁、隧道、道口等固定设施的动态安全检查。如建立列车超速防护控制系统、车站计算机联锁控制系统、列车接近安全防护报警系统等。

4. "车对车"安全监测

应用旅客列车车载安全监测装备，实现对列车关键设备的连续动态安全监测。如列车运行安全监测诊断系统，它的主要功能有：① 对制动系统的监测诊断，包括制动机、电动阀的制动或缓解状态，折角塞门开关状态等；② 车辆运行品质监测诊断，包括转向架是否失稳、平稳性能指标、车轮擦伤、横向振动、垂向振动；③ 轴温报警，轴温声光报警及显示值；④ 防滑器监测诊断；⑤ 车辆电器监测诊断；⑥ 车门、火灾险情监测诊断；⑦ 集中显示车厢诊断信息等。

由于这 4 个模块的相互环链、相互匹配，形成一个预报可靠准确、反应迅速灵敏、措施有力、管理系统化的安全技术保障系统。

二、列车运行控制系统

列车运行控制系统 CTCS（China Train Control System）是以技术手段对列车运行方向、运行间隔和运行速度进行控制，使列车能够安全运行并且提高运行效率的系统，简称列控系统。

（一）CTCS 系统的发展阶段

列车运行控制系统经历了以下几个发展阶段：

1. 地面人工信号阶段

自铁路运营之初，人们就提出了"如何控制列车间隔以保证行车安全"的问题，为此提出了行车闭塞法。开始时，人们在线路上安装球体、文字指示牌、臂板等各种形式的信号设备。通过这些地面信号显示，简便地给司机以运行条件的指示，提醒司机采取相应的措施，以免发生列车正面冲突和列车追尾事故。从那时起，信号机实际上就已经起到了闭塞机的作用，只不过这种站间闭塞关系主要靠人工保证。其主要特征是站与站的联系开始是用电话，后改为电报然后辅以路签、路牌等，主要依靠人工来保证，而不是依靠设备保证安全。

2. 地面自动信号阶段

当轨道电路发明以后，人们开始利用轨道电路来检查轨道的占用情况，从而实现了自动闭塞控制，也就是地面自动信号开始出现。地面自动信号显示能真实反映线路的空闲状态，防止列车发生冲突。在这一阶段，地面自动信号仅仅能指示安全运行的条件，列车的安危很大程度上掌握在司机手中。

3. 机车信号阶段

以地面信号显示为主的铁路信号系统从地面向司机显示视觉信号，由司机根据显示信号控制列车速度以保证列车运行间隔。这种方式是以司机严格遵守信号为前提的。由于地面信号显示系统容易受到自然环境（如大雾、风沙、雨雪等）和地形条件（弯道、坡道等）的影响和限制，难以做到全天候不间断显示，存在安全隐患，于行车安全不利，无法满足高速度、大密度行车的需求。因此，人们发明了机车信号设备，将地面信号显示的信息传输到车载信号设备上，经技术处理后将信号复示在司机室屏幕上。这极大改善了司机的瞭望条件，确保司机在任何条件下都能安全驾驶列车，很大程度上提高了列车运行的安全。

4. 自动停车装置阶段

通过地面信号显示系统和机车信号复示系统，都只能确保信号显示的正确可靠，以提醒司机及时采取措施，但仍无法防止司机因不警惕、精神不集中、瞌睡或人为操作失误而导致危及行车安全事故的发生。因此，人们研制出了自动停车装置。当地面信号显示停车信号或进一步限制信号时，产生报警信号，若司机仍未予理睬则系统自动实施紧急制动，强迫列车停车。

5. 列车超速防护系统阶段

列车自动停车装置投入使用后，有效地消除了在因司机未反应的情况下出现行车安全事故的隐患，是行车安全保障技术的巨大进步。但是随着高速铁路技术的发展，列车的运行速度较高，人工瞭望或确认地面显示信号的时间很短，"以合适的速度进入信号防护区间"成了列车运行安全的关键。于是，铁路部门研制出了列车超速防护系统 ATPS（Automatic Train Protection System）。该系统由地面设备和车载设备共同组成，车载设备接收到地面信息以及列车参数后，实时计算出列车运行的允许速度，监督列车运行。一旦列车实际运行速度超过允许速度，将自动实施列车制动，自动降低列车速度，确保列车在前方目标点停车，进一步保证了行车安全。

同时，为了降低司机的劳动强度，铁路部门研制出了列车自动控制系统 ATCS（Automatic Train Control System）和列车自动驾驶系统 ATOS（Automatic Train Operation System）。它们可以实现列车的自动加速、自动减速、对位停车，自动控制车门的开关，使列车运行更加安全、正点、高效、节能。

铁路总公司针对我国既有线提速和高速客运专线发展的实际需要，制订了《中国列车控制系统（CTCS）技术规范总则（暂行）》和相应的 CTCS 技术条件，以保证我国铁路运输安全，满足互通运营的需要。

（二）CTCS 的功能及分类

列车运行控制系统的基本功能包括：① 反映列车前方区段是否空闲；② 指示列车合适的运行速度。先进的列车运行控制系统具备自动实施各种报警、制动的功能，以确保行车安全，并能对运行状况加以记录，用于对列车运行状态进行分析和进行设备维护等。

CTCS 是为了保证列车安全运行，并以分级形式满足不同线路运输需求的技术规范，其体系结构按照铁路运输管理层、网络运输层、地面设备层和车载设备层配置，体系的架构原则是以地面设备为基础，车载设备与地面设备统一设计。

根据其系统配置，按功能可将 CTCS 划分为 5 级：CTCS0、CTCS1、CTCS2、CTCS3、CTCS4，具体功能如下：

（1）CTCS0，由通用机车信号和运行监控记录装置（LKJ）构成，面向既有线的现状。

（2）CTCS1，由主体机车信号和加强型运行监控记录装置构成，面向 160 km/h 以下的区段。

（3）CTCS2，基于轨道电路和点式应答器传输行车许可信息的列控系统，采用车-地一体化设计，地面可不设通过信号机，机车乘务员凭车载信号行车，主要面向提速干线和高速新线。

（4）CTCS3，基于 GSM-R 无线通信实现车-地信息双向传输的列控系统，无线闭塞中心生成行车许可，轨道电路实现列车占用检查，应答器实现列车定位，主要面向 300 ~ 350 km/h 的高速新线。

（5）CTCS4，基于无线传输信息的列控系统，面向高速新线或特殊线路。

各级列控系统设备能向下兼容，系统级间转换可自动完成。该系统的研制和应用适应了我国铁路发展战略的需要，为确保列车运行安全提供了又一有力保障。

复习与思考题

1. 简述我国铁路运输管理信息系统（TMIS）的主要功能。

2. 什么是编组站综合自动化系统？为保障编组站综合自动化系统的安全运行，采取了哪些措施？

3. 什么是 GSM-R 系统？在编组站综合自动化系统中发挥什么作用？

4. 简述货票信息管理系统的组成及功能。

5. 简述铁路安全"车对地""地对车""地对地""车上监测"系统的含义及主要内容。

6. 简述列车运行控制系统的发展历程。

7. 我国的列车运行控制系统 CTCS 具有哪些功能，按其功能该如何划分？

第九章　城市轨道交通设备

第一节　概　述

城市轨道交通是指以轨道运输方式为主要技术特征，以城市客运公共交通为服务形式的交通运输方式。自 1863 年在英国伦敦出现世界上第一条地下铁道线路以来，城市轨道交通经历了曲折的发展历程。近年来，随着科学技术的进步和城市的快速发展，城市交通也得到了非常快的发展，尤其是城市轨道交通的发展非常明显。作为城市公共交通系统的一个重要组成部分，目前城市轨道交通有地铁、轻轨、市郊铁路、有轨电车以及悬浮列车等多种类型，号称"城市交通的主动脉"。

一、城市轨道交通的产生和发展

（一）城市轨道交通的产生和发展

1863 年世界上第一条地下铁道于 1 月 10 日在伦敦建成，开始是采用蒸汽机车牵引。由于线路建于地下，英国人称其为地下铁路（Underground Railway）。火车进入伦敦市区成功解决了路面交通的拥堵，立刻得到了其他大城市的竞相效仿。纽约曼哈顿岛引进了城市铁路（见图 9.1），有建于高架也有建于地下的，纽约人称其为地下铁路（Subway）。芝加哥 1782 年建起了环绕市中心摩天大厦的高架火车路（见图 9.2），芝加哥人称其为环路（Loop）。巴黎的火车进入城市较晚，此时进入城市的火车牵引动力已经改为电力，首先通车的巴黎城市铁路 6 号线和 13 号线，建于巴黎街道的下面，但是在当时世界博览会的主会场埃菲尔铁塔附近则建于高架之上，法国人把这种既建于地下又建于高架上的交通形式称之为大都市铁路（Metropolitain Railway，"Metro"）。1888 年美国弗吉尼亚州里士满市世界上第一条有轨电车

图 9.1　纽约的城市铁路

图 9.2　芝加哥 Loop 车辆进入市中心

系统投入运行。1908 年中国第一条有轨电车在上海建成通车。1969 年中国第一条地铁北京地铁一期工程当年 10 月建成。1978 年在比利时国际公共交通联合会上，确定了新型有轨电车交通的统一名称，简称轻轨交通（LRT）。

据粗略统计，到目前已有 50 个国家建有 360 条轻轨线路。

第二次世界大战后经过短暂的经济恢复后，地下铁道建设随着全世界经济起飞而启动、加快。20 世纪 70 年代和 80 年代是各国地下铁道建设的高峰。发达国家的主要大城市如纽约、华盛顿、芝加哥、伦敦、巴黎、柏林、东京、莫斯科等已基本完成了地铁网络的建设。但后起的中等发达国家和地区，特别是发展中国家地铁建设却方兴未艾。比如亚洲共有 26 个城市有地下铁道。除了东京与大阪在第二次世界大战前就建有地下铁道外，其余城市均是在战后建成。

旧式有轨电车行驶在道路中间，与其他车辆混合运行，又受路口红绿灯的控制，运行速度很慢，正点率低，而且噪声大，加减速性能较差。随着汽车工业的迅速发展，西方国家私人小汽车数量急骤增长，大量的汽车涌上街头，城市道路面积明显地不够用。

20 世纪 50 年代开始，世界各国大城市都纷纷拆除有轨电车线路，这阵风也波及中国。到 20 世纪 50 年代末，我国各大城市也把有轨电车线基本拆完，仅剩下大连、长春个别线路没有拆光，并一直保留至今，继续承担着正常公共客运任务。

20 世纪 60、70 年代在地下铁道建设高潮发展时期，由于地下铁道造价昂贵，建设进度受财政和其他因素制约，西方大城市在建设地下铁道的同时，又重新把注意力转移到地面轨道上来。利用现代高科技开发了新一代噪声低、速度高、转弯灵活、乘客上下方便，甚至照顾到老人和残疾人的低地板新型有轨电车。在线路结构上，也采用了降噪声技术措施。在速度要求较高的线路上，采用专用车道，与繁忙道路交叉处，进入半地下或高架交叉，互不影响。对速度要求不高的线路，可与道路平齐，与汽车混合运行。

（二）我国城市轨道交通的产生和发展

我国第一条地铁于 1969 年 10 月在北京建成通车。现已建成并通行地铁的城市有：北京、天津、上海、广州、香港、深圳、大连、长春、武汉、重庆、南京、西安、沈阳、成都等。

由于经济实力和技术水平的限制，中国城市轨道交通建设起步较晚。在 2000 年之前，全国仅有北京、上海、广州 3 个城市拥有轨道交通线路。进入 21 世纪以来，随着中国经济的飞速发展和城市化进程的加快，城市轨道交通也进入大发展时期。截止 2015 年末，全国累计有 26 个城市建成投运城轨线路 116 条，运营线路长度 3 618 km。其中，地铁 2 658 km，占 73.4%；其他制式城轨交通规模 960 km，占比达 26.6%。

我国主要城市的地铁发展情况如下：

1. 北　京

北京地铁始建于 1965 年 7 月 1 日，1969 年 10 月 1 日第一条地铁线路建成通车，使北京成为中国第一个拥有地铁的城市。

截至 2017 年 1 月，北京地铁运营线路共有 19 条地铁线路，均采用地铁系统，覆盖北京市 11 个市辖区，运营里程 574 km，共设车站 345 座，是世界上规模第二大的城市地铁系统。

截至 2017 年 7 月，北京地铁在建线路 20 条，共 354.8 km。到 2020 年，北京地铁将形成 30 条运营线路的轨道交通网络。

2. 上　海

上海地铁，其第一条线路于 1995 年 4 月 10 日正式运营，是继北京地铁、天津地铁建成通车后中国内地投入运营的第三个城市轨道交通系统，也是目前中国线路最长的城市轨道交通系统。截至 2016 年 12 月，上海轨道交通共开通线路 14 条（1～13 号线、16 号线），全网运营线路总长 617 km，车站 366 座（不含上海磁浮示范运营线，3/4 号线共线段 9 个车站的运营路程不重复计算，多线换乘车站的车站数分别计数），并有 5 条线路延伸规划、4 条线路新建计划。

3. 广　州

广州地铁于 1997 年 6 月 28 日开通。截至 2016 年 12 月 28 日，广州地铁共有 10 条运营线路（地铁 1～8 号线、地铁广佛线及地铁 APM 线），总长为 308.7 km，共 167 座车站，开通里程居中国第三，世界前十，日均客流量预计达 777 万人次。

4. 天　津

天津地铁始建于 1970 年 4 月 7 日。1976 年 1 月，天津地铁既有线先期建设了 3.6 km，开通了新华路站、营口道站、电报大楼站以及海光寺站 4 个车站试运行。是中国继北京后第 2 个拥有城市轨道交通系统的城市。截至 2016 年 12 月，天津轨道交通运营线路共有 5 条，包括地铁 1、2、3、6 号线及 9 号线（津滨轻轨），线网覆盖 10 个市辖区，运营里程 166 km，共设车站 112 座。

截至 2016 年 12 月，天津轨道交通在建线路共有 7 段，到 2020 年，天津轨道交通将形成 14 条运营线路，总长 513 km 的轨道交通网络。

5. 香　港

香港地铁第一条线路于 1979 年正式通车。截至 2016 年底，整个综合铁路系统全长 264 km，由观塘线、荃湾线、港岛线、南港岛线、东涌线、将军澳线、东铁线、西铁线、马鞍山线、迪士尼线、机场快线及轻铁各线共 154 个车站组成。

6. 深　圳

深圳地铁始建于 1999 年，于 2004 年 12 月 28 日正式通车。随着深圳地铁的开通，深圳已成为继北京、香港、天津、上海及广州后第六个拥有地铁系统的城市。截至 2017 年 6 月 30 日，深圳地铁已开通运营线路共有 8 条，共 199 座车站，运营线路总长 285 km，地铁运营总里程居中国第 4，全球第 10。截至 2016 年 12 月，深圳地铁在建线路共有 12 段，到 2020 年，深圳地铁将形成 16 条运营线路，总长 596.9 km 的轨道交通网络。

二、城市轨道交通的基本形式

（一）城市交通系统的构成

城市交通包括城市对外交通和城市内交通。城市对外交通是城市间及城市与乡村间的交通，其交通形式有铁路、航空、公路、水路及管道等。市内交通是服务于城市的交通，根据服务对象的不同有客运交通和货运交通，其客运交通因交通性质的不同有公共交通和私人交通之分，作为大城市应大力发展公共交通。城市公共交通又因交通形式的不同有轨道交通、非轨道交通。

城市交通系统构成如图 9.3 所示。

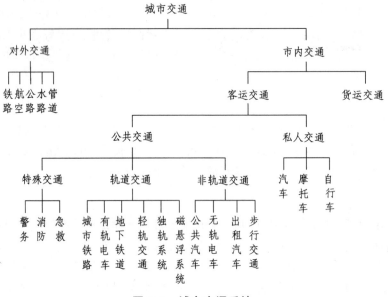

图 9.3　城市交通系统

（二）几种主要城市轨道交通方式的特点

1. 地　铁

地铁，狭义上专指在地下运行为主的城市铁路系统或捷运系统；但广义上，由于许多此类的系统为了配合修筑的环境，可能也会有地面化的路段存在，因此通常涵盖了城市地区各种地下与地面上的高密度交通运输系统。

一般地铁线路全封闭，在市中心区全部或大部分位于地下隧道内，因而可实现信号控制的自动化，具有容量大、速度快、安全、准时、舒适、运输成本低、不占城市用地，但建设成本高等特点，适用于出行距离较长、客运量需求大的城市中心区域。

2. 轻　轨

城市轨道交通中的"轻轨"与"地铁"相对应，城市公交系统中的有轨电车、导轨胶轮列车与城市轨道交通轻轨列车在技术上完全不同，因此不属于轻轨系统。城市轨道交通中的轻轨指的是在轨距为 1 435 mm 国际标准双轨上运行的列车，列车运行利用自动化信号系统。如图 9.4 所示。

其特点是：列车运行使用自动化信号系统、专用轨道和车站、最高时速一般为每小时200 km、轻轨线路单向每小时运量为 1 万～3 万人（地铁可达 3 万～7 万人）。

按照国际标准，城市轨道交通列车可分为 A、B、C 3 种型号，分别对应 3 m、2.8 m、2.6 m的列车宽度。凡是选用 A 型或 B 型列车的轨道交通线路称为地铁，采用 5～8 节编组列车；

选用 C 型列车的轨道交通线路称为轻轨，采用 2～4 节编组列车，列车的车型和编组决定了车轴重量和站台长度。

图 9.4　轻轨

图 9.5　独轨铁路

3. 独轨铁路

独轨铁路又称单轨铁路，指车辆行驶在架空单根轨道上的铁路（见图 9.5）。其功能主要是解决地面交通拥挤和旅游地区的客运。独轨铁路按其支承车辆的方式分为悬吊式和跨座式两种。悬吊式独轨铁路的轨道架设于支柱上端，车辆的车轮在车厢的上方，并支承于悬空轨道的钢轨上，车辆可以是对称或非对称布置，也可是单个或成双布置；跨座式独轨铁路的轨道通常为支柱上端的预应力钢筋混凝土梁，其上敷设钢轨，车轮自车厢的下部支承于钢轨上。独轨铁路的车厢一般由铝合金制造。驱动机构为电动机机组组成，与动轮布置在一起。独轨铁路的优点是技术较简单、速度较快、不受地面交通干扰、占用土地少和运行平稳等，在发达国家中得到一定采用。

4. 自动导向交通系统

一般来说，凡是适应地区多样化的交通需求，使线路和车辆提供最高的运输效率和良好的服务质量的公共运输系统和设备都是自动导向交通系统（见图 9.6）。狭义的自动导向交通系统则是指由电气牵引，具有特殊导向、操纵和转折方式的胶轮车辆，单车或数辆编组运行在专用轨道梁上的中运量轨道运输系统。这种轨道运输 20 世纪 70 年代先后建成投入运营的自动导向交通系统有美国达拉斯沃斯堡机场的 People Movers 系统和摩根城的 Personal Rapid Transit 系统等。进入 20 世纪 80 年代后，日本、法国和德国等国家也建成自动导向交通系统，其中尤以日本发展最快，在神户、大阪等城市先后建成 7 个自动导向交通系统，线路总长达到 48 km。

图 9.6　自动导向交通系统

三、城市轨道交通的技术经济特征

城市轨道交通的优势主要体现在运能大、速度快、能耗低、污染少、安全可靠、舒适性佳和占地面积少等多个方面。

1. 运能大

现代化的轨道交通，由于先进科学技术的运用，使得列车行车密度和单列载客能力得到了大幅度的提高，从而大大提高了城市轨道交通的运输能力，能够充分满足现代化城市大客流的需要。目前，大型地下铁道系统的高峰小时单向运能力可达 6 万～7 万人次。

2. 速度快

由于列车采用先进的电动车组动力牵引方式，又有良好的线路条件和自动控制体系，列车的快速运行安全有了保障。因此，现代城市轨道交通系统的列车运行速度比过去有了明显的提高。目前，地下铁道列车的最高运行速度能达到 100 km/h，旅行速度基本可达到 35～45 km/h，这在城市交通中是最快的。

3. 能耗低

由于城市轨道交通为大运量集团化客运系统，且又采用了多项高新技术，在客流得到保证的情况下，使得每位乘客的能源平均消耗远远低于其他任何一种城市交通方式。

4. 污染少

城市轨道交通一般均采用电力牵引动力方式，列车在运行过程中由于以电为能源产生动力，较之以燃油为动力的交通工具没有废气污染；就算采用以内燃机为动力的内燃动车组列车，也因大运量集团化运输方式，而使每位乘客所均摊的污染微乎其微。因而城市轨道交通有"绿色交通"之称，这正是现代都市可持续发展最为关注的问题——环境保护问题。

5. 安全可靠

由于城市轨道交通路线一般都采用立交方式而与地面其他交通方式完全隔离，不受地面交通干扰；现代化轨道交通一般都采用先进的信号安全系统来确保列车运行安全。因而受气候条件影响很小；轨道运输的准点性也是其他交通形式不可比拟的。因此，城市轨道交通是城市客运交通方式中可靠性最强的一种。尤其是在上下班高峰时段、气候条件恶劣之时，对于时间观念极强的现代城市交通行为者而言，这点优势是至关重要的。

6. 舒适性佳

城市公共客运交通方式的舒适性主要表现在质量环境与拥挤两个方面。对城市轨道交通系统而言，不论是车站的环境，还是途中车厢内的乘车环境，均因有现代化的环控设施保障而环境质量较佳；拥挤度则因轨道交通的快速性、准时性和列车间隔时间短带来的乘客候车时间短而得到较佳的调整。

7. 占地面积小

城市轨道交通一方面因大量采用立交形式，而大大减少了城市土地的占用，另一方面又因大运量集团化运输方式，而使乘客的交通行为人均所占的道路面积进一步减少。

第二节 轨道与结构工程

轨道是列车运行的基础，它直接承受列车荷载，并引导列车运行。轨道结构一般由钢轨、扣件、轨枕、道床、道岔及其他附属设备组成。考虑到城市轨道交通可能采取地面、地下、高架等不同的轨下基础，轨道结构可采取不同的形式。

一、土质路基的轨道结构

城市轨道交通在土质路基上一般宜采用混凝土枕碎石道床，并尽可能敷设无缝线路。

1. 钢　轨

钢轨直接承受列车荷载，引导列车运行。列车在运行过程中，钢轨将承受的荷载传递到扣件、轨枕、道床至结构地板，并依靠钢轨头部内侧与车辆轮缘的相互作用，引导列车前进。钢轨应具有足够的承载能力、抗弯强度、断裂韧性及稳定性、耐磨性、耐腐蚀性。

目前的钢轨形式有 3 种：第一种是槽型钢轨，多用于街道轨道，即路面与钢轨面在同一平面的场合，如香港屯门轻轨；第二种是 19 世纪应用很广但目前已经很少采用的双头钢轨；第三种是目前广泛采用的平地钢轨。

一般地，现行城市轨道交通系统的设计可参考我国国家铁路钢轨选型标准。国内外城市轨道交通有选用重型钢轨的趋势。从技术性能上分析，60 kg/m 钢轨重量只增加 17.7%，而允许通过的总重量可增加 50%。重型钢轨不仅能增加轨道的稳定性，减少养护维修工作量，而且还能增加回流断面，减少杂散电流。

综上所述，城市轨道交通在经济条件允许下，无论地面线、地下线或高架线，运营正线宜选用重型钢轨。对车场线来说，由于主要是供空车运行，速度又低，考虑到经济性，选用 50 kg/m 或 43 kg/m 钢轨均是可行的。

2. 轨枕及扣件

轨枕是轨道的基础部件，其功能是支撑钢轨，保持轨距及方向，并将钢轨压力传递到道床。轨枕的种类按构造有横向轨枕、纵向轨枕、短轨枕和宽轨枕四种；按铺设部位有适用于区间线路的普通轨枕、道岔区的岔枕和无砟桥上的桥枕；按制造材料可分为木枕、混凝土枕及钢枕 3 种。

一般情况下，碎石道床的轨枕应尽可能采用常规铁路所使用的预应力混凝土枕。对采用第三轨受电方式的系统，在安装三轨托架的地方还需使用特殊加长的混凝土枕。

联结钢轨与轨枕间的中间零件，其作用是将钢轨固定在轨枕上，保持轨距并阻止钢轨的横纵向移动。有砟轨道的钢轨扣件可采用弹条 I 型扣件。

弹条 I 型扣件可增加轨道弹性，并减少扣件维修工作量。

3. 道　床

道床一般分为道砟道床（有砟道床）和无砟道床两大类。常见的道砟道床有碎石道床。土质路基上一般采用碎石道床，碎石道床结构简单，容易施工，减振、减噪性能较好，造价低；不足之处是轨道建筑高度较高，轨道维护工作量大。

从国内外城市快速交通建设发展趋势看，一般只在地面线上使用道砟道床。

二、隧道内的轨道结构

在隧道内使用道砟道床将增加隧道的开挖断面，轨道维修工作量也较大，故一般新建城市轨道交通系统采用不多。无砟轨道结构使用较多，采用最普遍的结构为混凝土整体道床。

这种无砟轨道通过钢轨扣件把钢轨直接与混凝土基础联结起来。

整体道床上宜采用全弹性分开式扣件，垂向和横向均应具有良好的弹性，以适应刚性道床，并有适量的轨距水平调整量。

整体道床整体性能好，坚固稳定、耐久；轨道建筑高度小，减少隧道净空，节省投资；轨道维修量小，适宜城市轨道交通运营时间长，维修时间短的特点。

三、高架桥上的轨道结构

高架桥上的轨道结构也可分为有砟轨道和无砟轨道两种。有砟轨道和土质路基轨道结构相同。无砟轨道与有砟轨道相比，可减少桥梁恒载，降低梁的刚度和造价，同时可大大减少轨道维修工作量。但由于整体道床轨道调整量有限，所以对桥梁徐变及桥墩的不均匀沉降提出了更高的要求。

高架桥上通常采用承轨台式轨道结构，分有砟和无砟两种形式。无砟式承轨台是一种整体灌注式的钢筋混凝土结构，有砟式承轨台是一种沿纵向铺设在钢轨下面的条形钢筋混凝土结构，系二次灌注混凝土结构。

四、结构工程

（一）地下结构

城市轨道交通地下工程的结构类型及施工方法应根据区间隧道及车站的规模、工程地质及水文地质条件和周围环境条件进行技术经济比较确定。一般常用的结构类型和施工方法有明挖法和暗挖法两种，特殊情况下还可采用一些其他方法。

1. 明挖法

当地铁线路在地下几米深时，可采用明挖法。明挖法采用敞开口开挖或以工字钢桩、钢板桩、地下连续墙、钻孔桩等护壁施工的明挖隧道或车站，一般为现浇整体式矩形钢筋混凝土框架结构。根据运营需要可做成单跨、双跨或多跨结构，单层、双层或多层结构。为减少明挖施工对城市的干扰，必要时可采用桩、梁、板等构件，将施工基槽部分或全部覆盖，或者对以地下连续护壁的明挖隧道，采用逆作法尽快完成结构顶板。

2. 暗挖法

暗挖法可分为盾构法和矿山法。

（1）盾构法。

在松软含水地层，或地下线路等设施埋深达到 10 m 或更深时，可以采用盾构法（Shield Method）。盾构既是一种施工机具，也是一种强有力的临时支撑结构。盾构外形上看是一个大的钢管机，较隧道部分略大，它是设计用来抵挡外向水压和地层压力的。它包括三部分：前部的切口环、中部的支撑环以及后部的盾尾。大多数盾构的形状为圆形，也有椭圆形、半圆形、马蹄形及箱形等其他形式。

盾构方法在日本的最早采用是 20 世纪 40 年代，广泛应用则是在 60 年代。盾构施工方法由以下几个步骤组成：

①　在置放盾构机的地方打一个垂直井，再用混凝土墙进行加固。

②　将盾构机安装到井底，并装配相应的千斤顶。

③　用千斤顶之力驱动井底部的盾构机往水平方向前进，形成隧道。

④　将开挖好的隧道边墙用事先制作好的混凝土衬砌加固，地压较高时可以采用浇铸的钢制衬砌加固来代替混凝土衬砌。

盾构施工方法中，其隧道一般采用以预制管片拼装的圆形衬砌，也可采用挤压混凝土圆形衬砌，必要时可再浇筑一层内衬砌，形成防水性能好的圆形双层衬砌。

盾构法施工的圆形结构断面如图 9.7 所示。

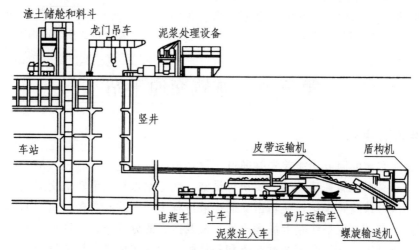

图 9.7　盾构法施工结构断面

盾构法具有施工速度快、振动小、噪声低等优点，且对隧道上方地面的副作用很少。在松软含水地层中及城市地下管线密布，施工条件困难地段采用盾构法施工，其优点尤为明显。近年来，新开发的泥水加压盾构和土压式盾构，对进一步克服盾构施工造成地表隆起和沉降量大，致使周围建筑物、地下管线、道路路面变形和裂缝的缺点，有明显成效，提高了盾构法的生命力。

盾构法的缺点是对断面尺寸多变的区段适应能力差。此外，新型盾构购置费昂贵，对施工区段短的工程不太经济。总的费用一般也比盖挖法要高。

（2）矿山法。

矿山法分传统矿山法和新矿山法。传统矿山法施工工艺落后，安全性较差，近年来有逐步被新矿山法取代的趋势；新矿山法又可称为新奥法或浅埋暗挖法。

（二）高架结构

早期的高架铁路是将城区地面铁路重建为高架铁路。它建设在城市街道上，并不减少站间距离，只是道路交通的辅助部分。这类高架铁路的典型有巴黎等城市的高架铁路。传统高架铁路与道路网络平行设置，站间距相对较短。不过，大多数高架铁路应尽可能建得低一些，以降低造价。高架铁路可以分为两类：地面筑堤和高架桥。

1. 地面筑堤

地面筑堤是一种从地面连续建造连续护堤的方法。虽然建设费用不太高，但铁路对先行权的要求较高架桥要高，并且桥下土地不能利用。这些缺点使得该方法在城市地区的造价反而更高和更难实施。

2. 高架桥

高架桥一般可以用混凝土或钢建造。近年来，城市轨道交通高架桥采用混凝土结构的趋势看好，因为钢结构在列车经过时噪声较大。混凝土桥有3种类型：拱形桥、梁形桥和刚性框架桥（见图9.8）。

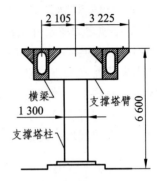

图 9.8　高架桥式高架结构图（单位：mm）

第三节　城轨交通车站

一、车站的作用

轨道交通对客流的服务功能首先是通过车站实现的，它是出行者进入接受和离开结束出行服务的接口，是系统服务功能的主要执行设施。轨道站点是城市轨道交通线网中的重要节点，站点的建筑形式就是车站。在轨道交通运输过程中，车站起着极其重要的作用。就运输企业内部而言，车站不仅是线路上供列车到、发及折返的分界点，保证行车安全和必要的通行能力，而且也是客运部门办理客运业务和各种联合劳动协作进行运输生产的基地；就运输企业外部而言，车站是乘客旅行的起始、终到，以及换乘的地点，是运输企业与服务对象的主要联系环节。

二、车站的分类

轨道交通车站可按车站与地面的相对位置分为地下车站、地面车站和高架车站；

按车站的运营性质可分为终点站、一般中间站和换乘站等；

按车站结构形式和施工方法分为明挖站、暗挖站等；

按车站站台形式分为岛式车站、侧式车站、一岛一侧、一岛两侧等；

按车站服务的对象及功能分为城市标志站（作为城市的象征或著名建筑物）、与干线或机场等交通连接的换乘枢纽站（完成与机场或其他交通方式的接续运输过程）、市郊地区车站、农村地区车站等。

轨道交通车站大多是在城市地区，这种城市车站具有一些不同于城市间车站的特点，主要体现在：

（1）需要处理的行李很少或没有。

（2）旅客密度高，流量大，进出口的设计需要更快速有效。因此，车辆设计也包含了较多、较宽的自动门，站台设计一般与车厢地板同高。

（3）列车间隔较短，一般非高峰期间隔为 10 min，高峰期间隔 90 s，从而不需要太多的等待候车空间和设施。

（4）需要设计或预留自动售、检票设施。

（5）当设计成地下或高架形式时，需要注意纵向流通径路，使轨道交通与街道交通保持良好的接续。

（6）城市车站位于高犯罪区时，要有特殊的保安措施，如闭路电视监控系统等。

（7）在郊区车站，需要为巴士、私家车提供乘降设施以及相应的停车存放场所。

三、车站的规模

在进行轨道线路规划和车站布设时，要确定车站的规模。城市轨道交通系统车站的规模主要是根据车站设计客流量（容量）确定的，一般可以参照日均客流乘降量和高峰小时客流乘降量来综合确定。表 9.1 是我国轻轨车站规模分级。

表 9.1　轻轨车站规模分级

车站规模	日均乘客量	高峰小时乘降量
小型站	5 万人次/日 以下	0.5 万人次/h 以下
中型站	5 万～20 万人次/日	0.5 万～2.0 万人次/h
大型站	20 万～100 万人次/日	2.0 万～10.0 万人次/h
特大型站	100 万人次/日	10.0 万人次/h 以上

注：特大型站的日均客流乘降量为多条线路合计量。

地铁车站规模主要根据车站远期预测客流及所处位置确定，一般可分为 3 级：

（1）A 级：适用于客流量大、地处大型客流集散点以及地理位置十分重要的车站。

（2）B 级：适用于客流量较大、地处市中心或较大的居住区的车站。

（3）C 级：适用于客流量较小、地处郊区的车站。

四、车站的线路

城市轨道交通线路由区间结构、车站、轨道等共同组成。线路根据其在运营中的作用可分正线、辅助线等。

（一）正　线

正线是指供载客列车运行的线路，包括区间正线、支线、车站正线及站线。

城市轨道交通正线为独立运行的线路，一般按双线设计，采用右侧行车制。大多数线路为全封闭，与其他交通线路相交处，一般采用立体交叉。在特殊条件下（如运营初期），两条线路或交通方式的运量均较小时，经过计算，通过能力满足要求，也可考虑采用平面交叉。

（二）辅助线

辅助线是为空载列车提供折返、停放、检查、转线及出入段作业的线路，它包括折返线、临时停车线、渡线、车辆段出入线、联络线等。

1. 折返线

城市轨道交通线路中，全线的客流分布一般不太均匀，通常需要组织区段运行。区段运行是指列车根据运行交路的要求，在端点站与中间车站或中间站与中间站之间开行折返列车，这些可折返的中间站上需要配置折返线。折返线的形式应能满足折返能力的要求。

2. 临时停车线

城市轨道交通线路由于运输量大，列车运行间隔一般较密。运营过程中，在线运营列车可能会发生故障。为不影响后续列车运行，设计上应能使故障列车及时退出运营正线。一般来说，在轨道交通线路沿线每隔 3 ~ 5 个车站的站端应加设车辆停放线。

3. 渡　线

停车线仅仅提供了故障列车的临时停放。为使这些故障列车返回车辆段，一般还需要设置渡线，以保证故障列车能及时调头返回车辆段。

4. 车辆段出入线

车辆段出入线是从车辆段到商业运营正线之间的连接线。车辆段出入线可以设计为双线或单线，与城市道路或其他方式的交叉处可采用平交或立交，具体方案要根据远期线路通过能力需要量来确定。

5. 联络线

在城市轨道交通网络中，要使同种制式的线路可以实现列车过轨运行。这种过渡一般通过线与线之间的联络线来实现。联络线的位置应在路网规划中确定，先期修建的线路应为后建线路预留联络线的设置条件。另外，为方便车辆及大型设备的运输，有条件的地方应设置地面铁路专用线。

五、车站的组成

轨道交通车站一般包括主体、出入口及通道、通风道及风亭和其他附属建筑物。车站主体是列车的停车点，它不仅要供乘客上下车、集散、候车，一般也是办理运营业务和运营设备设置的地方。按照使用功能，车站又可划分为乘客使用空间和车站用房。

（1）乘客使用空间。它又可分为非付费区和付费区。

非付费区是乘客购票并正式进入车站前的活动区域。它一般应有较宽敞的空间、售检票位置；这里根据需要还可设银行、公用电话、小卖部等设施。非付费区的最小面积一般可以参照能容纳高峰小时 5 min 内聚集的客流量的水平来推算。

付费区包括站台、楼梯和自动扶梯、导向牌等，它是为乘客候车服务的设施。对于一般的城市车站来说，通常非付费区的面积应略大于付费区。

乘客使用空间是车站设计的重点，设计时要注意人流流线的合理性，以保证乘客方便、快捷地出入车站。

（2）车站用房，包括运营管理用房、设备用房和辅助用房 3 部分。

运营管理用房是车站运营管理人员使用的办公用房，主要包括站长室、行车值班室、业务室、广播室、会议室和公安保卫室等。

设备用房是为保证列车正常运行、保证车站内良好环境条件和在灾害情况下乘客安全所需要的设备用房。它主要包括通风与空调用房、变电所、综合控制室、防灾中心、通信机械室、信号机械室、自动售检票室、冷冻站、配电室、公区用房等。

辅助用房是为保证车站内部工作人员正常工作生活所设置的用房，主要包括卫生间、更衣室、休息室、茶水间等。

车站用房应根据运营管理需要设置，在不同车站只配置必要房间，尽可能减少用房面积，降低车站投资。

城市中心区的城市轨道交通车站一般采用地下形式，车站也相应建设于地下。地铁车站的总体设计，应妥善处理与城市规划、城市交通、地面建筑、地下管线、地下建筑物之间的关系。同时，地铁车站设计要保证乘客使用安全、方便，并具有良好的内部和外部环境条件。车站建筑设计应简洁、明快、大方，易于识别，并体现现代交通建筑的特点。

在市中心区以外的地点，城市轨道交通车站可以考虑采用地面或高架形式。

六、限　界

限界是指列车沿固定的轨道安全运行时所需要的空间尺寸。为保证列车运行安全，各种建筑物及设备均不得侵入限界范围。轨道交通工程地下隧道的断面尺寸及高架桥梁的宽度的设计都是根据限界确定的。限界越大，安全度越高，但工程量及工程投资也随之增加。因此，合理限界的确定既要考虑对列车运行安全的保证，又要考虑系统建设成本。

限界一般是按平直线路的条件进行制定。曲线和道岔区的限界，一般应在直线地段限界的基础上根据车辆的有关尺寸以及不同曲线半径、超高、不同的道岔类型，再分别考虑适当的加宽和加高量。

根据城市轨道交通系统的构成和设备运营要求，限界可以分为车辆限界、设备限界、建筑限界和接触轨或接触网限界。它们是根据车辆外轮廓尺寸及技术参数、轨道特性、各种误差及变形，并考虑列车在运动中的状态等因素，经过科学的分析计算后确定的。

1. 车辆限界

限界坐标系是二维直角坐标，车辆横断面的垂直中心线与平直轨道横断面的垂直中心线相重合为纵坐标轴 Y，平直轨道轨顶连线为横坐标轴 X，两轴相垂的交点作为坐标的原点 O_{XY}。

车辆轮廓限界应根据车辆横断面车体和下部设备外轮廓出现的各点，经研究分析确定各点的 X、Y 值。

车辆限界应根据车辆的轮廓尺寸和技术参数，并考虑其静态和动态情况下所能达到的横向和竖向偏移量，按可能产生的最不利情况进行组合计算确定。

2. 设备限界

设备限界是为保证城市轨道交通系统的列车等移动设备在运营过程中的安全所需要的限界。一般来说，设备限界要在车辆限界的基础上，考虑轨道出现状态不良而引起的车辆偏移和倾斜；此外，还要考虑适当的安全预留量。设备限界是一条轮廓线，所有固定设备以及土木工程的任何部分都不得侵入此轮廓线内。

图 9.9 给出了我国地铁系统采用的限界。

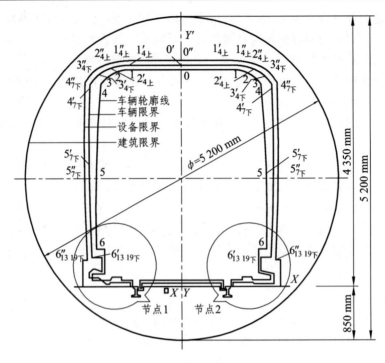

图 9.9　我国地铁限界图

3. 建筑限界

建筑限界是指在行车隧道和高架桥等结构物的最小横断面所形成的有效内轮廓线基础上，再考虑其施工误差、测量误差、结构变形等因素，为满足固定设备和管线安装的需要而必需的限界。换言之，建筑限界以内、设备限界以外的空间主要是为各类误差、设备变形和其他管线安装所需要的空间。

4. 受电弓限界

根据车辆、轨道、接触网的触线、动态点间隙、各项公差等进行计算确定。

第四节　城轨交通运营组织

城市轨道交通的建设目的是为乘客提供快速舒适的出行服务，而良好的运营组织是这种供给的前提和保证。运营组织一方面要从乘客的角度出发，充分满足乘客对出行的需求；另一方面也要从运营公司的角度出发，争取以最小的投入获得最大的社会效益和经济效益。轨道交通的运营组织包括车辆选型、车辆编组辆数、行车间隔时间、列车交路方案、票价制订及管理、车站工作组织、调车工作组织、列车运行图编制等很多方面。本节对轨道交通运营组织的几个重要方面如车辆选型、行车计划、车辆编组辆数、行车间隔时间、列车交路方案、列车折返方式等进行介绍。

一、车辆的选型及编组

早期修建的地铁一般采用长 9～20 m、宽 2.6～2.8 m 的窄体车辆，20 世纪 70 年代之后修建的地铁线路一般采用车长 20 ~ 24 m、车宽 3.4 ~ 3.2 m 的宽体车辆。如我国香港地铁车辆车宽 3.116 m，动车长 22 m，单司机室拖车长 22.85 m。

在我国，目前已经建成通车的城市地铁中，上海和广州采用宽体车，其中上海地铁车宽 30 m，无司机室的车长 22.8 m，单司机室的车长 24.14 m。广州采用 22 m × 3 m 的车辆。我国国家标准把 22 m × 3 m 尺寸的车辆定为 "A" 型车；北京和天津地铁采用窄体车，尺寸为 19 m × 2.8 m，国家标准把这个尺寸的车辆定为 "B" 型车。此外，还有上海市莘闵轻轨交通线采用的 19.5 m × 2.6 m 规格的小型车（C 型车）。

城轨交通列车编组有 3 种典型形式，下面简单介绍这 3 种典型编组形式。

1. 长编组（以 8 辆车编组形式为主，见图 9.10）

长编组的优点是运力大，尤其适合上海这样人口高度集中的大都市上下班高峰时的客流需求。另外长编组动车比例高，实际黏着利用相对较低，发生滑行和空转的几率大大减小，故障运行和救援能力强，且电制动能力强，能有效地减少摩擦制动的次数和损耗。但是由于动车比例高，采购费用和维护费用都会相应增加。

T_e　　M_p　　M　　M_p　　M　　M　　M_p　　T_e

T_e—带司机室的拖车；M_p—带受电弓的动车；M—动车

图 9.10　上海地铁 1 号延长线编组形式

2. 短编组（以 4 辆车编组形式为主，见图 9.11）

短编组的优点是允许使用较短的站台，从而减少了土建工程的工作量。同时，在运营过程中，可以缩小行车间隔，在中小客流量的情况下提高了运营效率。很多中小城市都比较青睐，但是这种两动两拖编组形式列车的致命弱点是动车比例低，黏着利用系数很高。

T_e　　　　M　　　　M　　　　T_e

图 9.11　天津地铁 1 号线编组形式

3. 两动一拖（以 6 辆车编组形式为主，见图 9.12）

该编组的优点是运力较大，动力性能较好，故障运行和故障救援能力也很好，能够适应线路的需要。但是低于长编组，采购费用和维护费用介于短编组和长编组之间。

A　　　　B　　　　C　　　　C　　　　B　　　　A

图 9.12　南京地铁 1 号线编组形式

从以上分析可以看出，各种编组形式均有优缺点，关键是需要根据城市的客流量、经济水平和预定的运营模式等进行综合考虑，最后决定采用最适合自己的编组方式。

二、全日行车计划

全日行车计划是指营业时间内各个小时开行的列车对数计划，它规定了轨道交通线路的日常作业任务，既是组织运送乘客的办法，又是编制列车运行图、计算运营工作量和确定车辆配备数量的基础资料。全日行车计划是根据营业时间内各个小时的最大断面客流量、列车定员人数、车辆计划满载率及希望达到的服务水平加以编制的。在编制全日行车计划之前需要以下基础资料：

1. 营业时间

营业时间即对外开放并运送乘客的时间。轨道交通系统营业时间的安排主要应考虑两个因素：一是要考虑城市居民出行活动的特点；二是要满足轨道交通系统各项设备检修的需要。世界上大多数国家的城市轨道交通的营业时间，一般都在 5：00 ~ 24：00。

2. 全天客流分析

不同方向，不同时间，不同区间在一天内客流的具体数量变化称为全天客流分布。这些具体数量变化依据多次客流调查才能比较准确地掌握。为了做到车、流吻合，需要掌握较短时间的客流变量。为了从不同角度描述客流分布情况，在客运分析工作中往往提出某个断面的全天客流量，客流高峰时间的流量，全日分时最大断面客流量，客运高峰小时流量，客流高峰流量等指标。

3. 列车类别

城市轨道交通列车类别一般可以分为特别快车(是指所有中间站都不停的列车)、快车(是指只停部分重要中间站的列车)和变通列车(是指所有中间站都要停的列车)。在城市中心的轨道交通线路上，由于各车站的客流量相对比较均匀，通常只开行普通列车；而在连接市中心与郊区的、以通勤为主的轨道交通线路上，则通常特别快车、快车和普通列车兼而有之。

4. 列车容量

列车定员数是列车编组辆数和车辆定员数的乘积。列车编组辆数是以高峰小时最大断面的客流量作为基本依据。车辆定员的多少取决于车辆的尺寸、车厢内座位布置方式和车门设置数。一般来说，在车辆限界范围内，车辆长宽尺寸越大载客越多，车厢内座位纵向布置较横向布置载客要多，车厢内车门区较座位区载客要多。

三、列车交路计划

1. 运行交路

在轨道交通线路的各个区段客流量不均衡的情况下，采用合理的列车交路安排是运输计划的一个重要组成部分。列车交路计划规定了列车的运行区段、折返车站和按不同列车交路运行的列车对数。

列车交路一般有长交路、双循环、三套跑以及多种交路综合形式等四种方案，分别见图9.13（a）、（b）、（c）、（d）。长交路是指列车在线路上全线运行；双循环是指列车除了在全线上运行外，还在线路的某一客流高峰区段内另开行列车，并在指定的车站上折返；三套跑是指列车除了在全线上运行外，线路上还有两种交路并存的列车运行；多种交路综合形式是以上所有交路并存的形式。

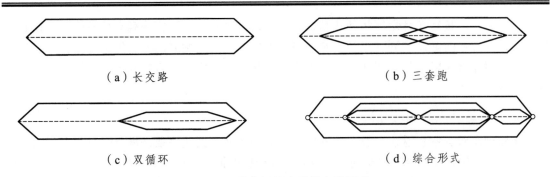

（a）长交路　　　　　　　　　　　（b）三套跑

（c）双循环　　　　　　　　　　　（d）综合形式

图 9.13　列车运行交路的多种形式

2. 列车折返方式

列车运行到终点站或在三套跑和双循环情况下运行到中间折返站需要进行折返作业。列车折返方式根据折返线的布置分站前折返和站后折返两种方式。站前折返时的空车走行少，折返时间短，上下车乘客能同时上下车，可以缩短停站时间，此外站线和折返线相结合，能节省投资费用。但站前折返的出发列车和到达列车存在着进路交叉，影响行车安全，上下车乘客同时上下车，在客流量大的情况下，站台秩序会受到影响。站后折返方式能避免采用站前折返时存在的缺点，出发列车与到达列车不存在进路交叉，行车安全，而且列车进出站速度高，有利于提高旅行速度，因此，站后折返方式被广泛采用，缺点主要是列车折返时间较长。

四、行车间隔时间

相邻两列车向同一方向发车的最小间隔时间为行车间隔时间，行车间隔时间是一个综合性指标。行车间隔时间与地铁系统运输能力成反比，行车间隔时间越短，每小时所能通过的列车数就越多，其所需车辆数量也就越多，而地铁的运输能力也就越大。行车间隔时间的确定，取决于信号系统、车辆性能、折返能力、停站时间等诸多因素，行车间隔时间可以分为线路间隔时间、车站间隔时间以及在终点站折返时间，其中制约最小行车间隔时间的主要因素是车站间隔时间。

1. 线路间隔时间

从行车组织角度讲，在区间正线上高速运行的两列地铁列车之间要保持一定的安全距离，以保证当前一列车突然停车或减速行驶时，后一列车能有充分的时间操作，以避免发生追尾、冒进等行车危险事故。按照地铁的运营规定，四显示自动闭塞其信号显示为：红、红黄、黄、绿，中间保持 3 个闭塞区间。一般在正线区间，保证列车运行安全的最小行车间隔为 70 s 左右。线路间隔时间取决于列车的运行速度、闭塞方式和闭塞区间长度，也取决于系统所选定车辆的制动性能。

2. 车站间隔时间

车站间隔时间是指车站从发出一列车开始到下一列车进入之间的最小间隔时间。列车在经过车站时，要有列车停靠、乘客上下车作业，因此要考虑列车在站停留时间，按列车运行图的编制，当第一列车在站停留时，第二列车应在区间高速运行，而不应在站前等候。

而当第二列列车按行车计划即将到达车站时，车站应已对第一列完成列车停站作业，使其开出车站区间并已开通第二列列车的进站进路。考虑列车进出站时的起、停加速度作用，其运行速度相对正线区间要慢，因此它是行车间隔时间的控制因素，也是限制全线能力的最普遍的要素。

3. 在折返站点的折返时间

运营列车的正常折返，一般有两种情况，其一是列车到达终点，需要进行列车折返掉头作业，其二是按行车交路，列车到达折返点，进行折返掉头作业。列车折返方式一般有两种：站前折返和站后折返。通常情况下，列车到达终点后所采用的折返方式为站前折返或站后折返，为保证列车最小行车间隔时间，并留有适当的裕量，列车折返时间必须小于列车行车间隔时间。

4. 列车停站时间

列车停站时间是决定最小列车行车间隔时间的主导因素，它也是列车运营的指标之一，影响着地铁运营的服务质量。列车停站时间是根据预测的远期各站上下车人数、车辆性能、车门数量、站台高度、乘客在站台的分布、车站的疏导与管理措施等因素进行计算的。

五、运输能力

城市轨道交通的运输能力是通过能力和输送能力的总称，运输能力既取决于固定设备的数量和相互配置结构，又取决于活动设备的时空配置，还取决于固定设备和活动设备的相互适配，一般来说，通过能力取决于固定设备的设置条件，输送能力取决于活动设备的配置条件。

1. 通过能力

城市轨道交通的通过能力是指在一定的车辆类型、信号设备和行车组织方法条件下，城市轨道交通固定设备在单位时间内（通常是高峰小时）所能通过的最大列车数。影响通过能力的因素主要包括线路、列车折返设备、列车运行控制方式、停站时间以及车辆段设备等。其中权重最大的是列车运行控制方式和停站时间。

2. 输送能力

城市轨道交通的输送能力是在一定的固定设备和车辆类型以及一定的行车组织方法的条件下，在单位时间内最多能够输送的旅客人数。在线路通过能力一定的条件下，主要决定于列车编组辆数和车辆定员人数。

第五节　城轨交通车辆

车辆是轨道交通系统完成旅客输送任务的直接工具。车辆一般可按有无动力分为动车、拖车两类，也可按有无驾驶室分为带司机室和不带司机室两类。能独立运行的一组车辆一般称为动车组。最早的多单元动车系统是 1897 年 Sprague 在芝加哥南部高架上发明的。这种系统中，每辆车均有电机，但全部由第一辆车的驾驶员操纵。与铁路列车不同，城市轨道交通系统的动车组是一个整体，其发动机、控制系统等是在生产过程中定制的，一般不能在运营过程中任意拆装组成。

多单元列车的重要性体现在可以在不减少列车牵引力的条件下增加列车编组，因为每组车均有动力。牵引力是重量与驱动轴数量的函数，在多单元系统，整个列车（而不是机车）的重量都施加于驱动轮对，故对每辆车来说，它可以有更大的加速度，从而可以增加列车平均速度，减少运营费用。

动车组的出现对于城市铁路的发展具有非凡的意义，目前世界上几乎所有的地铁均采用这种驱动系统。

在满足基本行车要求的同时，城市轨道交通的车辆系统还必须适应现代轨道交通系统中的先进的列车控制系统（ATC）、环境控制系统（BAS）、电力监控系统（SCADA）等诸多系统的联动要求，通常需要在车辆上安装上述子系统的车载设备如车载 ATP 设备等，以实现列车自动控制、列车位置精确定位和监控。

一、车辆的构成

一般地铁车辆由以下 7 部分组成，典型的地铁车辆如图 9.14 所示。

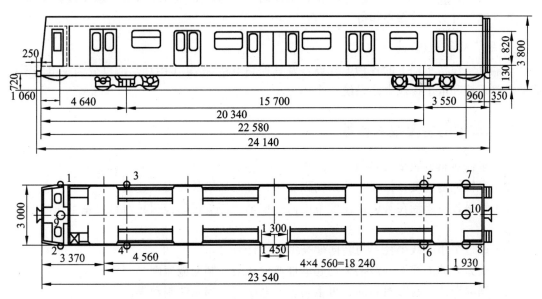

图 9.14 典型的地铁车辆

1. 车 体

车体是容纳乘客和司机驾驶（对于有司机室的车辆）的地方，又是安装与连接其他设备和部件的基础，一般有底架、端墙、侧墙及车顶等。

2. 动力转向架和非动力转向架

动力转向架和非动力转向架装置位于车体与轨道之间，用来牵引和引导车辆沿着轨道行驶，承受与传递来自车体及线路的各种载荷并缓冲其动力作用，是保证车辆运行品质的关键部件。一般由构架、弹簧悬挂装置、轮对轴箱装置和制动装置等组成。

3. 牵引缓冲连接装置

车辆编组成列车安全运行必须借助于连接装置。为了改善列车纵向平稳性，一般在车钩的后部装设缓冲装置，以缓和列车的冲动。

4. 制动装置

制动装置是保证列车安全运行所必不可少的装置。城市轨道车辆制动装置除常规的空气制动装置外，还有再生制动、电阻制动和磁轨制动等。

5. 受流装置

从接触导线（接触网）或导电轨（第三轨）将电流引入动车的装置称为受流装置或受流器。受流装置按其受流方式可分为以下几种：杆形受流器，弓形受流器，侧面受流器，轨道式受流器，受电弓受流器。

6. 车辆内部设备

车辆内部设备包括服务于乘客的车体内的固定附属装置和服务于车辆运行的设备装置。属于前者的有：车电、通风、取暖、空调、座椅、拉手等。服务于车辆运行的设备装置大多吊挂于车底架，如蓄电池箱、继电器箱、主控制箱、电动空气压缩机组、总风缸、电源变压器、各种电气开关和接触器箱等。

7. 车辆电气系统

车辆电气包括车辆上的各种电气设备及其控制电路。按其作用和功能可分为主电路系统、辅助电路系统和电子控制电路系统 3 个部分。

二、车辆的主要技术参数

（1）车辆自重、载重与容积。

（2）车辆构造速度，指安全及结构强度所允许的车辆最高行驶速度。

（3）轴重，指车辆在某运行速度范围内一根轴允许负担的包括轮对自身重量在内的最大总质量。

（4）通过最小曲线半径，与转向架类型及设计有关。

（5）最大起动加速度，包括平均起动加速度和最大制动减速度。

（6）制动形式，有摩擦制动、再生制动、电阻制动和磁轨制动等。

（7）轴配置或轴列数，如四轴动车一般设两台动力转向架，六轴单铰轻轨车一般两端为动力转向架，中间为非动力转向架。

（8）供电电压、最大网电流、牵引电机功率。

（9）座席数及每平方米地板面积站立人数，它与车辆大小尺寸有关，也与设计的服务水平有关。

设计车辆时，要考虑的主要尺寸有：

（1）车辆最大宽度与最大高度，涉及车辆限界。

（2）车体长度、高度、宽度，有内外部之分。

（3）车钩中心线距轨面高度，简称车钩高度。目前，城市轨道车辆的车钩高度还没有统一标准。例如，北京地铁车钩高度为 670 mm，上海地铁为 720 mm。我国城市间铁路车辆的车钩高度则规定为 880 mm。

（4）地板面高度，指新造或空车高度。北京地铁为 1 053 mm，上海为 1 130 mm。

（5）车辆定距，指车辆两相邻转向架之间的距离。

三、我国城市轨道交通中车辆系统发展概况

到目前为止，我国已经开通的城市轨道交通中除最初的北京地铁采用部分国产车辆外，其余已经开通的大部分地铁或轻轨由于采用了国外先进的控制系统，需要车辆系统满足运营系统的联动要求，因此其车辆等设备系统均采用了国外技术，目前主要来源于西门子、庞巴迪以及阿尔斯通等公司的车辆产品。从整体上看，我国城市轨道交通车辆产业的发展大致可分为 3 个阶段：

1. 起步阶段

20 世纪 60 年代至 80 年代初期，随着北京地铁一期工程的开工，长春客车厂依靠自己的力量制造了中国第一辆地铁客车，采用直流凸轮变阻调速牵引系统，并且达到了国外 50 年代同期水平。相比较而言，在这个阶段，中国城市轨道车辆产业的总体水平与国外先进水平差距并不大，但是由于各种社会原因，地铁建设未能持续发展，从而导致中国的城市轨道车辆产业的发展也因此而停滞。

2. 发展阶段

从 20 世纪 80 年代初期至 90 年代末期，国内城市轨道交通的广阔前景吸引了国内外不少有实力的厂家参与，青岛四方客车制造厂、南京浦镇车辆厂等均已涉足城市轨道车辆产业，而一些跨国公司如庞巴迪、阿尔斯通、西门子更是将中国视作尚待开发的最大市场，纷纷进军中国，在这段时间内，国内的城市轨道车辆厂家形成了较为成熟的设计理念及较为完善的工艺流程。

3. 合作阶段

20 世纪 90 年代末至今，随着我国各大城市轨道交通建设规划的相继出台，各大国外车辆厂商均想在中国市场占有一定份额，但由于完全采用国外车辆导致轨道交通建设成本居高不下，我国也出台了相应的政策，要求各条线路的建设保证一定的国产化率。为了进入市场，各跨国公司纷纷在国内寻找合作伙伴，希望以这种方式来绕开壁垒，目前长春客车厂已与德国庞巴迪公司成立了合资公司，南京浦镇车辆厂和法国阿尔斯通、株洲电力机车厂和德国西门子公司也都建立了合作伙伴关系。

我国的城市轨道车辆产业虽然经过 40 年的发展已粗具规模，但就整体水平而言，与国外成熟的跨国公司相比较，还有不小的差距，需要在更深层次的合作当中缩短自己在生产设计、工艺水平等各方面的差距。

第六节 信号与通信系统

一、信号系统

（一）信号系统在运营中的地位和作用

确保行车安全是信号系统最显著的作用，铁路从一开始就认识到了用某种形式的信号来控制列车速度及其移动以避免碰撞的必要性，因此信号系统在轨道交通运营中的作用是无可比拟的。现代信号系统的作用仍然包括确保行车安全，提高运输效率，改善行车有关人员的劳动条件等。轨道交通信号系统的运行有 6 个基本目标：① 以安全的方式控制列车有条件地前进；② 使本列车与前行车或股道尽头保持安全距离；③ 防止出现列车冲突进路；④ 使列车能够按要求的时间间隔运行；⑤ 使列车能够按时刻表速度运行，以便最大限度地避免危及安全的各种干扰；⑥ 保证关键点锁闭在正确位置。

（二）信号系统构成

传统的铁路信号系统是由信号、联锁、轨道电路、闭塞、机车信号与自动停车、调度集中等设备组成。近年来，随着我国各大城市轨道交通的建设和开通，包含很多先进科技在内的现代信号系统开始进入我们的视野，目前，世界各国的城市轨道交通信号系统大都采用列车自动控制系统（ATC），如图 9.15 所示。其主要包括列车自动防护系统（ATP）、列车自动操纵系统（ATO）以及列车自动监督系统（ATS）。在某些理论中，将计算机联锁系统也归入 ATC 系统当中。

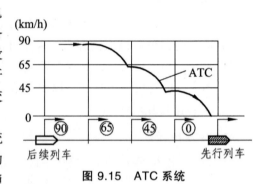

图 9.15 ATC 系统

1. 列车自动防护（Automatic Train Protection，ATP）

ATP 主要用于对列车驾驶进行防护，对与安全有关的设备或系统实行监控，实现列车间隔保护、超速防护等功能。ATP 的工作原理是：将信息（包括来自联锁设备和操作层面上的信息、地形信息、前方目标点信息和容许速度信息等）不断从地面传至车上，从而得到列车当前容许的安全速度，依此来对列车实现速度监督及管理。

ATP 子系统的功能包括：自动检测列车的位置和实现列车间隔控制，以满足规定的通过能力；连续监视列车的速度，实现超速防护。当列车实际速度大于允许速度时，施加常用制动；当列车速度大于最大安全速度时，施加紧急制动，保证列车不冒进前方列车占用的区段。

2. 列车自动操纵（Automatic Train Operation，ATO）

ATO 主要用于实现"地对车控制"，即用地面信息实现对列车驱动、制动的控制。由于使用 ATO，列车可以经常处于最佳运行状态，避免了不必要的、过于剧烈的加速和减速，因此可显著提高旅客舒适度，提高列车准点率及减少轮轨磨损。通过与列车再生制动配合，还可以节约列车能耗。这里，列车自动操纵（ATO）有时是为了避免与列车自动控制（ATC）

混淆。ATO 系统原理如图 9.16 所示。

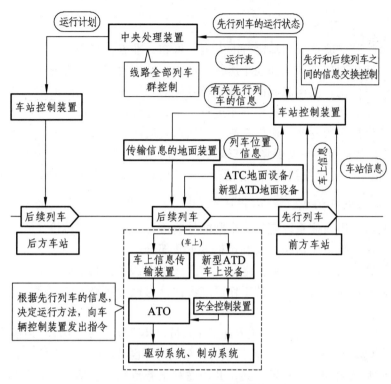

图 9.16 ATO 系统原理图

ATO 的优点是可缩短列车间隔，提高了线路的利用率和行车的安全可靠性。ATO 子系统的功能包括：控制列车在允许速度下运行，并自动调整列车的速度；列车在区间或站外停车后，一旦信号开放，即可自动起动；系统控制列车到达站台的最佳制动，使列车停在预定目标点；停站结束后，保证车门关闭后，列车能自动起动；当列车到达折返站时，自动准备折返。

3. 列车自动监视（Automatic Train Supervision，ATS）

ATS 主要是实现对列车运行的监督，辅助行车调度人员对全线列车运行进行管理。它可以显示全线列车运行状态，监督和记录运行图的执行情况，为行车调度人员的调度指挥和运行调整提供依据，如对列车偏离运行图时及时作出反应等。通过 ATO 接口，ATS 还可以向旅客提供运行信息通报，包括列车到达、出发时间，列车运行方向，中途停靠点信息等。

ATS 子系统的功能包括：自动显示列车车次、运行位置和信号设备工作状态，自动或人工办理进路；编制和管理列车运行图，自动调整运行计划，自动描绘或复制列车运行实迹，列车运行模拟仿真；车辆维修周期管理，向旅客向导系统提供信息，对运行数据自动统计和制表，等等。

4. 计算机联锁系统

联锁是指为了保证行车安全，信号机、道岔与进路之间以技术手段保持的一定的制约关系和操作顺序。计算机联锁是以计算机为工具，代替了以往的电气联锁，实现对信号机、道岔以及轨道电路等设备的协调控制，以保证车辆在运营中的安全。

二、通信系统

1. 通信系统在运营中的地位和作用

为保证城市轨道交通系统列车运行的安全、可靠、准点、高密度和高效率，实现运输的集中统一指挥、行车调度自动化和列车运行自动化，城市轨道交通系统必须配备专用的、完整的、独立的通信系统，供构成城市轨道交通系统的各职能部门之间的有机联系和行车的调度指挥。轨道交通的通信系统是指挥列车运行、组织运输生产及进行公务联络的重要手段。

随着现代通信技术的发展，通信系统也在轨道交通的日常运营中发挥着越来越重要的作用，是各子系统正常运行的重要保障。具体来说，通信系统的各个组成部分共同为轨道交通系统的列车运行调度指挥、无线通信、公务通信、旅客信息广播、系统运行状况监视等提供手段。

2. 通信系统功能及构成

城市轨道交通专用通信系统应是一个既能传输语音信号，又能传输文字、数据和图像等各种信息的综合业务数字通信网，主要包括以下几部分。

调度指挥通信系统包括有线调度电话、站间行车电话、区间电话、会议电话等。

城市轨道交通无线通信系统按其工作区域不同分为运行线路上的调度无线通信系统和车辆段内的无线通信系统。

公务通信系统为城市轨道交通系统内部工作人员以及对外部的公务联络通信手段。公务通信系统一般可以采用数字式程控用户交换机系统，系统内部也可构成独立的用户电话交换体系。

广播系统是大众化的运营管理工具，其用途和服务范围应包括：向旅客预报列车信息，对上下车旅客进行安全提示和向导，对车站工作人员播发通知或公开广播会议，发生故障、灾害等紧急情况时，发出警报、指挥救援和疏导乘客。

电视监视系统的作用是向与行车及安全有关的工作人员提供城市轨道交通系统车站各部位的动态、实时、图像信息，包括列车在关键点的运行、列车在车站的停靠与起动、车门开闭、站台客流分布情况等，以便监视系统运行状况、保证行车安全，方便运输调整。

为了传输各子系统所需话音、数据、图像等信息，需建立一个多功能、高可靠和集中维护管理的综合传输网。

复习与思考题

1. 简述城市轨道交通系统的种类。
2. 简述几种主要的城轨交通方式的特点。
3. 城市轨道交通系统包括哪些线路？
4. 分析城市轨道交通系统不同车站结构形式的特点。
5. 简述城市轨道交通系统限界的种类。
6. 分析不同类型地下工程的施工方法的利弊及适用性。
7. 简述 ATO 的功能与作用。
8. 简述通信系统的组成。

参 考 文 献

[1]　中国铁路总公司. 铁路技术管理规程（普速铁路部分）[M]. 北京：中国铁道出版社，
　　　　2014.

[2]　中国铁路总公司. 铁路技术管理规程（高速铁路部分）[M]. 北京：中国铁道出版社，
　　　　2014.

[3]　李海军. 铁路运输设备[M]. 成都：西南交通大学出版社，2012.

[4]　佟立本. 铁道概论[M]. 7 版. 北京：中国铁道出版社，2016.

[5]　周平. 铁道概论[M]. 2 版. 北京：中国铁道出版社，2015.

[6]　韩军锋，等. 铁道概论[M]. 北京：北京交通大学出版社，2016.

[7]　肖荣，等. 铁道概论[M]. 北京：人民交通出版社，2013.

[8]　吴芳. 铁路运输设备[M]. 北京：中国铁道出版社，2007.

[9]　宋瑞. 铁路运输设备[M]. 北京：中国铁道出版社，2012.

[10]　交通运输部. 2016 年交通运输行业发展统计公报.

[11]　中华人民共和国国家发展和改革委员会. 中长期铁路网规划-发改基础〔2016〕1536 号

[12]　钱名军，等. 铁路行车组织基础[M]. 2 版. 北京：中国铁道出版社，2015.

[13]　盖宇仙. 铁路货运组织[M]. 北京：中国铁道出版社，2010.

[14]　贾俊芳. 铁路旅客运输组织[M]. 北京：中国铁道出版社，2016.

[15]　中国铁路总公司. 中国铁道年鉴 2014[M]. 北京：中国铁道出版社，2015.